Friedrich Schlette
Auf den Spuren unserer Vorfahren

Friedrich Schlette

Auf den Spuren unserer Vorfahren

Kelten — Germanen — Slawen — Deutsche

Verlag Neues Leben

Zeichnungen von Arthur Lipsch

ISBN 3-355-00303-4

Geheimnisse der Erde

Quellen der Geschichte

Wer mit offenen Augen durch unsere Landschaft wandert, wird immer wieder auf Zeugen längst vergangener Zeiten stoßen, auf Gräber oder Burgen. Die einen erkennen wir an ihrem Hügel oder den aus großen Steinen errichteten Grabkammern, die anderen an ihren Wällen und Gräben. Das sind die an der Oberfläche sichtbaren Denkmale, die vor Jahrtausenden von Menschen errichtet wurden und die uns heute von deren Existenz und Kultur künden. Auf dem Gebiet der Deutschen Demokratischen Republik gibt es viele solcher Grabhügel, Großsteingräber und Burgen. Sie alle stehen unter Denkmalschutz, weil sie nicht nur eindrucksvolle Stätten unserer Landschaft sind, sondern auch Quellen unserer Geschichte. Aber trotz der stattlichen Zahl von 9000 denkmalpflegerisch betreuten Grabhügeln, 2500 Burgen und 540 Großsteingräbern müssen wir uns immer vor Augen halten, daß wir damit lediglich einen winzigkleinen Prozentsatz der einst errichteten Anlagen erfaßt haben.

Wollten wir diese Bodendenkmale allein als Quellen für die Ur- und Frühgeschichte unseres Raumes nutzen, so würde uns das nur ein sehr dürftiges Bild jener Jahrtausende vermitteln, aus denen wir keine schriftliche Überlieferung besitzen. Unsere hauptsächlichen Quellen lagen und liegen noch heute unsichtbar unter der Erde. Siedlungen und hügellose Gräberfelder deckt zwar ein schützender Mantel aus Erde, aber nicht genügend, als daß nicht schon ein Spatenstich, erst recht ein Pflugschar oder gar ein Bagger in die Hinterlassenschaften einstiger Kulturen gewaltsam eingreifen und diese zerstört an das Licht des Tages fördern könnten.

So mancher von uns hat, ohne selbst den Spaten anzusetzen, an dem Rand einer Kies- oder Sandgrube, im Loch eines herausgerissenen Baumes, in einem ausgehobenen Entwässerungsgraben oder in einer Baugrube dunkle Verfärbungen erkannt, in denen Scherben, Werkzeuge unterschiedlichen Materials oder Knochen von Mensch und Tier auf eine einstige Siedlungs- oder Grabstätte hinwiesen. Oder er hat auf einem frisch gepflügten Acker Scherben aufgelesen.

Manchmal wird der Archäologe gefragt, ob man bei uns überhaupt noch mit Funden rechnen kann. Diese Frage läßt sich mit einem eindeutigen Ja beantworten. Wenn wir von den gebirgigen Landschaften — sagen wir ab 400 m aufwärts — einmal absehen, ist unser Boden noch reich an archäologischen Quellen. Obgleich im mitteleuropäischen Gebiet schon seit vielen Jahrzehnten geforscht und eine planmäßige Fundaufnahme betrieben wird, treffen täglich neue Fundmeldungen ein. Betrachten wir nur einmal den Zeitraum von 20 Jahren (von 1954, dem Jahr der Verordnung zum Schutz und zur Erhaltung der ur- und frühgeschichtlichen Bodenaltertümer, bis 1975), so hat es gegen 80 000 Meldungen über neue Funde an die zuständigen Museen gegeben, die zu rund 10 000 kurzfristigen Rettungsgrabungen führten. In derselben Zeit fanden etwa 240 Forschungsgrabungen statt, die sich oft über mehrere Jahre erstreckten.

Gerade diese großen Grabungen, bei denen moderne Technik, aber auch Pinsel und Kelle eingesetzt werden und dem Archäologen Vertreter zahlreicher Fachrichtungen, wie der Botanik und der Zoologie, der Geologie und der Bodenkunde, der Anthropologie und der Geophysik, zur Seite stehen, bringen bedeutende wissenschaftliche Erkenntnisse. Denn bei solchen archäologischen Untersuchungen werden nicht nur die Funde geborgen, sondern es wird versucht, alle Fragen nach der Wirtschaft, dem Siedlungswesen, den sozialen Verhältnissen, den geistigen Vorstellungen jener Zeit zu beantworten. Wir sollten uns aber ständig bewußt sein, daß selbst der kleinste und unscheinbar wirkende Lesefund — unter Umständen auch eine einzelne Scherbe — eine historische Quelle darstellt, und wenn er nur davon kündet, daß an jenem Ort zu einer bestimmten Zeit einmal Menschen gesessen haben.

Wer eine alte Urkunde zur Hand nimmt, kennt im allgemeinen das genaue oder wenigstens das etwaige Datum, er liest sie und erfährt so den Inhalt des Schreibens. Die Urkunde kann unmittelbar als historische Quelle genutzt werden, wobei man sich allerdings darüber klar sein sollte, daß der Schreiber seine persönliche Meinung oder die seines Auftraggebers ausgedrückt hat, die Aussage also subjektiv gefärbt ist. Hier setzt die wissenschaftlich notwendige Quellenkritik des Historikers an, die es ermöglicht, aus der gesamten schriftlichen Überlieferung ein wahres Geschichtsbild vergangener Jahrhunderte zu erhalten.

Vor dem Archäologen dagegen stehen stumm die vom Bagger durchschnittenen Burgwälle, die freigelegten Toten starren uns aus ihren leeren Augenhöhlen an, kein Topf und keine Steinaxt weisen ein Datum auf. Wer hat zu welcher Zeit den prachtvollen Schmuck getragen? Wie lebten die Menschen zusammen? Glaubten sie an ein höheres, göttliches Wesen? Immer schwieriger werden die Fragen, die wir leicht fortsetzen könnten.

Blättern wir in Büchern, die vor 150 oder auch nur 100 Jahren erschienen und deren Verfasser einen Blick in die Frühgeschichte seines Volkes oder der gesamten Menschheit zu werfen versuchte, dann spüren wir, wie er fast hilflos oder aber mit Kühnheit und reicher Phantasie die schon damals vorliegenden archäologischen Objekte als Quellen seines Geschichtsbildes zu nutzen bemüht war. Vor allem rang man um die zeitliche Einordnung der Funde, doch auch um die Deutung mancher Objekte. Man stellte Überlegungen an, welchem Volk wohl dieses oder jenes Stück gehört haben könnte. Gehen wir noch weiter zurück, so stützte man sich allein auf die antiken Nachrichten, und die Geschichte unseres mitteleuropäischen Raumes begann erst, als die Römer an Rhein und Donau standen. Was zuvor geschah, entnahm man im allgemeinen dem Alten Testament, der legendären Überlieferung der Juden.

Werfen wir nun aber einen Blick in eine heutige Darstellung der Ur- und Frühgeschichte, dann stehen wir bewundernd vor dem umfangreichen und oft viele Einzelheiten bietenden Geschichtsbild. Als der große Humanist Philipp Melanchthon (1497—1560) an der Universität Wittenberg seine Vorlesungen über Weltgeschichte hielt, behandelte er einen Zeitraum von anderthalbtausend Jahren. Wer heute an einer Universität Weltgeschichte liest, beginnt mit einem Zeitabschnitt, der 2 bis 3 Millionen Jahre zurückliegt — und wenn er die ersten Anzeichen einer Menschwerdung innerhalb des Tierreichs noch mit erfassen will, muß er schon 15 bis 20 Millionen Jahre zurückgehen.

Der wissenschaftliche Erkenntnisgewinn bezieht sich aber nicht allein auf diesen vor Jahrzehnten kaum geahnten größeren zeitlichen Abstand der Menschwerdung von heute. Wir verfügen jetzt nicht nur über große Möglichkeiten, die archäologischen Funde zeitlich einzuordnen. Die Frühgeschichte der Menschheit offenbart sich auch in immer klareren Konturen, wobei alle Bereiche des gesellschaftlichen Lebens erfaßt werden. Der Erkenntnisstand ist im Laufe der letzten Jahre gewaltig angewachsen, und fast jeder Tag bringt neue Ergebnisse und vertieft unser Bild von der Frühgeschichte.

Trotzdem ist die Zahl der offenen Fragen und ungelösten Probleme immer noch sehr groß. Manche scheinbar schon geklärte Frage wurde durch neue Funde wieder auf die Tagesordnung der wissenschaftlichen Forschungsarbeit gesetzt oder erhielt eine neue Antwort. Wir alle sollten uns stets bewußt sein, daß das Bild der Ur- und Frühgeschichte nicht nur aus sicheren Fakten besteht, sondern sich vielfach noch auf Theorien, ja sogar auf Hypothesen stützt. Der Wissenschaftler bringt das in seinen Veröffentlichungen auch im allgemeinen zum Ausdruck. Aber jeder sollte daran denken, daß es nicht nur eine Entscheidung zwischen falsch und richtig, sondern außerdem die Alternative des Wahrscheinlichen und Möglichen gibt.

Wie bestimmt der Archäologe eigentlich die archäologischen Objekte zeitlich? Dazu bedient er sich sehr verschiedener Methoden, die hier nur angedeutet werden können. Die Archäologie unterscheidet zwischen einer relativen und einer absoluten Datierung. Die erste besagt lediglich — aber für die archäologische Wissenschaft kommt es oft gerade darauf an —, daß ein Objekt älter oder jünger als ein anderes ist. Hatten sich beispielsweise im Laufe der Jahrtausende mehrmals Menschengruppen nacheinander an derselben Stelle niedergelassen, so wurden jeweils Siedlungsreste übereinander abgelagert. Die unteren Schichten mit ihrem gesamten Inhalt müssen älter als die oberen sein, wobei es selbstverständlich eingegrabene Fundamente und andere Gruben entsprechend einzuordnen gilt. Also nicht die absolute Tiefe, sondern das Verhältnis zu der betreffenden Schicht — zur Strate (lat. stratus = Schicht), weswegen der Archäologe von der „stratigraphischen Methode" spricht — ist entscheidend.

Erweiterung des Geschichtsbildes in zeitlicher Sicht

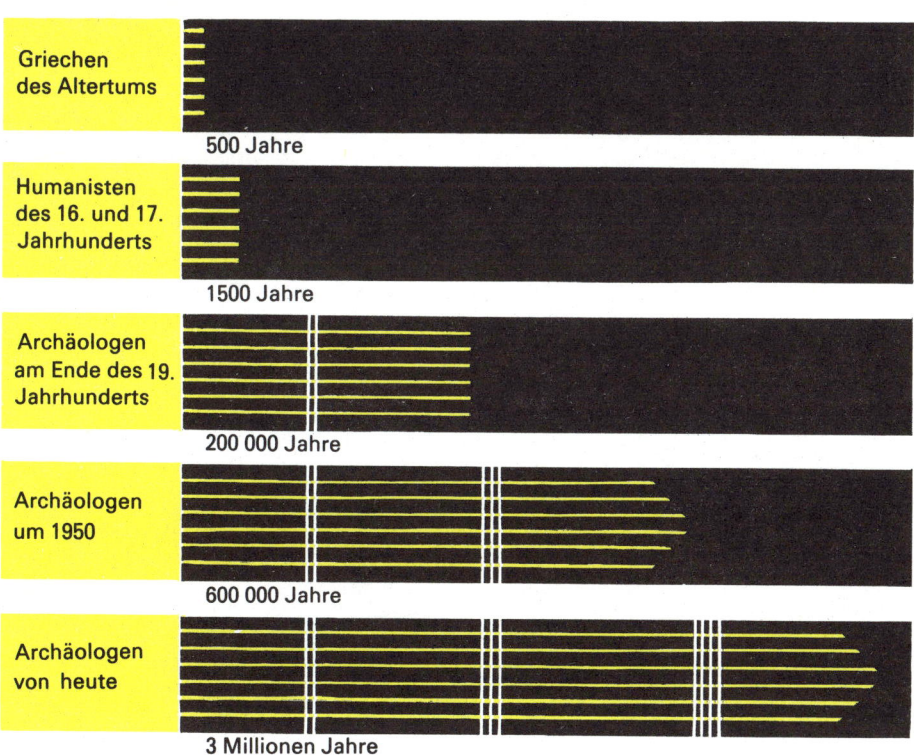

Griechen des Altertums — 500 Jahre

Humanisten des 16. und 17. Jahrhunderts — 1500 Jahre

Archäologen am Ende des 19. Jahrhunderts — 200 000 Jahre

Archäologen um 1950 — 600 000 Jahre

Archäologen von heute — 3 Millionen Jahre

9

Besonders im Vorderen Orient kann diese Methode der Datierung sehr häufig angewendet werden, weil die Menschen immer wieder dieselben Stellen zum Siedeln bevorzugten, so daß im Laufe von Jahrtausenden regelrechte Wohnhügel (man bezeichnet sie nach einem arabischen Wort als Tell) emporwuchsen. Derartige Siedlungshügel finden sich auch an der Nordseeküste; dort heißen sie Wurten. Mit ihnen werden wir uns noch ausführlich beschäftigen (siehe S. 129 ff.). Genauso können übereinanderliegende Gräber nach dieser Methode in ihrem relativen Alter bestimmt werden. Gleiches gilt für die einzelnen Bauschichten eines Burgwalls mit den darin eingeschlossenen Funden.

Alles, was uns heute an Erzeugnissen des Menschen umgibt, unterliegt gewissen Entwicklungsrichtungen. Vergleichen wir einmal das Auto von den Anfängen dieses Verkehrsmittels an über Jahrzehnte bis heute, so erkennen wir nicht nur eine allgemeine Entwicklung, sondern können außerdem ältere Typen von jüngeren unterscheiden. Technischer Fortschritt und modische Tendenzen haben seit alters die Form menschlicher Produkte bestimmt, wobei ein Beil mehr den Prinzipien des technischen Fortschritts, eine Brosche denen der Mode zu folgen hatte. So lassen sich hier ebenfalls ältere von jüngeren Objekten unterscheiden, aber eben nur relativ.

Doch wir möchten darüber hinaus das absolute Alter eines Gegenstands, eines Gräberfelds oder einer Siedlung kennen, da uns andernfalls ein wesentliches und notwendiges Merkmal einer historischen Quelle fehlen würde.

Seit dem ausgehenden 4. Jahrtausend v. u. Z. besitzen wir aus dem Vorderen Orient (Ägypten und Vorderasien) Kalender, Königslisten und andere schriftliche Aufzeichnungen, die uns ermöglichen, für diese Gebiete ein chronologisches System aufzubauen, das in unser Zeitsystem eingefügt werden kann. Denkmale und ebenso Kleinkunstwerke lassen sich auf diese Weise datieren. Da zwischen dem Vorderen Orient und Europa Kultur- und Handelsbeziehungen bestanden, gelangten Produkte wie Stilerscheinungen vom Orient nach Europa, vereinzelt auch umgekehrt. Diese aus dem Orient stammenden Güter fanden sich in Europa wiederum in einem Zusammenhang mit einheimischen Erzeugnissen, die als etwa gleichzeitig anzusehen sind und folglich durch die orientalischen Begleitfunde ein absolutes Alter erhielten. In je jüngere Zeiten wir kommen, desto günstiger werden die Möglichkeiten, Funde zu datieren. Denn seit der Mitte des 2. Jahrtausends v. u. Z. existierten Chronologiesysteme im alten Griechenland und später im gesamten Raum um das Mittelmeer (Römisches Reich). Die Zahl der aus diesen Ländern stammenden Erzeugnisse ist im Raum nördlich der Alpen so

heute	Jungsteinzeit	Altsteinzeit
$^{14}C = 1$	$^{14}C = 1/2 = 5600$ vor heute	$^{14}C = 1/4 = 11\,200$ vor heute

Datierung organischer Funde mittels Messung der Radioaktivität
(Kohlenstoff-14-Methode)

groß, daß wir die chronologischen Verbindungen immer engmaschiger ziehen können.

Aber die menschliche Urgeschichte geht mit ihren Anfängen ja wesentlich vor den dadurch erfaßten Zeitraum zurück. Deshalb bedarf es weiter zurückreichender Datierungsmethoden. Eine der heute gebräuchlichsten ist die Radiokarbonmethode. Wir verdanken sie dem amerikanischen Chemiker Willard Frank Libby, der dafür 1960 mit dem Nobelpreis ausgezeichnet wurde. Eine Folge der kosmischen Einstrahlung ist die Erzeugung von radioaktivem Kohlenstoff (mit der Masse 14, als chemische Formel ausgedrückt ^{14}C). Dieser wird von den Pflanzen aufgenommen und gelangt über die Pflanzennahrung auch in alle übrigen organischen Substanzen. Messungen haben ergeben, daß der ^{14}C-Gehalt auf der ganzen Erde einheitlich ist und daß dies für das gesamte Leben auf unserem Planeten zutrifft. Wenn ein Organismus (eine Pflanze, ein Tier oder ein Mensch) stirbt, hört die natürliche Zufuhr von ^{14}C auf, und der Gehalt nimmt nach einem physikalischen Gesetz gleichmäßig ab. Nach rund 5600 Jahren besitzt das abgestorbene Organ nur noch die Hälfte, nach weiteren 5600 (also 11 200) Jahren wieder die Hälfte, das heißt ein Viertel, usw. Die wichtigste Erkenntnis war folglich das Wissen um die Halbwertzeit. In einem Labor mit den notwendigen Meßapparaturen können Hölzer, Holzkohle, Getreidekörner, auch Knochen und andere organische Reste — vor allem aber die erstgenannten — auf ihren Radiokohlenstoffgehalt gemessen und damit das Alter des Gegenstands bestimmt werden. Ein je höheres Alter ein archäologischer Gegenstand hat, desto geringer ist der Kohlenstoffgehalt, und bei 35 000 Jahren beträgt er nur noch etwa 1 Prozent. Die Ungenauigkeit wird aber schließlich so hoch, daß sich die Methode nicht mehr anwenden läßt. Ihre Grenzen liegen bei rund 50 000 Jahren, einem Zeitpunkt, zu dem die Urmenschen ausstarben und der vollentwickelte Mensch unsere Erde zu bevölkern begann.

So wie wir dieses Datierungsverfahren geschildert haben, scheint es in der Anwendung einfach zu sein und dem Archäologen über alle Probleme beim Bestimmen des Alters seiner Funde hinwegzuhelfen. Wir wollen ehrlich sein und auf einige Schwierigkeiten und naturbedingte Mängel hinweisen, damit niemand Wunder von der Methode erwartet.

Das Objekt kann durch altersfremdes Material verunreinigt sein, was zu Fehldatierungen führt. Deswegen darf man auch beispielsweise die Probe nicht in einem Holzkästchen aufbewahren, weil dessen reicher Kohlenstoffgehalt auf die alte Substanz „abfärben" würde. Wenn wir von Veränderungen des Kohlenstoffgehalts durch Kernwaffenversuche, Erdölverbrennung und andere Vorgänge der Neuzeit einmal absehen, ist der ^{14}C-Gehalt doch nicht, wie man zunächst annahm, immer konstant gewesen. Kontrollmessungen mit anderen Methoden, auf die wir gleich zu sprechen kommen werden, haben gezeigt, daß es Zeiten geringeren oder auch höheren Gehalts gab, wohl bedingt durch unterschiedliche kosmische Einstrahlung. Sind die Differenzen erkannt, gewinnt die Methode wieder an Genauigkeit.

Wer einmal bei einem Waldspaziergang die Schnittfläche eines durchgesägten Baumstamms mit Muße betrachtet hat, wird eine unterschiedliche Stärke der einzelnen Jahrringe bemerkt haben. Diese Unterschiede sind klimatisch bedingt und finden sich bei allen in einem Gebiet mit gleichem oder ähnlichem Klima vorhandenen Bäumen. Jahrringe bleiben selbstverständlich auch noch bei vom Menschen bearbeiteten Hölzern erhalten, so daß ein Vergleich von beispielsweise zwei Pfosten aus einer Siedlung mit ihren Jahrringen zur Feststellung eines gleichen oder unterschiedlichen Alters führen kann.

Wie kommen wir aber zu einer absoluten Zeitansetzung? In Amerika wachsen Mammutbäume, die ein Alter von 3000 Jahren aufweisen, und Borstenkiefern, die sogar 4600 Jahre alt sind. Mit Hilfe dieser Bäume konnte ein Jahrringkalender bis in die Mitte des 3. Jahrtausends v. u. Z.

aufgestellt werden. In Europa müssen wir uns anders behelfen. Man begann mit Hölzern, deren Verarbeitung historisch überliefert ist, etwa von Bauwerken. Aus ihren Jahrringen ließ sich das Alter der dafür verwendeten Bäume ablesen, sagen wir 200 Jahre. Nun nahm man ein älteres Holz, das sich aber in einer Anzahl von Jahrringen noch mit denen des ersten Holzes deckte, so daß man um weitere 100 oder 200 Jahre zurückgelangte. Mit diesem „Überbrückungsverfahren" reichen wir bis in urgeschichtliche Zeiten vor über 6 Jahrtausenden zurück und vermögen uns auf solche Weise einen Jahrringkalender zusammenzustellen. Auch in diesem Fall ist die Praxis komplizierter, als das die Kürze der Darstellung vermuten läßt. Die einzelnen Klimafaktoren können in einem sonst einheitlichen Klimagebiet doch unterschiedlich wirken, ebenso macht sich die Verschiedenheit der Standortverhältnisse und Baumarten störend bemerkbar.

Noch immer haben wir kein Verfahren genannt, das uns an den Anfang der Menschheitsgeschichte führt. Hier wäre die astronomische Methode zu erwähnen, deren Grundlage der periodische, berechenbare Wechsel der Sonneneinstrahlung auf die Erde bildet. Weil in diesem Wechsel der Strahlungsintensität eine der Ursachen der Kalt- und Warmzeiten besteht, die sich wiederum geologisch ausgewirkt haben, kann eine Anzahl von geologischen Erscheinungen aus der Eiszeit datiert werden. Damit haben wir die Möglichkeit, auch archäologische Funde in diesen geologischen Schichten zeitlich zu bestimmen. Mit der astronomischen Methode gelangen wir nunmehr in Bereiche, die etwa eine halbe Million Jahre zurückliegen.

In den letzten Jahren haben die Wissenschaftler neben der Kohlenstoff-14-Methode noch weitere radiometrische Verfahren entwickelt, die ebenfalls auf den Zerfallsprozessen von Mineralien und Elementen beruhen (Kalium-Argon, Uran, Blei und andere). Zum Teil sind sie jedoch überhaupt nur in Gebieten vulkanischen Materials anwendbar.

Mit all diesen Methoden, zu denen noch weitere, oft lediglich regional einsetzbare, kommen, haben wir die Möglichkeit, unser archäologisches Material zeitlich zu bestimmen und damit als historische Quelle erst voll zu nutzen. Selbstverständlich muß nicht jedes Objekt neu bestimmt werden. Durch Vergleich mit bekannten Stücken läßt sich die Mehrzahl der ans Tageslicht geförderten Funde schon beim ersten Augenschein datieren. Außerdem können wir mit größter Wahrscheinlichkeit annehmen, daß die Gegenstände in einem Fundkomplex — der Archäologe spricht vom „geschlossenen Fund" — aus der gleichen Zeit stammen. Uns genügt folglich ein einziges bereits sicher datiertes Stück, um alle anderen, vielleicht bisher unbekannten Gegenstände aus diesem

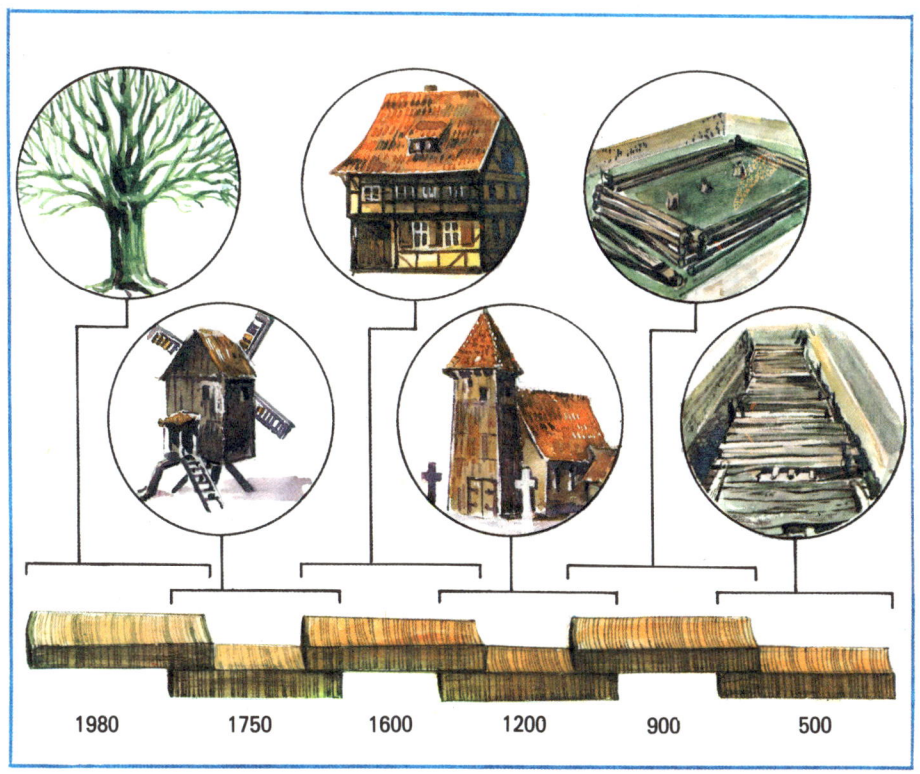

Grundlage der Jahrringchronologie

Fund ebenfalls zeitlich zu bestimmen. Deswegen legen wir Archäologen so großen Wert auf exakte Ausgrabungen; denn nur sie gestatten es uns, die Fundzusammenhänge einwandfrei zu erkennen.

Den Laien verblüfft es vielfach, wenn der Archäologe von einer kleinen Scherbe sofort sagen kann, sie habe ein Alter von 4200 Jahren — so genau ist das oft möglich. Oder ist es zu ungenau? Etwa vom Ende des 3. Jahrtausends v. u. Z. an vermag der Archäologe das Jahrhundert mit einiger Sicherheit anzugeben, vom Beginn unserer Zeitrechnung an vielfach bereits eine Datierung auf ein Jahrhundertviertel oder gar ein Jahrzehnt vorzunehmen. Eine weitere Präzisierung des Alters eines Fundes ist schon deswegen ohne Wert, weil wir zwischen Herstellungszeit und Niederlegungszeit unterscheiden müssen. So kann in einem Grab beispielsweise ein Schmuckstück beigegeben sein, das bereits generationenlang getragen wurde.

Der Archäologe sammelt nicht, um die Museen mit interessanten Gegenständen zu füllen, sondern er will Aussagen zur Geschichte vergan-

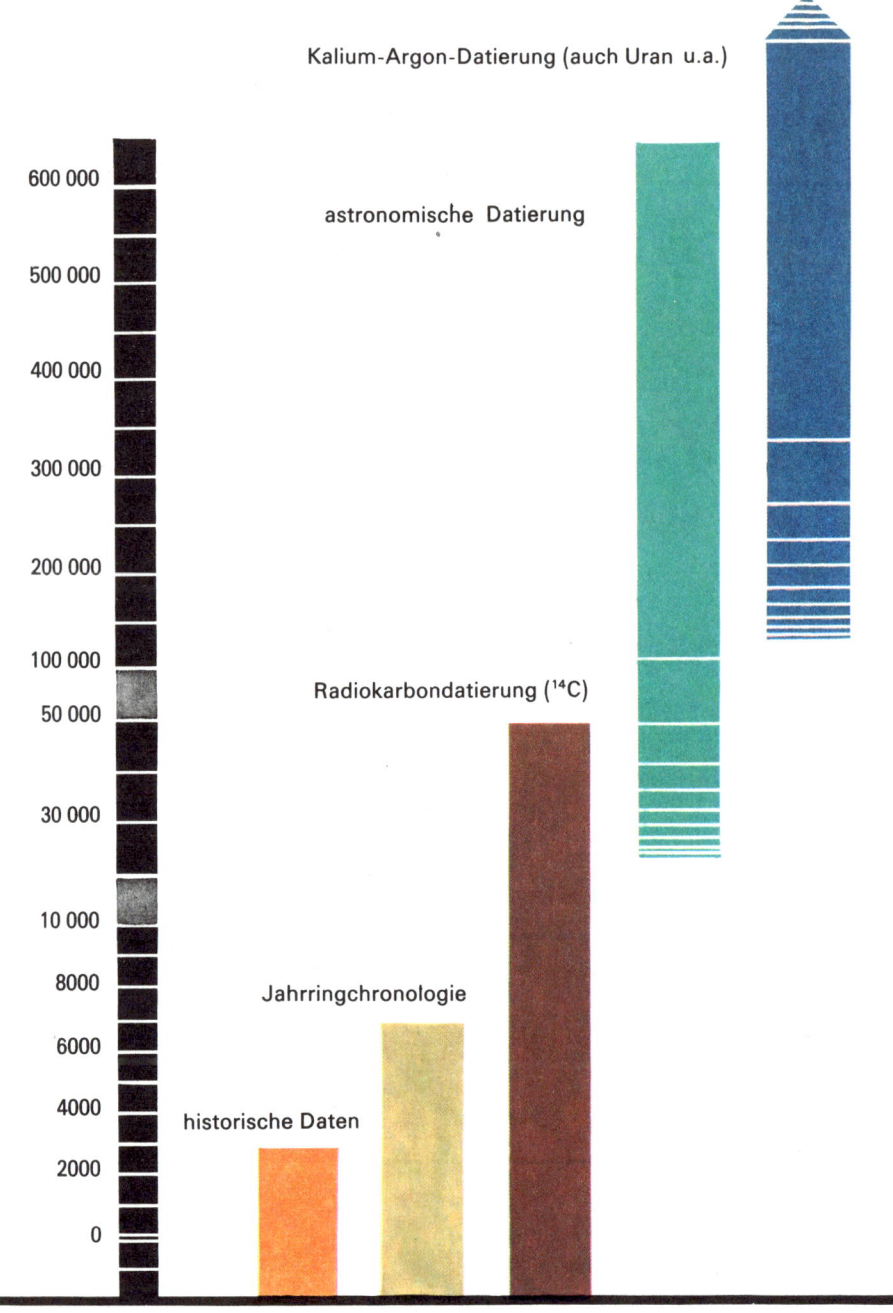

Kalium-Argon-Datierung (auch Uran u.a.)

astronomische Datierung

Radiokarbondatierung (^{14}C)

Jahrringchronologie

historische Daten

600 000

500 000

400 000

300 000

200 000

100 000

50 000

30 000

10 000

8000

6000

4000

2000

0

Reichweiten unserer Datierungsmethoden

16

gener Jahrhunderte und Jahrtausende machen. Dazu gehören Fragen nach der Wirtschaft, den sozialen Verhältnissen, den Beziehungen zwischen den einzelnen Gemeinschaften, der Entstehung von größeren Verbänden wie Stämmen und Völkern, aber auch der Vorstellungswelt.

Antwort auf all diese Fragen zu geben ist nicht leicht. Lange Zeit fehlte der Forschung eine wissenschaftliche Methode, um die Quellen zu einer ausreichend gesicherten historischen Synthese zu verbinden, Zusammenhänge zwischen den einzelnen Bereichen des gesellschaftlichen Lebens zu erkennen und vor allem die eigentlichen Triebkräfte des historischen Geschehens zu erfassen. Erst der von den Klassikern des Marxismus-Leninismus entwickelte dialektische und historische Materialismus lieferte die wissenschaftliche Grundlage, um ein wahres Geschichtsbild vergangener Jahrhunderte und Jahrtausende erstehen zu lassen. Dabei geht es nicht nur um die Aneignung historischer Fakten, sondern in erster Linie um die Erkenntnis, daß sich die gesamte Entwicklung nach allgemeinen historischen Gesetzmäßigkeiten vollzieht. So werfen wir den Blick in die Vergangenheit nicht, um uns von den Problemen der Gegenwart abzulenken, sondern um aus dem Gestern für das Heute und das Morgen zu lernen. Auf diese Weise begreifen wir bestimmte Vorgänge unserer Tage erst richtig.

Das gilt auch für die frühesten Perioden der Menschheit, für die Ur- und Frühgeschichte. Zweifellos beschäftigt sich die Urgeschichte mit sehr *zeitfernen* Ereignissen, ihre Probleme aber sind trotzdem ganz entscheidend *zeitverbunden*. Vieles, was heute unser Leben ausmacht und bestimmt, hat seine Wurzeln in der ältesten Geschichte der Menschheit. Eigentum, Klasse, Staat, Familie, Volk sind historisch entstandene Erscheinungen, die es in den Anfängen zu erfassen gilt. Unter diesen Gesichtspunkten gehen wir an die Beantwortung historischer Fragen.

Wer heute in die Werkstatt eines Handwerkers tritt, sieht auf den ersten Blick, ohne vorher das Firmenschild studiert zu haben, allein an den dort liegenden und hängenden Werkzeugen, ob er sich bei einem Tischler, einem Sattler, einem Schlosser oder einem Drechsler befindet. Ähnlich geht es dem Archäologen, der von den zutage geförderten Werkzeugen und Fertigprodukten auf die damals ausgeübten Gewerke und die Höhe des technischen Könnens schließen kann. Überreste der Nahrung, wie Haus- und Jagdtierknochen, Getreidekörner und weitere Zeugnisse lassen uns erkennen, auf welcher Entwicklungsstufe der Nahrungsmittelproduktion der Mensch, der sie zurückließ, gestanden hat. Funde von Ställen, Speichern und anderen Wirtschaftsgebäuden in freigelegten Siedlungen ergänzen das Bild. Bereits die verwendeten Rohstoffe geben einen ersten Hinweis, ob wir die Hinterlassenschaften von

Menschen vor uns haben, die noch im Stadium der Steinzeit lebten, ob sie bereits die Bronze oder schon das Eisen kannten.

So bereitet die Erforschung einstiger wirtschaftlicher Verhältnisse in der Regel keine allzu großen Schwierigkeiten. Trotzdem bleibt das Bild unvollständig. Zahlreiches Beweismaterial, wie Holz, Leder, Gewebe und andere organische Stoffe, ist unwiederbringlich verlorengegangen oder nur unter günstigen Bedingungen erhalten geblieben. Dann muß ein Spinnwirtel oder ein Webegewicht die Kenntnis von Spinnen und Weben beweisen, eine dunkle Verfärbung im Boden die Kunst des Zimmermanns vermuten lassen. Auch die Berücksichtigung allgemeiner historischer Entwicklungstendenzen hilft Lücken schließen.

Ungleich schwieriger sind Fragen nach den sozialen Verhältnissen zu beantworten. Gerade in ihnen und ihrer Beziehung zum Stand der Produktivkräfte aber liegen die Triebkräfte des historischen Fortschritts. Aus dem Einzelfund lassen sich nur sehr allgemeine Schlüsse ziehen. Eine Siedlung und ein Friedhof spiegeln schon eher die sozialen Verhältnisse wider.

Die Urgesellschaft als die älteste Gesellschaftsformation der Menschheit war in den Grundzügen einheitlich. Die Menschen lebten in urkommunistischen Beziehungen zueinander. Es gab keine Klassen von Ausbeutenden und Ausgebeuteten. Trotzdem weist die Urgesellschaft im Laufe ihrer langen Geschichte einige soziale Veränderungen auf, die es mit Hilfe unserer archäologischen Quellen zu erforschen gilt.

Zu dem Zeitpunkt, als die Menschen in der Entwicklung der Produktivkräfte einen solchen Fortschritt erreicht hatten, daß sie nicht nur für den unmittelbaren Eigenbedarf produzierten, sondern bereits ein Mehrprodukt erzielen konnten, waren die Voraussetzungen zu unterschiedlichem Besitz geschaffen. Ökonomischer Reichtum, eine führende Rolle im Stamm, erfolgreiche Beutekriege brachten soziale Differenzierungen mit sich. Die sich aus der Masse der Bevölkerung heraushebende Schicht besaß größere Häuser, ihre Ställe boten Platz für mehr Vieh; oft lagen ihre Anwesen abgesondert von den Häusern der anderen. Auch nach dem Tode mußte ihre höhere soziale Stellung betont werden. Ihre Gräber waren größer, statt einfacher Gruben wurden Stein- oder Holzkammern errichtet, und die Toten bekamen von den Hinterbliebenen reiche Beigaben mit. Oft unterschied sich der gesamte Grabbrauch von dem der übrigen Stammesangehörigen. Die Waffenausstattung erlaubt in einigen Fällen, die soziale Struktur der Bevölkerung zu rekonstruieren.

Somit ergab sich ein bedeutender Einschnitt im historischen Ablauf der Urgesellschaft. Während wir die älteren Perioden mit ausgesprochen urgesellschaftlichen Verhältnissen als die Zeit der Gentilgesellschaft

Grabungsgelände von Wahlitz, Kreis Burg, mit Gräberfeldern und
Siedlungen unterschiedlicher Zeiten

(lat. gens = Geschlecht, Sippe) bezeichnen, wird die Spätphase, in der
sich die sozialen Gegensätze vertieften und sich Anzeichen einer Ablö-
sung der Urgesellschaft durch höherentwickelte Gesellschaftsformationen bemerkbar machten, „militärische Demokratie" genannt. „Heerführer, Rat, Volksversammlung bilden die Organe der zu einer militärischen Demokratie fortentwickelten Gentilgesellschaft. Militärisch —
denn der Krieg und die Organisation zum Krieg sind jetzt regelmäßige
Funktionen des Volkslebens geworden."* Mit dieser letzten Phase der
Urgesellschaft wollen wir uns vor allem beschäftigen.

* Friedrich Engels, Der Ursprung der Familie, des Privateigentums und des Staats, in: Marx/En-
  gels, Werke, Bd. 21, Dietz Verlag, Berlin 1975, S. 159

Unser Wissen
um die
Frühgeschichte

Archäologische, schriftliche und ethnographische Quellen vermitteln
uns Wissen über die Frühgeschichte der Menschheit

Eine Quellengattung gewährt uns besonders guten Einblick in die gesellschaftlichen Verhältnisse früher Geschichtsperioden: die Burgen. Sie hatten sehr unterschiedliche Funktionen, die es zu ermitteln gilt. Die einen waren Fluchtburgen, in die sich die Menschen bei drohender Gefahr mit ihrer beweglichen Habe zurückzogen. Auf anderen Burgen saß eine Adelsfamilie, zu der sich eine Gefolgschaft von Kriegern und einige Gewerke gesellten, während die Masse der Bevölkerung außerhalb der Burg wohnte. Es gab auch Burganlagen, in denen sich die handwerklichen Produktionsstätten befanden, wo Markt gehalten wurde und wo Heiligtümer und Tempel standen, die von religiösem Kult künden.

Hätten wir nur die archäologischen Funde zur Verfügung, würden wir trotzdem über Vermutungen nicht wesentlich hinauskommen. Da es sich in der Hauptsache um jüngere urgesellschaftliche Perioden handelt, besitzen wir aber auch schriftliche Mitteilungen, in denen oft ausführliche Berichte über die noch in der Urgesellschaft lebenden Nachbarn gegeben werden. Genannt seien der „Vater der Geschichtsschreibung", der Grieche Herodot (um 484—425 v. u. Z.), oder der Römer Tacitus (um 55— um 120), der sehr eingehend über die Germanen geschrieben hat. Wir werden von ihnen später hören.

Noch von einer zweiten Seite erhalten wir Unterstützung, von der Ethnographie (Völkerkunde). Bis in die Neuzeit lebten viele Millionen Menschen in Asien und Afrika, in Südamerika und Australien im Stadium der Urgesellschaft. Wenn auch eine einfache Übertragung von heute auf die Zeit vor Jahrtausenden falsch wäre, so gibt es doch gewisse gesetzmäßige Übereinstimmungen, die uns helfen, die Lücken zu schließen, welche die alleinige Nutzung archäologischer Quellen gelassen hat.

Karl Marx (1818—1883) und Friedrich Engels (1820—1895) haben uns in ihren Schriften gezeigt, wie Probleme der Geschichte zu lösen sind. Trotz des damals unzureichenden archäologischen Quellenbestands haben sie Entwicklungslinien aus der Frühgeschichte der Menschheit dargelegt, die auch heute noch Gültigkeit besitzen. Ihre Erkenntnisse liefern uns die Grundlage nicht nur für die Erforschung der sozialen, sondern der gesamten Geschichte in allen ihren Teilbereichen.

Der Mensch produziert aber nicht allein durch seiner Hände Arbeit, sondern auch mit seinem Gehirn, mit seinen Überlegungen, seinen Gedanken, mit seinem Bewußtsein von den Dingen, die um ihn sind. Das Bewußtsein befähigt ihn, seine Arbeit im voraus zu planen. Karl Marx drückte dies sehr anschaulich aus: „Was aber von vornherein den schlechtesten Baumeister vor der besten Biene auszeichnet, ist, daß er die Zelle in seinem Kopf gebaut hat, bevor er sie in Wachs baut."*

Wir gehen bei der Frage nach dem geistigen Bild früherer Menschen von dem Grundgesetz der materialistischen Philosophie aus, wonach das Sein das Bewußtsein prägt. Hier liegt der Schlüssel, der uns die Tür zur Vorstellungswelt des Menschen öffnet. Trotz des Vorrangs des Seins gegenüber dem Bewußtsein besteht aber ein Wechselverhältnis zwischen beiden. Diesen philosophischen Prinzipien gemäß greifen wir uns jene archäologischen Funde und Befunde heraus, welche uns in die Vorstellungswelt der Urgesellschaft führen. Werkzeuge, Geräte und die gefertigten Produkte vermitteln einen Einblick in das geistige Beherrschen

---

* Karl Marx, Das Kapital, in: Marx/Engels, Werke, Bd. 23, Dietz Verlag, Berlin 1977, S. 193

technologischer Prozesse. Der Mensch mußte eigene Erfahrungen und die seiner Zeitgenossen und Vorfahren in seinem Gehirn speichern.

Von einem gewissen Zeitpunkt an registrierte der Mensch nicht nur die Vorgänge in seiner Umwelt, sondern ahnte dahinter Zusammenhänge, die er aber in ihrer Realität noch lange nicht erfassen konnte. Hier liegen die Anfänge magischer, mystischer und religiöser Vorstellungen. Quellen für diesen Bereich sind die Friedhöfe sowie die Erzeugnisse der Kunst, Figuren und Zeichen auf Gerätschaften, auf Steinen und Felsen, Instrumente kultischer Handlungen. Einen bedeutenden wissenschaftlichen Erfolg verspricht die Freilegung heiliger Stätten, wie wir sie aus einigen Perioden der Urgeschichte kennen. Antike Historiker und Berichterstatter haben oft recht ausführlich über die Religion ihrer Nachbarvölker geschrieben und dadurch unsere archäologischen Quellen wesentlich ergänzt. Da sich geistige Vorstellungen sehr lange hielten und in ihrer alten oder in leicht veränderter Form auch noch zu einer Zeit existierten, als sie ihren Sinn verloren hatten, können wir aus manchen Anschauungen und Bräuchen jüngerer Zeiten auf die alte Vorstellungswelt schließen. So werden Märchen und Sagen ebenfalls zu Quellen für die Frühgeschichte der Menschheit.

Unsere Kenntnisse sind demnach nicht allein durch die Vermehrung der Funde gewachsen, sondern durch die Mitwirkung verschiedener Fachwissenschaften bei der Ausgrabung, durch die Einbeziehung zahlreicher moderner naturwissenschaftlicher Methoden bei der Aufbereitung des Fundmaterials und vor allem durch die auf der Grundlage der marxistischen Weltanschauung beruhende Ausdeutung der Funde.

Wir wollen in diesem Buch nicht die gesamte Urgeschichte unserer Heimat darstellen. Den Abschnitt vom ersten Erscheinen menschlicher Gruppen in Mitteleuropa während einer warmen Periode zwischen zwei Kalt-(Eis-)Zeiten vor 300 000 bis 400 000 Jahren bis zu den ersten namentlich bekannten Stämmen werden wir nur im Zeitraffertempo betrachten. Gelegenheit dazu soll uns ein Museum mit einer modernen urgeschichtlichen Ausstellung geben. In den folgenden Kapiteln wollen wir dann versuchen herauszufinden, wie auf der Grundlage der verschiedenen Stämme und Stammesgruppen in Mitteleuropa, deren Namen uns die antiken Historiker mitgeteilt haben, jene Verbände entstanden, welche die unmittelbaren Vorfahren des deutschen Volkes darstellten. Zugleich verfolgen wir dabei den revolutionären Prozeß, in dem die urgesellschaftlichen Verhältnisse überwunden wurden und sich eine neue, nämlich die feudale Gesellschaftsformation herausbildete. Bei unserer historischen Wanderung durch ein Jahrtausend werden wir jeweils von einer bedeutenden Ausgrabungsstätte ausgehen.

Im Museum zu Halle

Wanderung durch die Jahrhunderttausende

Millionen Menschen aller Altersklassen und aller sozialen Schichten besuchen jährlich die zahlreichen Museen in der DDR, die nach Größe und Inhalt sehr unterschiedlich sind. Es gibt Museen, die eine mehrstündige Wanderung durch ihre umfangreichen Sammlungen erfordern. Aber wir finden auch Heimatmuseen, die in wenigen kleinen Räumen Einblick in die Geschichte eines Ortes geben. Wir besitzen stattliche Gemäldegalerien, in denen bedeutende Kunstwerke ausgestellt sind. Andere Museen oder einzelne Abteilungen widmen sich dem Gebiet der Natur (der Geologie, der Zoologie, der Botanik und anderem). Groß ist aber auch die Zahl der historischen Museen, die dem Besucher einen Überblick über die geschichtliche Entwicklung eines bestimmten gesellschaftlichen Bereichs (Verkehr, Armee, Schiffahrt usw.) oder einer Landschaft bieten (von der Geschichte des deutschen Volkes bis zur Geschichte eines Kreises, einer Stadt oder eines Dorfes). Etwa 110 Geschichtsmuseen in der DDR laden zum Besuch ein.

Wie schon angedeutet, wollen wir uns vor allem mit jener Periode beschäftigen, in der die älteste Gesellschaftsformation der Menschheit, die Urgesellschaft, auch in unserem Raum ihrem zwangsläufigen Ende zusteuerte und sich eine neue Gesellschaftsformation, der Feudalismus, entwickelte. Zunächst aber durchschreiten wir einen sehr, sehr langen Zeitraum, der mit dem Werden des Menschen begann und mit den ersten Anzeichen der Auflösung der Urgesellschaft endete.

In vielen Museen ist dieser Prozeß in anschaulicher Form, bezogen auf die regionalen Besonderheiten, dargestellt. Wir haben in unserer Republik einige Spezialmuseen, die sich nur der ur- und frühgeschichtlichen Zeit widmen. Vor allem sind hier die Museen in Halle (Saale), Weimar und Potsdam zu nennen, während sich die gleichrangigen Museen in Dresden und Schwerin aus räumlichen Gründen mit wechselnden Sonderausstellungen begnügen müssen. Auch das Museum für Deutsche Geschichte in der Hauptstadt der DDR hat eine ur- und frühgeschichtliche Abteilung. Die Ausstellung in der Stadt an der Saale soll uns im folgenden leiten und anregen.

Im ersten großen Saal des Museums fesselt jeden Besucher zunächst

24   Im Landesmuseum für Vorgeschichte Halle (Saale): Altsteinzeitsaal mit Mammut

Das Mammut von Pfännerhall

Fundort: Unstrutschotter über der Braunkohlen-
grube Pfännerhall, Braunsbedra, Kreis
Merseburg.
Geologisch: April 1955.
Alter: Beginn der Saale - Vereisung
(vor etwa 200 000 Jahren)
Größe: Schädelhöhe 3 m, Länge 4,60 m
Geschlecht: Weibliches Tier über 50 Jahre

Ein Rastplatz von Jägern wird in Bilzingsleben ausgegraben.

das Skelett eines Mammuts, das im Jahre 1953 bei Braunsbedra im Kreis Merseburg geborgen wurde. Das Knochengerüst hatte sich so gut erhalten, daß Wissenschaftler und Präparatoren es in allen Einzelheiten naturgetreu aufzubauen vermochten — nur die Weichteile und die Behaarung ließen sich nicht rekonstruieren. Dieses gewaltige Tier (hier ein weibliches von „nur" 320 cm Höhe) war in einer bestimmten Periode der frühen Menschheit ein sehr geschätztes Jagdwild, das für viele Tage die Jäger mit ihren Frauen und Kindern ernähren konnte. 200 000 Jahre sind es etwa her, seit das Mammut durch unser Land zog. Damals existierte zwar noch nicht der vollentwickelte Mensch (Homo sapiens, lat. homo = Mensch, sapiens = mit Vernunft begabt), aber die Menschen lebten als „Urmenschen" bereits viele Jahrhunderttausende auf der Erde.

Der Mensch war im Laufe von mehreren Millionen Jahren aus dem Tierreich entstanden. Die bisherigen Funde sprechen dafür, daß sich die entscheidenden Phasen dieses Vorgangs im ostafrikanischen Raum vollzogen haben, obwohl Vor- und Urmenschenfunde auch aus anderen Teilen Afrikas, aus Asien und Europa bekannt wurden.

Was den Menschen von seinen tierischen Vorfahren unterscheidet, ist die bewußte Arbeit. An den Skelettresten läßt sich das kaum erkennen. Leichter kann man es an aufgefundenen Geräten und Werkzeugen feststellen. Die ältesten bewußt und zielgerichtet gefertigten Werkzeuge sind uns aus einer Zeit bekannt, die 2 bis 3 Millionen Jahre zurückliegt. Geeignete Steine wurden mit wenigen Schlägen zu einer Art Universalgerät geformt, mit dem man schneiden, schaben, bohren, Knochen aufbrechen und auch Tiere erschlagen konnte. Die Menschen lebten in Gemeinschaften zusammen, was eine Voraussetzung sowohl für die Entstehung als auch für die fortschreitende Entwicklung der Menschheit war. Im Zusammenwirken mit der produktiven Arbeit entstand die Sprache und vervollkommnete sich das Gehirn — ebenfalls Voraussetzungen für die Herausbildung des Homo sapiens.

In Mitteleuropa reichen weder die menschlichen Skelettreste noch die ersten vom Menschen geschaffenen Gerätschaften über ein Alter von 500 000 Jahren zurück. Durch jüngste, noch nicht abgeschlossene Ausgrabungen des Landesmuseums von Halle (Saale) hat ein Ort im Kreis Artern internationale Bedeutung erlangt: Bilzingsleben. Hier wurden menschliche Skelettreste, vor allem vom Schädel, sowie eine Vielzahl und Vielfalt von Geräten aus Stein und Knochen geborgen, die ein Alter von etwa 350 000 Jahren besitzen. Die Lebewesen, von denen sie stammen, können wir ohne Zweifel als „Menschen" bezeichnen. Als man die ersten Funde dieser Menschengruppe auf Djawa und in China machte, nannte man sie Homo erectus (der aufgerichtete Mensch; lat. erectus = aufrecht), obwohl der aufrechte Gang als eine biologische Bedingung für die Entwicklung zum Menschen schon sehr viel früher bei unseren tierischen Vorfahren eingesetzt hatte. Die Zahl der Fundstätten des Homo erectus ist auf der Welt nicht groß, sie dürfte ein gutes Dutzend betragen; in Mitteleuropa gibt es nur noch zwei weitere Plätze (in der BRD und in Ungarn).

Im Laufe der Jahrzehntausende vervollkommneten sich die Geräte immer mehr. Die Menschen fertigten sich Spezialwerkzeuge an, die nur für bestimmte Arbeiten geeignet waren. Einen Höhepunkt erreichte die Steintechnik im Faustkeil, der auch heute noch unsere Bewunderung erregt. Während dieser durch geschickte Schläge aus einem Feuersteinknollen geschaffen wurde, bildeten für die Mehrzahl der Steingeräte Abschläge die Ausgangsform.

Die Menschen wohnten entweder in Höhlen und unter Felsdächern,

Faustkeil von Gerwisch, Kreis Burg
(Länge 12,5 cm)

oder sie bauten sich, wo derartiges nicht vorhanden war, Windschirme und einfache Hütten. Sie kannten das Feuer, das sie wärmte, das in der Nacht die wilden Tiere fernhielt und mit dem sie das Fleisch genießbarer machen konnten. An den Siedelplätzen kamen die Männer nach der Jagd mit den Frauen und Kindern, die auf der Suche nach Kleingetier, Pflanzen und Früchten gewesen waren, zusammen. Ein engeres Gemeinschaftsleben entwickelte sich. Nicht nur der Zwang zur Sicherung der Existenz verband die Menschen, sondern in zunehmendem Maße blutsverwandtschaftliche Beziehungen.

Vor etwa 50 000 Jahren hatte sich aus der Urmenschheit der Homo sapiens entwickelt, der nicht anders aussah als der heutige Mensch. Unter den vielfältigen Steinwerkzeugen lassen sich nun schneidende und schabende, bohrende und sägende Geräte unterscheiden. Sie waren klein und einst in hölzernen oder knöchernen Griffen geschäftet. Zur Jagd auf die Tiere benutzte man neben den schon früher bekannten Speeren Harpunen und vor allem die Bogenwaffe, mit denen man jetzt die Tiere bereits aus größerer Entfernung erreichen konnte. Mit dem Pfeil gelang es, Vögel aus der Luft herunterzuholen. Fische wurden in geflochtenen

28   Jägersiedlung vor 10 000 Jahren (nach einem Befund am mittleren Rhein; in Anlehnung an ein Wandbild von D. Evers)

Reusen gefangen, geangelt oder mit einem geschickten Speerstoß erlegt. Die Hütten waren stabiler gebaut und erreichten in einigen Gebieten beträchtliche Längen. Neben Holz verwendete man zum tragenden Gerüst Geweihstangen, Mammutrippen oder -stoßzähne. Tierfelle dienten als Dach und als Wände.

Der Zusammenhalt der Menschengruppe wurde immer enger. Das entscheidende Bindeglied bildete nunmehr die auf Blutsverwandtschaft beruhende Sippe, in deren Mittelpunkt die Frau und Mutter stand, die nicht nur die Gebärerin des für die Existenz der Gemeinschaft notwendigen Nachwuchses war, sondern zugleich ganz allgemein die Fruchtbarkeit symbolisierte, die man ja auch bei Tieren und Pflanzen wünschte. Sie mußte sich um sämtliche Arbeiten in der Siedelstelle kümmern, die Nahrung bereiten und vor allem auch bevorraten, das Feuer hüten, das man ungern ausgehen ließ; außerdem wird sie mit den Kindern Früchte und Pflanzen aus Wald und Steppe gesammelt haben. Wie groß die Gemeinschaft war, richtete sich in der Hauptsache nach den natürlichen Bedingungen (Wildreichtum usw.). 100 Personen dürften schon viel gewesen sein, eher sollten wir mit 40 bis 60 rechnen.

Von der natürlichen Umwelt, aber auch von der Zahl der Gruppen in einem Territorium hing es ab, wie lange die Menschen an einer Stelle verblieben. Zog das Wild ab, mußten sie die Siedlung aufgeben. Es ist aber sehr wahrscheinlich — und die beobachteten Fundumstände sprechen auch dafür —, daß sie Saisonsiedlungen besaßen, das heißt, bei einbrechendem Winter zogen sie in wärmere Gebiete ab, um im Frühjahr wieder an die alte Stelle zurückzukehren.

Wald und Steppe mit ihrem Wild waren Eigentum der Gemeinschaft. Die Beute wurde zu etwa gleichen Anteilen verteilt, nur der glückliche Jäger, der oder die Ältesten — ob Mann oder Frau — und zugleich Angesehensten und Führer der Gruppe wurden dabei bevorzugt.

Wer die in den Vitrinen dieses ersten Saales ausgestellten Stücke aufmerksam betrachtet, erkennt, daß sich unsere Ausführungen zur Lebensweise der frühen Jäger- und Sammlersippen doch auf viele und aussagekräftige Quellen stützen. Die Entwicklung der Geräte und Werkzeuge läßt sich verfolgen. Tier- und Pflanzenreste aus den Siedlungsschichten vermitteln uns ein Bild der einstigen Umwelt und verraten uns, welche Tiere der Mensch jagte.

Wenn uns aus unserem Gebiet die entsprechenden Funde fehlen, blicken wir in andere Landschaften, wo die Quellensituation günstiger ist. Insbesondere ein Bereich menschlichen Lebens jener Jahrtausende bleibt uns auf dem Gebiet der DDR und damit auch in den musealen Ausstellungen fast ganz verschlossen: die frühe Kunst. Vor allem aus Südfrank-

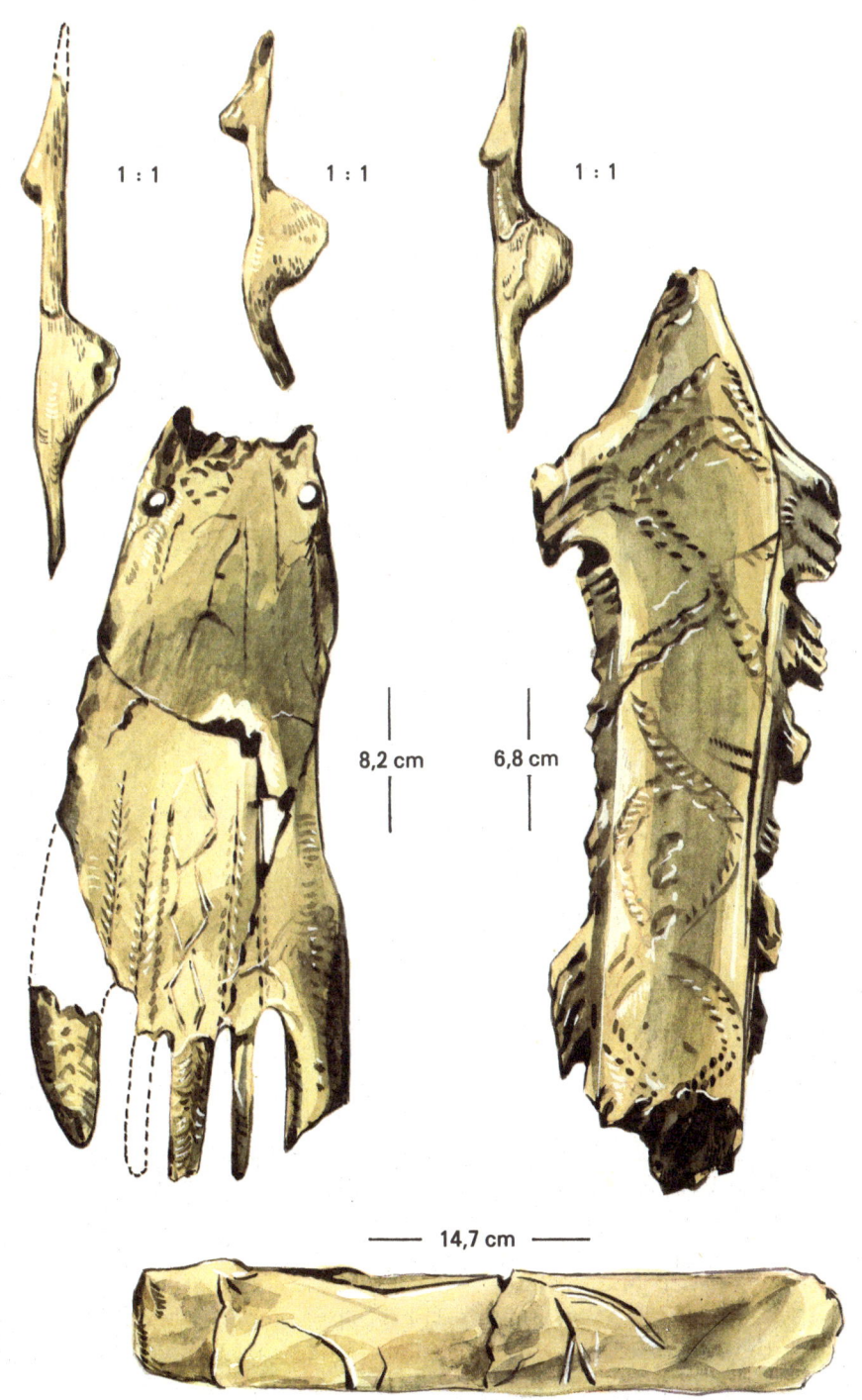

1:1 1:1 1:1

8,2 cm 6,8 cm

— 14,7 cm —

Älteste Kunstwerke vom Boden der DDR: stilisierte Frauenplastiken von
Nebra; magische Hand oder Fußsohle, Harpune mit Gravierung und
Wildpferdzeichnung aus der Kniegrotte bei Döbritz, Kreis Pößneck

reich und Nordspanien sind Hunderte von Höhlen mit Tausenden von gemalten oder geritzten Bildern bekannt. Sie stellen überwiegend Tiere jener Zeit dar. Die Bilder wurden wohl geschaffen, weil man glaubte, dadurch eine bevorstehende Jagd beeinflussen, sozusagen das Tier durch das Bild bannen zu können. Die zahlreichen Frauenstatuetten, von denen wir einige stilisierte auch im Museum Halle finden, hängen vermutlich mit dem Fruchtbarkeitskult zusammen.

Die Bewegungsfreiheit der Jägersippen war in Europa zu gewissen Zeiten durch die Eismassen eingeschränkt, die ganz Nordeuropa und Teile von Mitteleuropa bedeckten. Wir sprechen von der eiszeitlichen Periode, die einige Jahrhunderttausende andauerte, während der sich aber Warm- und Kaltzeiten ablösten. Der Homo sapiens trat während der letzten Vereisung auf, die schon vor seinem Erscheinen eingesetzt hatte. In dieser letzten Phase der Vereisung lagen die mecklenburgischen und nordbrandenburgischen Bezirke der DDR unter Eis. Erst als vor etwa 15 000 Jahren die Eismassen auch dort abzuschmelzen begannen, wurde dieses Gebiet für den Menschen besiedelbar.

Die Archäologen bezeichnen die ganze Periode, die mit der Entstehung des Menschen und der menschlichen Gesellschaft begann und so lange währte, wie er seinen Lebensunterhalt durch Jagd und Sammeln erwarb, als Altsteinzeit.

Vor über 10 000 Jahren vollzog sich im Vorderen Orient — zuerst in den gebirgigen Landschaften um das Tiefland von Euphrat und Tigris — eine grundlegende Veränderung. Die Menschen lernten Wildtiere zu zähmen und Pflanzen anzubauen. Zunächst waren es Ziegen und Schafe, später Rinder und Schweine. Der Hund hatte sich schon vorher von sich aus dem Menschen zugesellt, der ihn als Jagdgehilfen und Bewacher gern bei sich sah. Das Pferd wurde erst im 3. Jahrtausend v. u. Z. gezähmt. Zu den ältesten Kulturpflanzen gehörten Gerste und Weizen, in anderen Ländern der Welt Hirse und Mais. Reis, Hafer und Roggen kamen später dazu.

Durch die Haltung von Haustieren und den Anbau von Pflanzen wurde die Lebensgrundlage erheblich größer und sicherer. Die Gemeinschaften konnten, ja mußten an Zahl beträchtlich zunehmen. Statt der kleinen Jägerplätze bewohnten die Menschen nunmehr Dörfer, und statt der einfachen Hütten bauten sie sich Häuser aus Holz, Steinen, Lehm und später luftgetrockneten Lehmziegeln.

Auf vielen Gebieten sammelte man neue Erfahrungen und neue Kenntnisse. Oft erfaßten die Menschen noch nicht die Zusammenhänge zwischen den einzelnen Erscheinungen in der Natur, sondern glaubten an das Wirken unsichtbarer Kräfte, die sie sich als Geister, Dämonen und in jüngeren Zeiten als Götter vorstellten. So fanden auch weiterhin vielfältige kultische Handlungen statt, bei denen aber nicht mehr das Jagdwild im Mittelpunkt stand, sondern die Förderung der Fruchtbarkeit bei Haustier und Pflanze. Eine besondere Rolle scheint die Vorstellung von einer Mutter Erde als symbolhafter Figur für neues Leben gespielt zu haben. Darauf weisen die zahlreichen Frauenstatuetten hin, die in fast allen frühagrarischen Siedlungen gefunden werden.

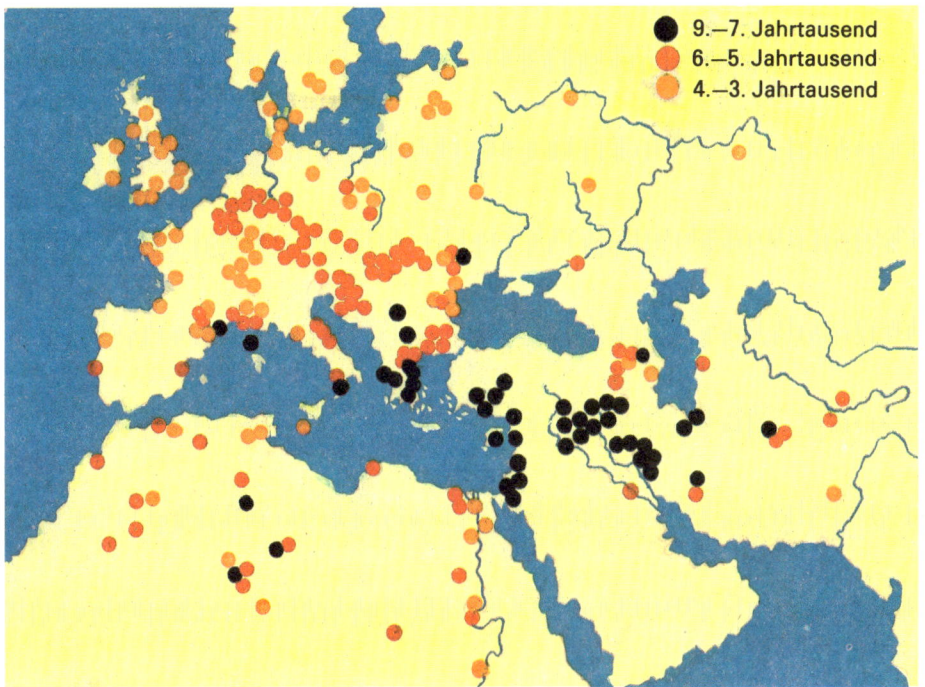

Ausbreitung von Ackerbau und Viehhaltung

Innerhalb der gesamten Urgesellschaft dürfte dieser Wechsel vom Jagen und Sammeln zur Domestikation (lat. domesticus = zum Hause gehörig) von Tier und Pflanze der bedeutendste Einschnitt gewesen sein. Deswegen wird vielfach und mit Recht von der „agrarischen Revolution" gesprochen. Es war aber eine Revolution nur der Produktivkräfte. Zunächst verblieben die Menschen in den gleichen sozialen, eben den urgesellschaftlichen Verhältnissen.

Im Laufe der folgenden Jahrtausende vollzog sich dieser Übergang auch außerhalb des Vorderen Orients. Die Bevölkerung an Euphrat und Tigris nahm dermaßen zu, daß Teile in die benachbarten Gebiete auswanderten und dort die agrarische Produktionsform bekannt machten. Meist aber dürften lediglich die Erfahrungen weitergegeben worden sein, und Stämme, die bisher nur gejagt, gesammelt oder Fischfang betrieben hatten, gingen zur Haustierhaltung und zum Pflanzenanbau über. Indien, Mittelasien, Nordafrika folgten, und von Kleinasien breitete sich die neue Produktionsform nach Griechenland und in das untere und mittlere Donaugebiet aus.

Die Ausstellung im Landesmuseum Halle offenbart den bedeutenden Fortschritt gegenüber der altsteinzeitlichen Epoche. Schon die Haustierknochen und Getreidereste sind Belege für die neue Produktionsform. Die Werkzeuge lassen anschaulich den technologischen Fortschritt erkennen. Beile und Hacken sind nunmehr geschliffen und zur besseren Schäftung durchbohrt. Versuche haben bewiesen, daß mit diesen Geräten die Arbeitsproduktivität gegenüber nur zugeschlagenen Steinen erheblich gesteigert wurde. Halbmondförmige Feuersteinmesser dienten zum Schneiden des Getreides. Auf trogförmigen Steinplatten wurden mit Hilfe eines Reibsteins die Getreidekörner zu Mehl verarbeitet. Da sich die steinernen Geräte so entscheidend verändert haben, sprach man bei der Entdeckung dieses Unterschieds von der Jungsteinzeit. Der archäologische Zeitbegriff hat sich bis heute gehalten — nur daß wir als charakteristische Merkmale dieser Epoche sämtliche Errungenschaften der agrarischen Revolution einbeziehen.

Zu solchen Errungenschaften gehört auch die Herstellung von Textilien aus tierischer Wolle und pflanzlichen Faserstoffen sowie von Tongefäßen. Bisher kannten die Menschen nur Behälter aus Geflecht, aus Tierhäuten oder Tierfellen. Zum Trinken hatten sie große Muscheln, Gelenkpfannen von Großtieren oder vielleicht ausgehöhlte Holzschalen benutzt. Nun lernten sie, aus Ton Gefäße der verschiedensten Art, große Töpfe und kleine Schalen, Vorratsbehälter und Krüge zu formen. Die ersten hatte man wohl an der Sonne getrocknet, aber bald machte man die Erfahrung, daß sie, im Feuer oder in der Glut gebrannt, haltbarer wurden. Die Oberfläche bot die Möglichkeit, Verzierungen in Ritz- und mitunter auch Maltechnik anzubringen. Der Archäologe zieht hieraus großen Nutzen; denn er vermag an Hand der Verzierung zeitliche und regionale Unterschiede zu erkennen.

Die Keramik ist so bestimmend — jedenfalls in der Jungsteinzeit —, daß die Wissenschaft die einzelnen archäologischen Kulturgruppen danach bezeichnet. Ein kleinerer Raum im Landesmuseum zeigt die für den Laien verwirrende Vielzahl der Stilarten in der Jungsteinzeit; haben wir etwas Zeit mitgebracht, dann lassen sich etliche augenfällige Unterschiede in Form und Verzierung herausfinden. So sprechen wir von

Jungsteinzeitliche Gefäße aus dem Landesmuseum
für Vorgeschichte Halle (Saale): Bandkeramik (links),
Trichterbecherkeramik (oben), Schnurkeramik (rechts)

der ältesten Bauernkultur in Mitteleuropa als von der Bandkeramik, weil
die Gefäße mit bandartigen Mustern verziert sind. Gegen Ende der
Jungsteinzeit begegnen wir der Schnurkeramik. In anderen Fällen hat
man die Form der Gefäße zur Namensgebung verwendet. So lag zwischen den beiden genannten Kulturen in Mitteleuropa die Trichterbecherkultur. In diesen drei zeitlich gestaffelten Kulturen spiegeln sich
aber auch gewisse ökonomische und soziale Unterschiede wider.

Einheitlich wurden in allen drei Kulturen Pflanzenanbau und Viehhaltung gemeinsam betrieben. Nur scheint während der bandkeramischen Zeit, die um die Mitte des 5. Jahrtausends v. u. Z. begann und
etwa 1500 Jahre andauerte, der Ackerbau gegenüber der Viehhaltung
überwogen zu haben. Die Menschen bevorzugten zum Siedeln fruchtbare, für den Ackerbau besonders geeignete Böden; in unseren Land-

schaften war das vor allem der Lößboden, wie wir ihn in großer Ausdehnung zwischen dem nördlichen Rand der Mittelgebirge und den Waldgebieten nördlich Magdeburgs kennen. Naturwissenschaftliche Untersuchungen sowie historische Überlegungen sprechen dafür, daß die ersten Bauern, die vermutlich aus dem Gebiet der heutigen ČSSR oder vielleicht auch Ungarns gekommen waren, weder völlig waldfreie noch dichtbewaldete Flächen vorgefunden hatten, sondern ein Steppengebiet mit lichtem Eichenmischwald. Ausgesprochene Waldgebiete und hochwassergefährdete Flußgebiete wurden gemieden. Die von den Einwandernden angetroffene Jäger- und Fischerbevölkerung dürfte bald die neue Produktionsform übernommen haben.

Grabungsansicht und Rekonstruktion eines bandkeramischen Hauses (nach B. Soudsky)

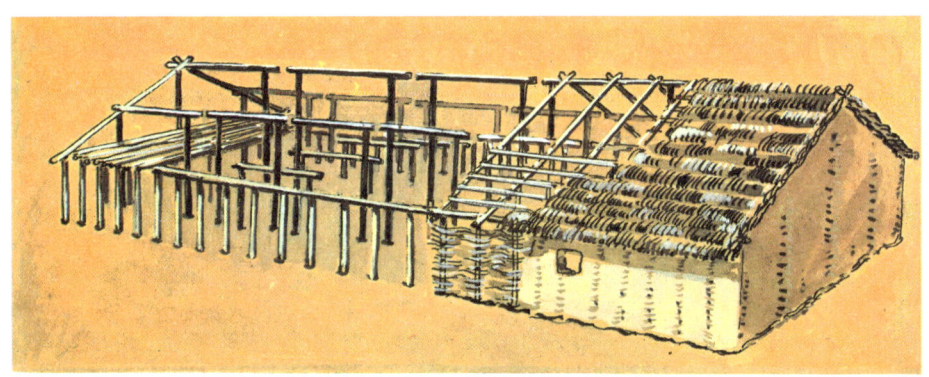

Die Menschen wohnten zur Zeit der Bandkeramik in beachtlich großen Häusern von 25 bis 40 m Länge und 6 bis 7 m Breite, deren Dächer auf mehreren Pfostenreihen ruhten. Unter dem Satteldach lagen die Wohn- und Vorratsräume, wogegen das Vieh noch nicht in Ställen stand, sondern sich sommers wie winters draußen befand; es war erheblich widerstandsfähiger als unsere hochgezüchteten Tiere, und außerdem betrug die Durchschnittstemperatur etwa 2 bis 3 Kelvin mehr als heute. Die Bauern wohnten kaum in Einzelsiedlungen, sondern in oft stattlichen Dörfern. Diesen Zusammenschluß erforderten die Bewirtschaftung der der gesamten Dorfgemeinschaft gehörenden Äcker und auch der Schutz der Siedlungen. Mitunter waren sie mit einem Graben und einer Palisade gesichert.

Da selbst der beste Boden nach einigen Jahren kaum noch Erträge brachte, eine Düngung aber unbekannt war, wurden die Ackerflächen in einem bestimmten Rhythmus gewechselt. Nach einigen Jahren hatten sich die alten Felder auf natürliche Weise und unterstützt durch Nutzung als Viehweide erholt, und man konnte sie wieder bestellen.

War die Dorfgemeinschaft aber zu sehr angewachsen und reichten die Ackerflächen nicht mehr aus, dann wurde entweder die Siedlung mit der gesamten Bevölkerung verlegt — was voraussetzte, daß noch genügend freie Gebiete in der Nähe zur Verfügung standen —, oder ein Teil der Bevölkerung mußte auf Landsuche in entfernter liegende Räume gehen. Auf diese Weise erfaßte die neue Produktionsform immer weitere Gebiete. Während der bandkeramischen Zeit wurde die vorhin genannte Lößgrenze nach Norden aber nicht überschritten; stellen wir uns eine Linie von Magdeburg genau in westlicher Richtung vor, so haben wir etwa diese Grenze. Im gesamten Gebiet nördlich davon lebten die Menschen noch als Jäger und Fischer, wenn sie auch gewisse Beziehungen zu ihren bodenbautreibenden Nachbarn im Süden unterhielten.

Das änderte sich in der Zeit der Trichterbecherkultur (seit der Mitte des 4. Jahrtausends v. u. Z.). Die materielle Hinterlassenschaft der Bevölkerung dieser Kultur unterscheidet sich zwar wesentlich von der der Bandkeramik, trotzdem hat keinesfalls ein vollständiger Bevölkerungswechsel stattgefunden. Dagegen können wir neben Einflüssen einige Zuwanderungen annehmen — wiederum aus dem mitteldonauländischen Raum, wo allem Anschein nach der Bevölkerungsdruck besonders intensiv war. Die alteingesessene Bevölkerung erlag in starkem Maße der neuen Kultur. Hinzu kamen Einflüsse aus dem Westen, was insbesondere in den Grabsitten sichtbar wurde.

Von historischer Bedeutung aber war die Tatsache, daß nunmehr der gesamte mitteleuropäische Raum — also auch das Gebiet nördlich der

Lößgrenze –, Dänemark einschließlich seiner Inseln sowie Südschweden zu der agrarischen Produktion übergingen. Dieser Prozeß dürfte sich in ähnlicher Weise vollzogen haben wie zwei Jahrtausende zuvor im südlichen Mitteleuropa. Auch hier wurde die alte Fischer- und Jägerbevölkerung eingegliedert, ohne daß sie ein kulturelles Erbe einbrachte, wenn wir von einigen Einzelheiten absehen. Nur in Skandinavien lebten Fischer- und Jägergruppen noch neben den ackerbautreibenden Stämmen, die jene Landschaften bezogen, welche ihrer Wirtschaftsweise am besten entsprachen.

Bei den Trägern der Trichterbecherkultur dürfte sich die Viehhaltung immer stärker durchgesetzt haben. Zu erkennen ist das an der Auswahl der Siedlungsräume und an den materiellen Zeugnissen aus der geistigen Welt der Menschen. Die Frauenfiguren als Symbol der Mutter Erde spielten keine Rolle mehr; an ihre Stelle traten Tierfiguren oder charakteristische Attribute von Tieren. Vor allem das männliche Tier als Zeichen der Zeugungskraft wurde abgebildet, so etwa der Widder, der Stier und der Eber; Gefäßhenkel erhielten die Form von Widder- oder Stierhörnern.

Die Trichterbecherkultur war in ihrer materiellen Hinterlassenschaft und wohl auch in ihren wirtschaftlichen Verhältnissen bei weitem nicht so einheitlich wie die Bandkeramik. Unter den Haustieren überwog einmal das Rind, ein andermal das Schwein oder das Schaf. Die unterschiedlichen Umweltverhältnisse dürften dabei eine Rolle gespielt haben. Ohne Zweifel gab es auch Siedlungsgemeinschaften, in denen die Viehhaltung gegenüber dem Ackerbau zurücktrat. Erstmalig in unserem Gebiet benutzte man zur Bodenbearbeitung den von Rindern gezogenen Pflug; bis dahin wurde der Boden wahrscheinlich nur mit der Hacke oder dem Grab- oder Furchenstock bearbeitet.

Ziehen wir noch einen Vergleich zwischen der bandkeramischen Wirtschaftsweise und der zur Zeit der Trichterbecherkultur, so kommen wir zu dem Schluß, daß jetzt eine stärkere Arbeitsteilung, damit eine Spezialisierung und letztlich eine Steigerung der Produktivkräfte eingesetzt haben dürfte. Das gilt selbstverständlich nicht nur für den agrarischen Sektor, sondern wohl viel mehr für die Produktion anderer materieller Güter, für die Werkzeuge, die Keramik und weitere Bereiche, die uns wenig bekannt sind, weil wir nicht genug Funde haben (Holzverarbeitung, Textiltechnik).

Statt des Felsgesteins wurde auch für die großen Geräte oft der Feuerstein verwendet, der es möglich machte, erheblich vielfältigere Werkzeuge herzustellen. Den Feuerstein las man auf oder barg ihn aus den feuersteinführenden Kreideschichten (so auf Rügen). Zur Verarbeitung

Großsteingrab in seinem ursprünglichen Aussehen (nach einer Zeichnung von H. Schwieger)

eignete sich am besten „bergfrischer" Feuerstein. In Südpolen und Skandinavien, aber auch — außerhalb der Trichterbecherkultur — in Belgien, Nordfrankreich und Großbritannien wurde regelrechter Bergbau auf Feuerstein betrieben. Das Rohmaterial, Rohlinge sowie Fertigprodukte gelangten durch Produktenaustausch in oft viele hundert Kilometer entfernte Gebiete. Überhaupt scheint in jener Zeit der Austausch von Produkten eine wachsende Bedeutung gewonnen zu haben. So wurde in unserem Gebiet auch Kupfer zu Schmuck oder einfachen Geräten verarbeitet, was zunächst aber nur durch Hämmern und noch nicht im Schmelzverfahren erfolgte. Das Rohmaterial dürfte aus dem mitteldonauländischen Raum gekommen sein, obwohl wir ein Schürfen an den Kupfererzlagerstätten etwa im Mansfeldischen nicht ganz ausschließen können.

Wenn wir vorhin von der größeren Differenzierung der Trichterbecherkultur gesprochen haben, so gilt das in gleichem Maße für die Keramik. Obwohl der Trichterbecher tatsächlich eine sehr charakteristische Gefäßform war, gab es viele andere Formen, die sich nur in bestimmten Regionen fanden; große Unterschiede bestanden auch in der Art der Verzierung.

Hinzu kamen wesentliche Verschiedenheiten im Grabkult. In vielen Regionen wurden Großsteingräber angelegt, in denen die Sippen über viele Generationen hinweg ihre Toten beisetzten. Anfangs waren es Dolmen, aus 4 bis 6 Findlingen als Wandsteinen und einem großen Deckstein errichtet. Später wurden langgestreckte Steinkammern geschaffen, die sich innerhalb eines mitunter bis 100 m langen „Hünenbetts" befan-

Großsteingräber (restauriert) im Everstorfer Forst,
Kreis Grevesmühlen

den. Dieses bestand aus einer rechteckigen Steineinfassung, der Zwischenraum zwischen den Grabkammersteinen und den Einfassungssteinen war mit Erde gefüllt. In die Kammer führte ein Gang, durch den die Toten hineingebracht und entsprechend den jeweiligen Grabsitten mit Speise und Trank versorgt wurden.

Noch herrschten urgesellschaftliche Beziehungen zwischen den Menschen, was nicht in Widerspruch zu der Annahme steht, daß es auf Grund des verschieden hoch erarbeiteten Mehrprodukts, unterschiedlich günstiger Naturbedingungen für die agrarische Produktion oder mehr oder weniger vorteilhafter Rohstofflager zu ökonomischen und letztlich auch sozialen Differenzierungen gekommen ist. Die Sippenältesten und Häuptlinge besaßen ohnehin eine bevorzugte Stellung. Die engsten Beziehungen bestanden vermutlich innerhalb der Sippe, wogegen die Beziehungen innerhalb der Dorfgemeinschaft vor allem wirtschaftlich begründet waren. Die damals größte gesellschaftliche Einheit bildete der Stamm, der wie in späterer Zeit durch die Sippenältesten innerhalb der Volksversammlung geführt wurde.

Bereits für die Zeit der Bandkeramik sprachen wir von Sicherungsbauten, hinter denen man sich gegen plündernde Gruppen wehren konnte. In der Zeit der Trichterbecherkultur nahm die Zahl und Stärke solcher Bauten zu. Man legte oft mehrere, hintereinander gestaffelte Wälle und Gräben an, die einen wirksamen Schutz boten. Teils waren es befestigte Siedlungen, in denen die Bevölkerung ständig geschützt vor plötzlichen Angriffen wohnte, teils aber Fluchtburgen, die sie bei Gefahr mit ihrer beweglichen Habe, vor allem ihrem Vieh, aufsuchte.

Raubzüge wurden damals nicht aus dem Verlangen nach kriegerischer Betätigung geführt, sondern um sich das zu holen, was man selbst nicht erarbeitet hatte oder infolge von Naturkatastrophen nicht erwirtschaften konnte. Oft wurden die Raubzüge einfach aus der Not heraus und zur Sicherung der nackten Existenz unternommen. Daneben mag es tatsächlich Gruppen und Scharen gegeben haben, die Rauben und Plündern für einfacher hielten, als sich die Lebensgrundlage in harter Arbeit zu schaffen.

Die letzte Phase der Jungsteinzeit in Mitteleuropa charakterisieren die schnurkeramischen Kulturen (etwa 2300—1800 v. u. Z.). Sie unterscheiden sich im materiellen und geistigen Bereich von der Trichterbecherkultur. Bei einigen Gruppen gewinnen wir den Eindruck, daß der Ackerbau nur eine unbedeutende Rolle spielte und die Weidewirtschaft im Mittelpunkt stand. Gegen die Erzeugnisse der Viehwirtschaft konnte man gegebenenfalls die von pflanzenproduzierenden Gemeinschaften eintauschen.

Es ist eine noch ungeklärte historische Erscheinung, daß trotz des weiten Verbreitungsgebiets vom Rhein bis zur Wolga, von Südskandinavien bis an den Alpen- und Karpatenrand auffallende Übereinstimmungen in einzelnen Bereichen der materiellen und geistigen Kultur bestanden. Unter den steinernen Gerätschaften fällt eine Axtform auf, die kaum zur Holzbearbeitung gedient haben kann und deswegen als „Streitaxt" bezeichnet wird. Viele Gefäßformen gleichen sich, und die Verzierung mit Schnureindrücken war ebenfalls weit verbreitet. Auch im Totenkult finden sich in den einzelnen Gruppen zahlreiche Parallelen. Schließlich ist bemerkenswert, daß, von einigen Ausnahmen abgesehen, keine eigentlichen Siedlungsspuren, die auf größere Dörfer hinweisen, festgestellt wurden.

All das berechtigt uns jedoch nicht, von einer einheitlichen Bevölkerung zu sprechen. Es handelte sich um unterschiedliche Stämme, die aber einen lebhaften Austausch von materiellen Gütern, vermutlich auch von Ideen, betrieben. Wir müssen uns vergegenwärtigen, daß mit wachsender Spezialisierung der Produktion und umfassenderer Arbeitsteilung die Notwendigkeit des Austausches immer zwingender wurde. Man wünschte sich besonders geeigneten Feuerstein, über den man selbst vielleicht nicht verfügte, man benötigte Salz sowie in wachsendem Maße Kupfer. Auch Erfahrungen in der Agrotechnik und in anderen Bereichen der Produktion wurden ausgetauscht. Eine Voraussetzung mußte allerdings gegeben sein: die Schaffung eines Mehrprodukts — sei es auf dem Gebiet der Agrarproduktion oder in einem anderen Bereich der materiellen Produktion —, sofern man nicht über einen überall gefragten Rohstoff in größerer Menge verfügte. So ist es verständlich, daß im gesamten kulturellen Bereich ein Austausch stattfand, der zu zahlreichen Übereinstimmungen im Kulturbild führte.

Dies scheint auch auf sprachlichem Gebiet erfolgt zu sein, und die archäologische sowie die sprachwissenschaftliche Forschung vermuten, daß zu jener Zeit zwar nicht eine einheitliche Sprache entstand, aber die einzelnen Sprachen und Dialekte sich in einem größeren Wortschatz anglichen. Darauf weist eine noch heute erkennbare sprachliche Verwandtschaft hin. Zu dieser indoeuropäischen Sprachfamilie gehören fast alle europäischen Sprachen (von den größeren dagegen nicht das Ungarische, Estnische, Finnische), das Altindische sowie einige kleinere und auch ausgestorbene Sprachen außerhalb Europas.

Um 1800 v. u. Z. vollzog sich in Mitteleuropa ein technologischer Prozeß, der auf dem Balkan und im mittleren Donaugebiet bereits einige Jahrhunderte früher eingesetzt hatte: die Nutzung der Bronze. Kupfer war, wie gesagt, schon seit dem 4. Jahrtausend auch bei uns vereinzelt in Form von Schmuck und Geräten vorhanden. Es wurde gehämmert, also im Kaltverfahren verarbeitet. Kupfer ist aber verhältnismäßig weich und hat nicht den Stein als Rohmaterial für Geräte und Waffen verdrängen können. Als man die Erfahrung gewann, daß eine Beimengung von Zinn oder Arsen das Material widerstandsfähiger machte, und vor allem das Schmelzen beherrschte, war der Weg frei zur allseitigen Anwendung dieses ersten Metalls. Jene Stämme, welche sowohl über Kupfer- als auch über Zinnerze verfügten, hatten einen Vorteil. Sonst blieb nur die Möglichkeit, Metall gegen andere Produkte einzutauschen, und damit zeigt sich wieder die Notwendigkeit, ein Mehrprodukt zu schaffen.

So entwickelten sich in Europa einige fortgeschrittene Zentren im Kaukasus, an der mittleren Donau, im anglo-irischen Raum, in Ostspanien und auch im Saalegebiet, wo nunmehr die Erze in der mansfeldi-

schen Region und im Vorland des Erzgebirges abgebaut wurden. Damals brauchte man nicht so tief in die Erde zu dringen wie die Kumpel unserer Tage. Die Flöze reichten fast bis an die Oberfläche und konnten folglich in urgeschichtlicher Zeit und noch im Mittelalter leicht abgebaut werden. Je mehr Jahrhunderte eines intensiven Abbaus ins Land gingen, desto tiefer mußte der Mensch seine Schächte und Stollen anlegen.

Die Beimengung eines härtenden Elements konnte nicht in willkürlichem prozentualem Anteil erfolgen, weil bei zu großer Beifügung das Material spröde wurde und leicht brach. Der ideale Prozentsatz beträgt auf 9 Teile Kupfer 1 Teil Zinn; wir sprechen dann von der klassischen Bronze. Im Landesmuseum widmen wir unsere Aufmerksamkeit besonders jenen Vitrinen, in welchen der technologische Prozeß an Hand von aufgefundenen Resten dargestellt wird. Wir sehen einschalige Gußformen, mit denen der zu gießende Gegenstand in Ton oder Sandstein vorgeformt wurde. Bei diesem Herdguß blieb die Rückseite (in der Gußform die Oberseite) völlig flach. Dann gab es die zweischalige Gußform, die fest zusammengefügt wurde und in die man durch einen schmalen Kanal die flüssige Bronze füllte. Schließlich kannte man den Guß in der verlorenen Form. Hierbei formte man zunächst das gewünschte Stück in

Depotfund aus Dieskau, Saalkreis

Wachs, umschloß es mit einem Tonmantel, schmolz das Wachs aus und goß nun in den entstandenen Hohlraum die Bronze. Bei den beiden letzten Verfahren erhielt man selbstverständlich plastische Stücke. Bald lernten die Metallwerker Verfahren, mit denen sie erheblich kompliziertere Stücke gießen konnten.

Was stellte man nun alles aus Bronze her? Wir sehen die Erzeugnisse in den Vitrinen des Museums ausgebreitet. Da sind zunächst die Beile, die anfangs noch die Gestalt der Steinbeile besaßen, dann aber sehr bald die für die Schäftung im Holzstiel und die zukünftige Arbeitsfunktion geeignetste Form erhielten. In großer Zahl finden wir schwere Ringe, teils geschlossen, teils offen und mit Ösen versehen. Da sie kaum als Schmuckringe (Arm- oder Halsringe) gelten können und häufig in umfangreichen Depots angetroffen werden, nimmt man wohl mit Recht an, daß es sich um Barren gehandelt hat. In dieser Form wurden sie getauscht. Sie bildeten vermutlich sogar regelrechte Wertmesser; beispielsweise könnte ein Rind 20 Bronzeringe wert gewesen sein, ein Schaf 5 Bronzeringe usw.; wollte man also ein Rind abgeben, um Schafe zu erwerben, erhielt man dafür 4 solcher Tiere. Weiter wurden aus dem neuen Rohstoff Dolche verschiedener Art und vielfältiger Schmuck in Form von Ringen, Röllchen, Armspiralen hergestellt. Die Metallwerker produzierten nicht nur für den eigenen Bedarf der Dorfgemeinschaft, sondern tauschten ihre Erzeugnisse vor allem bei der im Norden von ihnen wohnenden Bevölkerung ein.

Die Archäologie hat diese erste frühbronzezeitliche Kultur nach dem tschechischen Fundort Unětice bei Prag als „Aunjetitzer Kultur" bezeichnet. Wir begegnen ihr im Mittelelbe-Saale-Gebiet, in den Landschaften an Spree, Neiße und Oder, in der ČSSR bis nach Niederösterreich.

Die Steigerung der Produktivkräfte durch die metallurgische Produktion beeinflußte verständlicherweise die gesellschaftlichen Verhältnisse. So hatten sich Häuptlinge eine derartige ökonomische und wohl auch politische Macht angeeignet, daß bei ihrem Tod Hunderte von Menschen an die Errichtung großer Grabhügel von 7 bis 8 m Höhe und etwa 34 m Durchmesser gingen, in die sie Grabkammern aus Holz und Stein einbauten. Der Tote wurde nach einem festen Ritual beigesetzt, und die Beigaben waren ebenfalls vorgeschrieben. Wir brauchen nur die zwei bedeutendsten Grabhügel miteinander zu vergleichen, der eine in Leubingen, Kreis Sömmerda, der andere 60 km entfernt davon in Helmsdorf, Kreis Hettstedt. Der Leubinger Hügel wurde nach der Untersuchung wieder aufgeschüttet, die Grabkammer von Helmsdorf ist im Museum von Eisleben aufgebaut und beeindruckt durch ihre Größe. Die Funde

Schnitt durch das Häuptlingsgrab von Helmsdorf

von Leubingen zählen zu den schönsten im Landesmuseum von Halle (Saale). Beide Gräber enthielten jeweils den schweren goldenen Halsring, zwei elegant geschwungene goldene Nadeln, dazu aus dem gleichen Edelmetall zwei Fingerringe und ein Spiralröllchen, vielleicht von einer Halskette. Aus Bronze gehörten zur Ausstattung Beil, Dolch und Meißel (mitunter in doppelter oder dreifacher Ausführung). Schließlich erhielt der Verstorbene eine steinerne Axt und ein großes Gefäß aus Ton. Die Toten aus den anderen Schichten der Bevölkerung waren viel bescheidener und auf gemeinsamen Friedhöfen beigesetzt.

Die Aunjetitzer Kultur bestand mehr als 200 Jahre. Sie hatte eine Blüte erreicht, die sich in der folgenden Zeit nicht fortsetzte. Die Gründe für dieses plötzliche Ende können wir nur vermuten. Allem Anschein nach verlagerte sich der Kupferabbau in andere Gebiete, wo mit größerer Arbeitsproduktivität und Intensität gefördert wurde. In erster Linie ist dabei an das bayrisch-österreichische Alpengebiet zu denken, wo man nunmehr nicht nur oberflächlich schürfte, sondern im Untertagebau zu den Erzflözen vorstieß.

Während in der frühen Bronzezeit Europas lediglich einige Zentren fortgeschrittener Entwicklung existierten, verbreitete sich seit etwa 1600

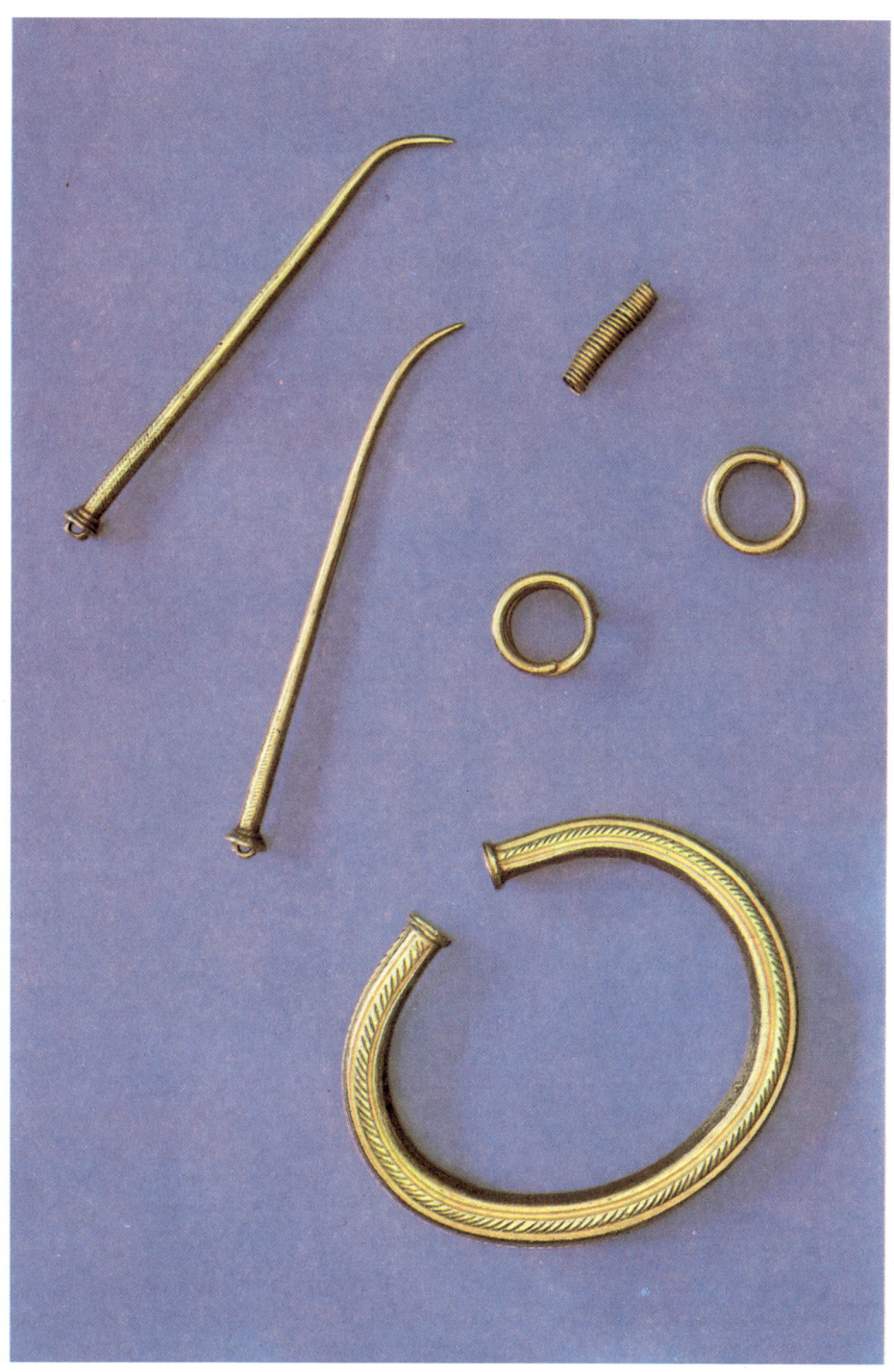

Goldfunde aus dem Häuptlingsgrab in Leubingen

v. u. Z. die metallurgische Produktion fast über den ganzen Kontinent, wenn wir die Waldgebiete Nordskandinaviens und des nördlichen Osteuropas einmal ausnehmen. Zugleich erweiterte sich auch die Palette der aus Bronze geschaffenen Erzeugnisse. Groß ist die Zahl der Sicheln, die man zur Getreideernte benötigte. Besonders in der Waffentechnik spielte das Metall eine immer größere Rolle. Man konnte jetzt Schwerter und Lanzenspitzen gießen sowie als Verteidigungswaffe den Schild herstellen. Ein weites Betätigungsfeld fand die Metallurgie bei der Schmuckerzeugung. Arm-, Bein- und Halsringe unterschiedlichster Form und Gestaltung wurden produziert. Die Kleidung war offenbar mit vielen Bronzeplättchen, -hütchen und sonstigem Zierat behängt. So ermöglichen Ausgrabungen von Grabhügeln bei Schwarza im Kreis Suhl, uns ein Bild von der Tracht der Menschen zu machen. In einigen Gebieten verstand man auch, Bronzegefäße herzustellen. Nach der kennzeichnenden Bestattungsform sprechen die Archäologen von der „Hügelgräber-Bronzezeit".

Nicht ganz ohne Einfluß war die in Griechenland um 1700 v. u. Z. zur Blüte gelangte mykenische Kultur. Hier existierte bereits eine frühe Klassengesellschaft von altorientalischem Typ. Ihre Kultur stand auf einer erheblich höheren Entwicklungsstufe als die der Stämme im übrigen Europa. Manches Erzeugnis fand den Weg nach dem Norden und wirkte auf die einheimischen Metallwerker anregend. Vor allem waren bei einzelnen Stämmen die Häuptlinge und andere Angehörige der sozial höher stehenden Schicht bestrebt, in ihrer Lebensweise den Burgherren in Griechenland nachzueifern.

Gegen 1200 v. u. Z. bildeten sich in vielen Teilen Europas neue Kulturgruppen heraus, welche die Archäologie als „Urnenfelderkulturen" bezeichnet. Auch in diesem Fall dürfte es sich nicht um die Einwanderung einer neuen Bevölkerung handeln, wie man das früher oft angenommen hat. Trotz eines veränderten materiellen und geistigen Kulturbilds sind zahlreiche Traditionen aus der vergangenen Periode sichtbar. Hinzu kamen aber Einflüsse aus dem Süden und dem Steppengebiet nördlich des Schwarzen Meeres.

Die Zeit der Urnenfelderkulturen zeichnete sich durch eine gewisse Unruhe aus, die Wanderungen größerer Gruppen hervorriefen. Einige dieser Wanderbewegungen sind in den schriftlichen Quellen des Orients und des Mittelmeerraums — nicht immer als zeitgenössische, auch als historisch-sagenhafte Überlieferung — festgehalten. Einwanderungswellen ergossen sich nach Griechenland, über See gelangten die Fremden an die syrisch-palästinensische Küste und bis nach Ägypten. Archäologische Quellen lassen erkennen, daß Einwanderer nach Italien gekommen wa-

Frauen mit dem charakteristischen Schmuck der mittleren
Bronzezeit (nach dem Befund in den Hügelgräbern von
Schwarza; in Anlehnung an eine Zeichnung von L. Knoll)

ren, wohl auch nach Spanien und auf die englische Insel. Die Ursache für diese Bewegungen dürfte in einer erheblichen Bevölkerungszunahme gelegen haben, deren Druck durch ungünstige Klimaveränderungen (Trockenheit) verstärkt wurde. Hinzu kam ein Interesse des Stammesadels an Kriegszügen, die ihm bei erfolgreichem Verlauf Beute und Ansehen brachten.

Wie weit alle diese Ereignisse in unserem mitteleuropäischen Raum spürbar wurden, wissen wir nicht, und auch die archäologischen Quellen verraten uns das nicht. Der entsprechende Ausstellungsteil im Museum Halle zeigt uns an Hand der Keramik und der unterschiedlichen Bronzen, daß der Raum um Halle in der Bronzezeit ein Kreuzungspunkt verschiedener Gruppen gewesen sein muß. Zunächst handelt es sich nur um archäologisch faßbare Gemeinschaften, die sich nicht von vornherein mit bestimmten Stämmen oder Völkerschaften, deren Namen wir ohnehin aus damaliger Zeit nicht kennen, decken. Der Entwicklungsstand dürfte bei allen Gruppen im Mittelelbe-Saale-Gebiet etwa gleich gewesen sein.

Die Urnenfelderkulturen bilden die letzten bronzezeitlichen Kulturen Mitteleuropas. Inzwischen hatte man in Kleinasien die ersten Erfahrungen mit dem Eisen gemacht, das wirtschaftlich eine neue Ära in der Entwicklung der Menschheit einleitete. Die Bedeutung des Eisens können wir uns leicht vergegenwärtigen, wenn wir an unsere heutige Zeit denken und uns diese einmal ohne Eisen vorstellen. Bald griff die Eisentechnologie auf Europa über, zunächst nach Griechenland, wo sich die hochstehende Kultur der Griechen und schließlich der griechische Staat entwickelten. Dieser spielte auch für die Geschichte in anderen Teilen Europas eine große Rolle, wie wir noch sehen werden. In der letzten Phase der Urnenfelderkulturen gelangten vereinzelt eiserne Geräte und Waffen, die vermutlich auf dem Balkan oder im mitteldonauländischen Bereich hergestellt worden waren, bis in den mitteleuropäischen Raum. Sie wirkten anregend, und um 800 v. u. Z. können wir in den südlichen Gebieten Mitteleuropas schon von der Eisenzeit sprechen. Das nördliche Mitteleuropa folgte etwa 200 Jahre später.

Damit schließen wir unsere Wanderung durch viele Jahrzehntausende unserer frühen Geschichte ab. Wir haben immer wieder auf die Ausstellung im Landesmuseum zu Halle (Saale) verwiesen. Aber natürlich können wir uns auch in anderen Museen unserer Republik, sofern sie eine frühgeschichtliche Ausstellung besitzen, ein anschauliches Bild von der ältesten Geschichte der Menschen in unserem Raum verschaffen.

Auf der Steinsburg

Im Lande der Kelten

Wer aus dem Erfurter Raum kommend den Thüringer Wald nach Südwesten überschreitet, gelangt in eine Landschaft, die für den Archäologen von besonderem Interesse ist. Hier wohnten vor über 2000 Jahren keltische Stämme, die wir sonst nur aus dem südlichen Mittel-, aus West- und Südeuropa kennen. In diesem Gebiet befinden sich auch die Reste der einzigen in der DDR vorhandenen stadtartigen Ansiedlung der keltischen Bevölkerung. Die Straße von Meiningen über Römhild nach Hildburghausen führt uns an den Fuß des Kleinen Gleichbergs (642 m), auf dem die Ansiedlung liegt.

Schon bevor wir das Städtchen Römhild passieren, zeigt sich der Berg in seiner markanten, noch die typische Form eines Vulkans besitzenden Gestalt, dem sich nach rechts der nur wenig höhere Zwillingsbruder, der Große Gleichberg, anschließt. Die Silhouette läßt auffallende Absätze erkennen. Beim Besteigen des Berges finden wir dafür die Erklärung. Große Felder und Wälle von Basaltblöcken umziehen ihn, die seinem Profil diese stufenförmige Gestalt geben. Es sind nicht nur natürliche Blockmeere, sondern auch der Versturz einstiger mächtiger Mauern — eben von jenen Kelten errichtet. An verschiedenen Stellen können wir den Aufbau erkennen. Es waren Trockenmauern — also ohne Bindemittel aufgeführt — von etwa 4 m Höhe und einer ebensolchen Breite. Seit der Zeit der Urnenfelderkulturen (1200—800 v. u. Z.) wurde die Befestigung immer wieder erweitert, bis sie schließlich eine Anlage von 3 Mauerringen bildete, die eine Fläche von 66 ha umfaßten und insgesamt etwa 11 km lang waren. Hinter dieser Zahl verbergen sich eine enorme Arbeitsleistung und straffe Arbeitsorganisation, die wiederum eine gutorganisierte Gesellschaft unter einer kraftvollen Führung verlangten.

Die gesellschaftlichen Verhältnisse würden sich im Gesamtaufbau der so geschützten Siedlung widerspiegeln, wenn umfassendere Grabungen stattgefunden hätten, als bisher erfolgen konnten. Aber schon die Funde verraten uns, welche Funktion die „Burg" besaß, und außerdem kennen wir aus anderen keltischen Landschaften ähnliche Anlagen, die uns zeigen, daß es sich nicht um Befestigungen im heute gebräuchlichen Sinne

Blick zum keltischen Oppidum auf dem Kleinen Gleichberg
bei Römhild

handelte, sondern um Ansiedlungen mit zahlreichen Handwerkern, mit
kleinen und größeren Wohnhäusern, mit Kultstätten, wo man den Göttern opferte, mit Plätzen, wo Markt gehalten wurde, und mit dem —
meist auf der höchsten Stelle oder einem noch zusätzlich gesicherten
Platz befindlichen — Adelssitz, den wir in Anlehnung an griechische
Städte gern als Akropolis (Hochburg) bezeichnen.

Die Funde auf der Steinsburg zeugen davon, daß hier oben Eisen geschmiedet, Bronze gegossen, Flachs und Wolle versponnen und verwebt,
Ton zu Gefäßen geformt wurde. Eiserne Pflugschare, Sicheln, Sensen,
Heugabeln beweisen einen intensiven Ackerbau, zu dem sich eine bedeutende Tierzucht mit Rind, Schwein, Schaf und Ziege sowie Pferd gesellte. Was damals auf den Feldern angebaut wurde, verraten uns die in
den Fundschichten erhalten gebliebenen Früchte: drei verschiedene Weizenarten sowie Gerste, Hirse, Erbse, Linse, Pferdebohne und anderes.
Die Felder lagen in der näheren und weiteren Umgebung der Gleichberge. Denn die Herrschaft des auf der Steinsburg sitzenden Geschlechts
beschränkte sich keineswegs auf die Siedlung selbst, sondern umfaßte

zahlreiche Dörfer und Einzelgehöfte in der Umgebung. Wie weit seine Macht reichte, wissen wir nicht. Das nächste Oppidum — so hießen diese frühen Städte im Altertum — liegt fast 50 km entfernt am Main (Staffelberg nördlich von Bamberg/BRD).

Neben den Werkzeugen des Eisenschmieds und des Bronzegießers fanden sich Gerätschaften des Zimmermanns und des Tischlers, des Holzschnitzers und des Korbflechters, aber auch des Kunstschmieds, der Schmuck für die Frauen herstellte. Zahlreich sind die Erzeugnisse, die man in der häuslichen Wirtschaft benötigte.

Die Kelten produzierten keinesfalls nur für den eigenen Bedarf, sondern erarbeiteten ein Mehrprodukt, das sie einmal zum Eintauschen von solchen Rohstoffen und Fertigprodukten verwendeten, die sie nicht selbst besaßen, und zum anderen vermutlich an ihren Adel abliefern mußten. Beweise für ferne Tauschbeziehungen sind Perlen aus baltischem Bernstein, Mahlsteine aus ortsfremdem Material, Graphit für die Tonerde, Glasarmbänder und -perlen oder fremdartige Schmuckstücke. Wer einmal auf der Höhe des Kleinen Gleichbergs stand, von wo aus er

Rekonstruktion der Heuneburg (nach W. Kimmig)

weit in die Landschaft hinausblicken konnte, dem wurde die günstige Lage für die Kontrolle eines Handels vor allem zwischen Nord und Süd bewußt. Vermutlich beherrschte das Adelsgeschlecht den Handelsverkehr und zog durch Zölle und Steuern daraus seinen Gewinn.

Alle diese auf der Steinsburg gesammelten Erkenntnisse erlauben den Schluß, daß wir bei den Kelten eine bereits weit entwickelte Gesellschaftsform annehmen müssen. Noch lebten sie in urgesellschaftlichen Verhältnissen, in denen ein Gemeineigentum an den wichtigsten Produktionsmitteln bestand, das Privateigentum zwar unbekannt, aber die soziale Differenzierung doch schon so weit fortgeschritten war, daß einzelne Familien ein Sondereigentum besaßen. Bevor wir darauf näher eingehen, wollen wir uns der Geschichte und der historischen Rolle der keltischen Stämme zuwenden, und dazu verlassen wir vorerst die Steinsburg.

Im 5. Jahrhundert v. u. Z. schrieb der Grieche Herodot ein großes historisches und ethnographisches Werk über die damals bekannte Welt Darin lesen wir, daß die Kelten „jenseits der Säulen des Herakles"* — wie die Antike die Felsen von Gibraltar nannte — und im Quellgebiet der Donau, die damals Istros hieß, wohnen. Das „Jenseits" von Gibraltar ergibt sich aus der Sicht eines Seefahrers, der, vom Mittelmeer kommend, nach der Durchfahrt die Küste entlang in nördlicher Richtung Westeuropa erreicht. Nach den Mitteilungen Herodots können wir die damaligen Sitze der Kelten im heutigen französischen, nordschweizerischen und südwestdeutschen Gebiet annehmen. Nun müssen uns die archäologischen Quellen weiterhelfen.

In diesem Gebiet kennen wir aus jener Zeit des 6. und 5. Jahrhunderts v. u. Z. einige mächtige Burgen und reich ausgestattete Grabhügel. Am eindrucksvollsten ist die vom Volksmund „Heuneburg" genannte Anlage am Steilufer der Donau in Baden-Württemberg (BRD). Der Blick schweift von dort weit über die Donau und die jenseitige Ebene, aber auch zu den großen Grabhügeln der Burgherren. Die Befestigungen wurden mehrfach erneuert beziehungsweise verstärkt. Von besonderem Interesse ist die zweite Bauphase mit einer bisher im Gebiet nördlich der Alpen unbekannten Bauart. Auf einem steinernen Fundament hatte man eine 3 bis 4 m hohe und 3 m breite Mauer aus genormten Lehmziegeln errichtet. In gewissen Abständen waren vorspringende Bastionen eingebaut. Die Art der Konstruktion, die Lehmziegel, die Bastionen gehen auf die mittelmeerländische Architektur zurück. Haben die Burgen-

---

* Das Geschichtswerk des Herodotos von Halikarnassos, 2. Buch, Kap. 33, Im Insel-Verlag, 1964, S. 136

bauer diese Kenntnis einmal dort erworben, oder sind Maurer und Architekten hierher nach dem Norden gekommen? Eine Antwort werden wir darauf wohl nie erhalten.

Ebenso interessante Ergebnisse erbrachten die Untersuchungen der Grabhügel. Der größte mit einer Höhe von mehr als 13 m enthielt eine hölzerne Kammer von fast 6 m Länge und 3½ m Breite, innen mit Tuch und Fellen bespannt und ausgelegt. Als die Archäologen an die Untersuchung des Hügels gingen, mußten sie leider feststellen, daß vor ihnen Grabräuber am Werke gewesen waren, vielleicht schon im Altertum. Alles war aber nicht in die Hände der Räuber gefallen. Man entdeckte noch bronzenen und goldenen Gürtelschmuck, 2 Halsketten mit annähernd 1000 Bernstein- und Glasperlen, einen Haarzopf und Reste eines Wagens, der immer zur Ausstattung von Adels- und Häuptlingsgräbern jener Zeit gehörte. In einer anderen Grabkammer waren Mann und Frau gemeinsam bestattet. Wieder fand sich dabei der vierrädrige Wagen, außerdem zahlreiche Bronzegefäße, Schmuck der verschiedensten Art — darunter 2 Ketten mit noch vorhandenen 350 Bernstein- und 2300 Glasperlen — und beim Mann ein kostbarer Lederköcher, in dem rund 50 Pfeile steckten.

Die Befunde in den Gräbern und auf der Burg erlauben den Schluß, daß es sich hier um den Sitz eines Adligen handelte, der über den Rang eines Dorfhäuptlings, wie es ihn in der Urgesellschaft bereits seit langem gegeben hatte, hinausgewachsen war und über ein größeres Gebiet herrschte. Seine Macht beruhte auf einer umfangreichen wirtschaftlichen Basis. Er besaß vermutlich große Viehherden und Ackerflächen, auf denen mehr produziert wurde, als er und seine Familie benötigten, und drittens dürfte er den Abbau, die Verhüttung und Verarbeitung des neuen Rohstoffs, des Eisens, organisiert haben.

Das alles erforderte vielfältige Tätigkeiten, zu denen Arbeitskräfte herangezogen werden mußten. Diese waren zwar wie bisher in ihrer gesellschaftlichen Stellung frei, hatten aber einen Teil ihrer Erzeugnisse an den adligen Führer abzugeben. Mit dem ihm zugute kommenden Mehrprodukt erwarb der Adel kostbare Güter aus der mittelmeerländischen Welt, mit deren Besitz er sich einen der dortigen Kultur ähnlichen Lebensstil leisten und so sein soziales Ansehen gegenüber der anderen Bevölkerung stärken konnte.

Das ökonomische und gesellschaftliche Ansehen des Adels wurde außerdem durch Kriege beträchtlich erhöht, nicht allein durch die militärischen Erfolge, sondern auch durch die Beute, von der die Krieger und vor allem die dem Adelsherrn auf Leben und Tod verbundenen Gefolgschaftsleute einen entsprechenden Anteil erhielten. Zugleich gewann er auf diese Weise zusätzliche Arbeitskräfte. Noch gab es aber keine Klassen, die Struktur der Gentilgesellschaft war unversehrt.

In dieser gesellschaftlichen Umwelt entwickelten sich die Kelten (von den Römern auch Gallier genannt). Vermutlich trug ursprünglich nur ein Stamm oder gar nur ein Adelsgeschlecht den Namen, bis dieser Stamm mit seinem Adel die Herrschaft über andere Stämme einnahm. Die Bevölkerungszahl wuchs an, und man benötigte neues Land, das allein durch Kriege zu erlangen war. So entsprachen Eroberungszüge den vorhin genannten Interessen des Adels.

Das 4. Jahrhundert v. u. Z. war angebrochen, als die ersten keltischen Scharen über die Alpen kamen und in das fruchtbare Oberitalien einfielen. Städte wurden zerstört und neue gegründet. Mailand, Bologna, Verona und manche andere heute bedeutende Stadt gehen auf keltischen Ursprung zurück. Die Eindringlinge, verstärkt durch weiteren Zustrom aus den Gebieten nördlich der Alpen, zogen nach dem Süden. Im

Ursprungsgebiet und Ausbreitung keltischer Stämme

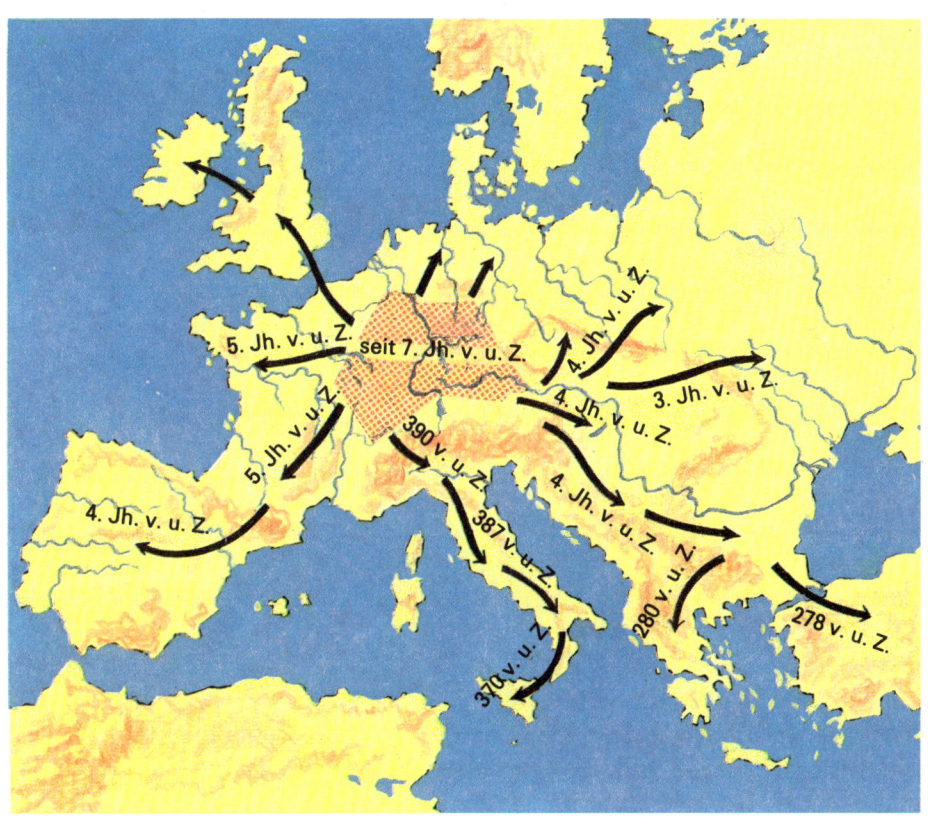

Keltischer Helm von
Ciumeşti/SR Rumänien,
um 300 v. u. Z.

Jahre 387 v. u. Z. schlugen sie an einem Nebenflüßchen des Tiber, der Allia, ein römisches Heer, und die Stadt Rom stand den plündernden Kelten offen. Nur das Kapitol, die Tempelburg im Innern der Stadt, blieb vor ihrem Zugriff sicher. Die Sage erzählt, daß die heiligen Gänse auf der Burg mit ihrem Geschnatter die Besatzung vor den anschleichenden Feinden gewarnt hätten. Bis nach Süditalien und Sizilien kamen die Kelten, die noch viele Jahre der.Schrecken der Einwohner Italiens blieben. Dort, wo sie sich für längere Zeit niederließen, glichen sie sich schnell den einheimischen Verhältnissen an. Sie lernten neue Produktionstechniken und -erfahrungen kennen und übernahmen den Lebensstil der Völker des Mittelmeerraums.

Den archäologischen Nachweis für die Anwesenheit der Kelten bilden die Befunde in den Gräbern. Teils bestatteten sie ihre Toten auf eigenen Friedhöfen, teils aber auch auf denen der einheimischen Bevölkerung. In den Beigaben lassen sich typisch keltische Erzeugnisse erkennen, vor allem Waffen, Keramik und einige charakteristische Schmucksachen. Angezogen vom Reiz des Neuen und Fremden, verwendeten die Kelten jedoch bald einheimische Metallgefäße, verschiedene Gerätschaften zum Zubereiten des Mahles, Schmuck und Toilettengegenstände.

Keltische Stämme und Stammesteile drangen auch nach dem Osten vor, zunächst in Gebiete, die heute von Österreich, der ČSSR und Ungarn eingenommen werden. Im Laufe des 4. und 3. Jahrhunderts v. u. Z. zogen sie die Donau abwärts bis nach Bulgarien und Griechenland sowie über die Karpaten und Beskiden nach Südpolen und in das Gebiet der Ukraine bis zu den Ufern von Dnestr und Dnepr. Als sie an den Küsten des Schwarzen und des Ägäischen Meeres angekommen waren, gelangte die Kunde von den kampfgewohnten Fremden nach Asien hinüber, was zur Folge hatte, daß um 278 v. u. Z. ein kleinasiatischer König keltische Heerscharen als Hilfstruppen in sein Land rief. So überschritten Kelten die Grenzen Europas. Im Innern der heutigen Türkei ließen sie sich nieder. Sie blieben auch dort, fernab ihrer Heimat, ein Unruheherd. Erst um 180 v. u. Z. gelang es der mächtigen Dynastie von Pergamon, die Kelten endgültig unter ihre Gewalt zu bekommen. Zu Ehren des Sieges wurde der berühmte Altar von Pergamon errichtet, der nach seiner Bergung Ende des 19. Jahrhunderts im Pergamon-Museum zu Berlin in Teilen wieder aufgebaut wurde. Einst standen in diesem Tempel Bronzeplastiken der besiegten Kelten (Gallier).

Auch Frankreich und große Teile der spanischen Halbinsel sowie der Britischen Inseln wurden von keltischen Stämmen besiedelt. Dabei drängt sich uns die Frage auf, wie ein ursprünglich kleiner Stamm aus dem oberen Donaugebiet sich derart gewaltig ausdehnen konnte. War er

Keltischer Hohlbuckelarmring
von Szob/Ungarische VR

59

militärisch und politisch so überlegen? Wo aber kamen die Menschen her, die gebraucht wurden, um dermaßen weite Räume zu besetzen und in Besitz zu halten? In der Zeit, als die Heuneburg existierte, mag es tatsächlich nur ein einzelner Stamm oder gar nur eine Adelsfamilie gewesen sein, deren Mitglieder sich „Kelten" nannten. Kriege führten zu einer Beherrschung von Nachbarstämmen, deren Namen uns weitgehend unbekannt blieben und auch den antiken Historikern nicht geläufig waren, so daß sie diese aus dem Norden kommenden Völkerschaften einfach ebenfalls als Kelten beziehungsweise Gallier bezeichneten. Im Gebiet des heutigen Jugoslawiens und Ungarns formten sich aus keltischen Einwanderern und einheimischen illyrischen und venetischen Stämmen neue Verbände. Sie wiesen zwar vielfach starke keltische Elemente in ihrer Kultur, aber nur einen geringen Anteil an keltischer Bevölkerung auf, obwohl diese Minderheit vermutlich eine gesellschaftliche Führungsrolle im Volksverband einnahm. Ähnliche Vorgänge haben sich im Bereich thrakischer Stämme im heutigen Rumänien und Bulgarien abgespielt.

Den Kelten wurden jedoch auch Grenzen gesetzt, und zwar durch Rom, das sich immer mehr zu einer Weltmacht entwickelte. Seit dem 2. Jahrhundert v. u. Z. gebot das Römische Reich den Kelten und den mit ihnen verbundenen anderen Stämmen nicht allein Einhalt, sondern zwang sie zum Rückzug. An der mittleren und unteren Donau entstanden römische Provinzen. Die Stämme wichen aber nur zum Teil zurück, die meisten wurden in den Machtbereich der römischen Sklavereigesellschaft einbezogen. Im folgenden Kapitel werden wir davon mehr erfahren.

Weiter im Norden, im südlichen Mitteleuropa und in Westeuropa, und damit zunächst noch in größerem Abstand von der Interessensphäre des Römischen Reiches gelangten keltische Stämme zu einer sozial und ökonomisch höheren Form des gesellschaftlichen Lebens. Wir können sagen, daß dort im 1. Jahrhundert v. u. Z. der Gipfel politischer und kultureller Macht erreicht wurde. Gerade dieser Zeitabschnitt ist für uns besonders interessant, weil auch die Steinsburg damals ihre größte und zugleich letzte Blüte erlebte.

Durch ihre enge Berührung mit der mittelmeerländischen Welt hatten die keltischen Stämme technische Errungenschaften, moderne Waffen und Kampfestaktik sowie ein hochstehendes Kunsthandwerk kennengelernt, deren Übernahme ihnen Vorteile brachte. Auch die eigene Entwicklung machte Fortschritte. Aus einzelnen Stämmen und Stammesteilen hatten sich größere Stammesverbände gebildet. Obwohl die Volksversammlung aller Freien bei Entscheidungen vermutlich noch ein gewichtiges Wort mitzusprechen hatte, nahm doch der Stammesführer einen immer bedeutenderen Platz in der Gesellschaft ein. Seine Vorrangstellung stützte sich auf militärische Erfolge, aber auch auf eine starke politische und ökonomische Macht. Die Rohstofflager, Eisen- und Kupfererze, sowie die Salzlager mögen in der Hand des Adels gewesen sein. Bergleute, Schmiede, Kunsthandwerker, vielleicht auch die Händler, befanden sich dadurch in einer sozialen Abhängigkeit von ihm. In Not geratene Bauern sahen sich ebenfalls gezwungen, sich in die Abhängigkeit von vermögenden Adelsfamilien zu begeben, um überhaupt existieren zu können.

Die Stellung des Adels in der keltischen Gesellschaft beruhte nicht wie in der römischen Sklavereigesellschaft oder in späteren Klassengesellschaften auf dem System der Ausbeutung, sondern auf einer Art gesellschaftlichen, wenn auch ungeschriebenen Vertrags zum gegenseitigen Nutzen. Freie Stammesangehörige begaben sich unter den Schutz eines Adligen, der ihre Existenz sicherte. Einen derart abhängigen Freien nannte man „Klient" (lat. cliens = Abhängiger, Schützling). Er mußte im Krieg Waffendienst leisten und im Frieden einen Teil seines erarbeiteten Produkts abliefern. Dieses soziale Verhältnis stellte, weltgeschichtlich betrachtet, einen bedeutenden Fortschritt dar. Denn eine derartige Beziehung zwischen zwei wichtigen Volksschichten war für die Entwicklung der Produktivkräfte erheblich günstiger als die zwischen einem Sklavenhalter und den Sklaven, die im Gegensatz zu den Klienten keinen Anteil am Ertrag hatten und deshalb an einer Erhöhung ihrer Produktion nicht interessiert sein konnten. Wenn trotzdem zunächst noch die römische Sklavereigesellschaft eine höhere Produktivität als die keltische Gesellschaft besaß, so lag das einmal an dem schon erreichten Stand der ökonomischen Entwicklung, vor allem aber an den gewaltigen Massen von Sklaven, die in der Landwirtschaft, in den Bergwerken und in anderen Bereichen der Produktion unter unmenschlichen Bedingungen arbeiten mußten.

Das neue gesellschaftliche Verhältnis spiegelte sich besonders in den Gefolgschaften wider. Herr und Gefolgsleute waren zeitlebens miteinander verbunden, mitunter folgten die letzteren sogar dem verstorbenen Herrn in den Tod. Sie teilten Freuden und Leiden, Beute und Geschenke; Treue und Gehorsam waren moralische Selbstverständlichkeiten. Die Gefolgsleute mußten keinesfalls derselben Sippe, ja noch nicht einmal demselben Stamm angehören. So lag auch in der Existenz der Gefolgschaften ein Keim zur Auflösung der Stammes- und Sippenbindungen.

Der römische Feldherr und Staatsmann Julius Cäsar (100—44 v. u. Z.)

berichtet, je mehr Einfluß ein Adliger durch Herkunft und Vermögen besaß, desto mehr „Dienstmannen" und Klienten hatte er in seinem Gefolge. Von einem Stammesführer heißt es, daß ihn 700 Gefolgsleute umgaben; sicherlich war die Größe der Gefolgschaften sehr unterschiedlich. Manche Gefolgsherren besaßen nicht nur Macht, sondern imponierten auch durch Reichtum. Wir lesen von großen Festen, wo sich jeder der vielen Gäste tagelang an Getränken und Speisen gütlich tun konnte. Von einem Keltenkönig vernehmen wir, daß er bei Fahrten durch sein Stammesgebiet Gold- und Silbermünzen unter das Volk geworfen hätte. Ein anderer soll auf einem silberbeschlagenen Wagen und mit herrlichen, reichverzierten Waffen gerüstet in römische Gefangenschaft gefahren sein.

Nun berichtet Cäsar, daß es nicht nur die herrschende Schicht des Adels gegeben hätte, sondern eine ebenfalls zur Oberschicht zu rechnende religiöse Führerschaft, die Druiden — ein keltisches Wort, das soviel wie die „Hochweisen" heißt. Es waren Priester, denen die kultischen Handlungen, vor allem die Opfer und die Weissagungen, oblagen. Junge Leute wurden in die Geheimnisse der religiösen Lehre eingewiesen, sie durften aber nichts aufschreiben, sondern mußten sämtliche Regeln auswendig lernen — so sehr bemühten sich die Druiden um die Geheimhaltung ihrer Lehre. Der Nachwuchs stammte wie der Adel ebenfalls aus den führenden Familien des Landes. An Kriegshandlungen nahmen die Druiden nicht teil; sie waren überhaupt von Abgaben, Heeresdienst und allen anderen Leistungen befreit. An ihrer Spitze stand ein Oberpriester, der auf Grund seines hohen Ansehens von den anderen Druiden auf Lebenszeit gewählt wurde. Wie in der Urgesellschaft und den frühen Klassengesellschaften allgemein üblich, gab man viel auf die prophetischen Worte des Priesters, und auch Stammesführer ließen sich durch sie in ihren Entscheidungen stark beeinflussen. Die Druiden waren im Interesse ihres Rufes bemüht, richtige Weissagungen zu machen, und versuchten deswegen, in das Wesen der Natur einzudringen und sich Kenntnisse der Astronomie, der Mathematik oder der Medizin anzueignen. Aus Wahrheit und Mythos entstand eine Lehre, die bereits gewisse vor- oder halbwissenschaftliche Erkenntnisse enthielt.

Wie das Verhältnis der Druiden zum Adel war, läßt sich für uns schwer beurteilen. Bestand eine politisch-militärische und eine ideologisch-religiöse Machtverteilung? Deckten sich die Interessen der beiden führenden Schichten, oder gab es Zwistigkeiten? Cäsar schreibt, daß die Druiden alle öffentlichen und privaten Streitigkeiten entschieden und auch die Höhe der Strafe festsetzten — ob es sich nun um ein Verbrechen, um eine Erbschaftsangelegenheit oder um Grenzstreitigkeiten

Steinplastik von Holzgerlingen, Kreis Böblingen/BRD, um 400 v. u. Z. (Höhe 196 cm)

handelte. Sie konnten angeblich einen einzelnen oder sogar einen ganzen Stamm mit dem Bann belegen und damit rechtlos machen. Dann hätten die Druiden tatsächlich eine bedeutende Macht besessen, die über die des Adels hinausgegangen wäre. Aber die Realität mag anders gewesen sein, so daß die Ächtung eines hoch angesehenen Stammesführers ohne Wirkung blieb.

Vermutlich waren die Druiden jene gesellschaftliche Kraft, welche die zahlreichen keltischen Stämme verband, ihnen sozusagen ein überstammliches Bewußtsein verlieh. Denn es gab keine gesamtkeltische politische Einheit, sondern nur einzelne Stämme, die sich in der Sprache — wahrscheinlich mit unterschiedlichen Dialekten —, in der materiellen und geistigen Kultur glichen, viele gemeinsame historische Traditionen und gleiche oder ähnliche politische Interessen besaßen. So konnte es dann zu einer zeitweise engeren Verbindung kommen, etwa bei der Abwehr römischer Aggressionen.

Das historisch bedeutendste Ereignis in dieser Beziehung war der Zusammenschluß zahlreicher gallischer Stämme unter dem Arvernerfürsten Vercingetorix, der 52 v. u. Z., während des siebenjährigen Krieges zwischen den Galliern und Rom (58—51 v. u. Z.), noch einmal versuchte, die drohende endgültige Unterwerfung der gallischen Stämme durch Cäsar zu verhindern und Gallien zu befreien. Angeblich hatte er 40 Stämme vereinigt und ein Heer von mehr als 250 000 Mann aufgestellt. Der Verlust Galliens schien damals für das Römische Reich unmittelbar bevorzustehen. Aber wiederum und nunmehr endgültig brachte die Uneinigkeit der gallischen Stämme, Stammes- und Heerführer Rom den Sieg. Vor den Toren der gallischen Stadt Alesia, nahe dem heutigen Dijon im südöstlichen Frankreich, wurden die Weichen für die weitere Geschichte Westeuropas gestellt. Das Gebiet des jetzigen Frankreichs bildet seitdem einen Teil der romanischen Welt, und seine Bewohner sprechen eine aus dem Lateinischen entwickelte Sprache.

Die große gesellschaftliche Rolle, welche die Druiden bei den Kelten spielten, spiegelt sich wohl auch darin wider, daß die Römer im Druidentum das Zentrum des Widerstands gegen ihre Eroberungs- und Besatzungspolitik sahen und deswegen sehr um seine Beseitigung bemüht waren. Der keltische Adel dagegen hatte ein anderes Verhältnis zur Besatzungsmacht. Einmal von Rom bezwungen, sah er seine persönlichen Interessen im römischen Sklavenhalterstaat ebenfalls vertreten, wenn er Teil der herrschenden und ausbeutenden Klasse wurde. Für die Druiden gab es diese Möglichkeit nicht. Die römische und aus dem Orient kommende Religionen — so auch das Christentum — nahmen ihrer Wirksamkeit und ihrem Einfluß die Grundlage.

Die römischen Quellen, bildliche Darstellungen, archäologische Funde sowie schließlich spätere keltisch-irische Berichte vermitteln uns zahlreiche Einblicke in die keltische Religion. Diese Religion zeigt viele uns grausam anmutende Züge. Aber das Weltbild des unter urgesellschaftlichen und frühklassengesellschaftlichen Verhältnissen lebenden Menschen war eben ein anderes als das des heutigen Menschen.

Was uns in der keltischen Religion so grausam erscheint, ist der Kult der abgeschlagenen Köpfe. Wir finden aus Stein gemeißelte Köpfe, gehalten von den Tatzen eines Ungeheuers, aber auch tatsächlich menschliche Schädel, angenagelt in den Nischen von Tempeln. Entweder waren es die Schädel der Ahnen oder der getöteten Feinde. Im Kopf vermutete man nicht nur den Sitz der Sinne und des Verstands, sondern auch der Kraft. Durch das Sammeln der Schädel hoffte man die Kraft des Verstorbenen oder Erschlagenen auf sich und die folgenden Generationen

Keltische Steinplastik von Gotha
(Höhe 92 cm)

übertragen zu können. Je mehr Feinde ein Mann getötet hatte, desto höher war sein Ansehen. Nachdem die Köpfe balsamiert waren, wurden sie aufgehoben und voll Stolz dem Besucher gezeigt — so berichtet ein sizilianischer Historiker. Wir sehen da eine Ähnlichkeit mit den Indianern, die den Skalp der getöteten Feinde aufbewahrten. Bei den antiken Berichterstattern lesen wir von Menschenopfern, die den Göttern dargebracht werden. Ein Mensch, der ein Verbrechen beging, beleidigte auch die Gottheit und mußte dafür sein Leben „opfern".

Die keltische Religion kannte eine große Zahl von Göttern. Rund 400 verschiedene Götternamen werden genannt, von denen etwa 300 aber nur einmal in den Quellen vorkommen. Die Namen haben uns die Römer überliefert, wobei sie die keltischen Gottheiten mit den römischen Göttern zu identifizieren versuchten und diesen lediglich keltische Beinamen gaben. So hat der römische Kriegsgott Mars 75, der römische Gott des Handels Merkur 46 verschiedene keltische Beinamen erhalten. Die große Zahl der Gottheiten folgt hauptsächlich daraus, daß die Kelten für alle nur denkbaren Bereiche, Ereignisse und Tätigkeiten jeweils über einen Gott verfügten, der bei den einzelnen Stämmen auch noch unterschiedliche Namen trug. Es gab Götter für die Fruchtbarkeit von Mensch, Tier und Acker, für den Handel, gegen Krankheiten, für die Kunst, für das Handwerk, für Himmel und Unterwelt, für die verschiedenen Erscheinungen in der Natur. So hören wir von einem Buchengott und einem Eichengott, einem Ebereschengott und einem Apfelbaumgott, einem Schweinegott und einer Bärengöttin. Die Götter hatten als ständige Begleiter häufig Tiere, etwa den Hirsch, den Hund, das Pferd, die Schlange oder den Bären.

Zahlreiche Denkmale, wenn auch meist erst aus der Zeit nach der Inbesitznahme des gallischen Gebiets durch die Römer (der gallo-römischen Zeit), zeigen Götterbilder. Manche Götter haben zwei oder drei Köpfe, um ihren „Weitblick", ihre Weisheit und ihre Kraft zu unterstreichen. In der Hand tragen sie einen für sie typischen Gegenstand, einen Hammer, ein Sonnenrad, oder der Gott streut als Zeichen der Fruchtbarkeit Getreidekörner aus. Neben den männlichen gab es einige weibliche Götter, teils als Begleiter der männlichen, teils jedoch mit selbständigen Funktionen. Naturgemäß verkörperten die Göttinnen vor allem die Fruchtbarkeit, aber auf den Britischen Inseln verehrte man auch weibliche Kriegsgötter, denen nach den römischen Berichten gefangene Römerinnen geopfert wurden.

In den stark von Rom beeinflußten südgallischen Gebieten wurden den Göttern steinerne Tempel errichtet, anderswo bestanden sie aus Holz. Sie waren quadratisch, besaßen einen offenen, mit Säulen abge-

Bronzefigur eines keltischen Gottes
mit Pferdefüßen von Bouray
in Frankreich, 1. Jahrhundert v. u. Z.

stützten Umgang und einen geschlossenen Innenraum. Im mitteleuropäischen Gebiet der Kelten wurde eine ebenfalls quadratische Fläche mit
70 bis 90 m Seitenlänge von einem Wall umgeben, in dessen einer Ecke
ein kleiner quadratischer Holztempel stand, während sich an anderen
Stellen innerhalb des „heiligen Bezirks" Opferschächte befanden. Der
bisher bekannte tiefste Opferschacht hat das unwahrscheinliche Maß
von 35,6 m, wobei allerdings der feste Boden den Schürfern gelegen
kam und nur streckenweise eine Verschalung erforderlich machte. Wenn
wir von den Bergbauschächten einmal absehen, dürfte das für die mitteleuropäische Urgeschichte eine Art Tiefenrekord darstellen.

Wir müssen uns mit diesen Schilderungen keltischen Kultes begnügen,
obwohl es noch manch Interessantes zu berichten gäbe.

Es waren die Druiden, die uns zu dem Ausflug in die Vorstellungswelt
der Kelten veranlaßt hatten. Wenden wir uns nun jenen Schichten zu,

welche mit ihrer Hände Arbeit die ökonomische Grundlage der Gesellschaft schufen, den eigentlichen Produzenten. Noch standen sie nicht in einem unversöhnlichen Gegensatz zu Adel und Druiden. In überwiegender Mehrheit handelte es sich um freie Menschen, auch wenn sie bestimmte Abgaben zu leisten hatten (Klientelwesen). Je größer das von ihnen geschaffene Produkt war, desto größer war auch ihr persönlicher Gewinn. Als sich die — kriegerischen wie friedlichen — Beziehungen zum römischen Sklavenhalterstaat immer lebhafter gestalteten, wurden verarmte Stammesangehörige oder Kriegsgefangene als Sklaven an Rom geliefert und derartig rechtlose Menschen vermutlich auch bei den Kelten im Haus, im Handwerk und auf dem Lande gehalten. Eine große ökonomische Bedeutung dürfte der Sklave, also die völlig unfreie, verkäufliche Arbeitskraft, nicht gehabt haben. Weder die schriftlichen Nachrichten noch die archäologischen Befunde erlauben solche Schlußfolgerungen.

Die keltischen Stämme lebten in Verhältnissen, die wir als militärische Demokratie bezeichnen. Demokratie — weil noch urgesellschaftliche Sozialverhältnisse bestanden, militärisch — weil der Krieg eine wesentliche Bedeutung im gesellschaftlichen Leben der Stämme hatte. Mit dem Begriff wird nicht die große Bedeutung der Priesterschaft erfaßt, so daß wir mitunter auch von einer „hierarchischen Demokratie" (Hierarchie = Priesterherrschaft) sprechen könnten.

Daß wir uns hier überhaupt verhältnismäßig ausführlich mit der Geschichte der keltischen Stämme beschäftigen, geschieht nicht so sehr deshalb, weil sie einst auf deutschem Boden, auf dem Gebiet der DDR zwar kaum über den Bezirk Suhl hinausgreifend, wohnten und damit einen bevölkerungsmäßigen Anteil an der Entstehung des deutschen Volkes hatten, sondern weil sie durch ihre Existenz und ihr Wirken, durch ihre Kultur die Entwicklung in Mittel- und Westeuropa ganz entscheidend beeinflußten. Sie wurden die Vermittler von neuen kulturellen Errungenschaften der fortgeschrittenen Völker des Mittelmeerraums. Besonderen Nutzen zogen daraus die nördlich der keltischen Stämme wohnenden germanischen Stämme, wie wir noch sehen werden.

Wenn wir uns nun den wirtschaftlichen Verhältnissen bei den keltischen Stämmen zuwenden, gehen wir vor allem von dem 1. Jahrhundert v. u. Z. als einem Höhepunkt in der keltischen Geschichte aus und beschäftigen uns besonders mit jenen Elementen, welche etwas Neues gegenüber früheren Jahrhunderten darstellen. Grundlage der Existenz war wie eh und je die landwirtschaftliche Produktion mit Tierhaltung und Pflanzenanbau.

Eine größere langjährige Grabung in einem Oppidum in Manching

Keltische Maskenfibel von Berlin-Niederschönhausen (rechts) und
von Ostheim v. d. Rhön/BRD (links), um 400 v. u. Z.

bei Ingolstadt (BRD) ergab Reste von mindestens 8000 Tieren, davon je
30 bis 33 Prozent Rind, Schwein und Ziege/Schaf (beide lassen sich
nach Skelettresten schwer auseinanderhalten). Weit geringer ist die Zahl
der Pferde, der Hunde und der Hühner. Da wir unsere Kenntnis überwiegend aus den Speiseabfällen gewinnen, zeigt diese Statistik nicht so
sehr die Menge der gehaltenen als vielmehr die der geschlachteten und
verzehrten Tiere. Der Hund und vor allem das Pferd dürften eine erheblich größere Bedeutung besessen haben. Denn gerade die keltischen
Pferde waren in der antiken Welt bekannt, ja berühmt, nicht wegen
ihrer Schönheit — sie waren im Gegenteil klein und unansehnlich —,
sondern wegen ihrer Widerstandsfähigkeit, ihrer Ausdauer, ihrer Wen-

digkeit und ihres Gehorsams. Die Römer ergänzten gern ihren Pferdebestand bei den Kelten. Die Bedeutung des Pferdes bei den keltischen Stämmen drückt sich auch darin aus, daß sie eine eigene Pferdegöttin besaßen, von der man erwartete, sie werde den Pferdeherden Glück und Segen bringen. Das Huhn — in den Siedlungsresten, wie gesagt, nicht allzu häufig — scheint weniger eine wirtschaftliche als eine kultische Rolle im Leben der Kelten gespielt zu haben. Cäsar berichtet, daß das Verzehren des Huhnes bei keltischen Stämmen auf den Britischen Inseln verboten war. Der Hahn hat sich bis heute als ein Symbol- und Wappentier in Frankreich gehalten, was auch auf keltische Tradition zurückgeführt werden kann. Denn trotz aller Romanisierung geriet die keltische Vergangenheit des französischen Volkes nicht in Vergessenheit.

Zur Nahrung dienten in erster Linie Rind und Schwein. Sie erreichten nicht die Größe und das Gewicht neuzeitlicher Tiere. Zoologen haben nach dem Knochenbau auf ein Lebendgewicht von 250 bis 275 kg für das Rind und von 75 bis 100 kg für das Schwein geschlossen. Die Jagdbeute scheint den Speisezettel der Kelten nicht erheblich bereichert zu haben. In der Siedlung von Manching entfiel auf die Jagdtiere nur ein Anteil von 0,2 Prozent aller Tierknochen. In erster Linie gehörten dazu Rothirsch, Reh, Feldhase, Wildschwein, Biber, Rotfuchs, Seeadler, Kolkrabe. Andere Säuger, Vögel und Fische kamen viel seltener vor.

Die zweite Säule der landwirtschaftlichen Produktion war der Ackerbau. Angepflanzt wurden wie schon seit Jahrhunderten Weizen, Gerste, Hafer, Hirse und jetzt auch der Roggen. Dazu kamen Faserpflanzen wie Hanf und Flachs, die zusammen mit der tierischen Wolle das Material für die Bekleidung bildeten. Wir lesen in den schriftlichen Quellen außerdem über den Anbau von Gemüsepflanzen wie Zwiebeln, Porree, Knoblauch und verschiedenen Rübenarten sowie über die Nutzung von Pflanzen zum Färben der Kleidung.

Die Gerätschaften für den Ackerbau verbesserten die Kelten dadurch, daß sie Pflugschare, Spaten, vielleicht auch Eggen mit eisernen Beschlägen versahen und nunmehr statt einer bronzenen Sichel die eiserne Sense verwendeten, mit der sich der Halm für das Tierfutter oder die Streu mitschneiden ließ; zuvor dürfte mit der Sichel nur der Ährenteil geschnitten worden sein. In einigen keltischen Gebieten benutzte man nicht wie bisher den einfachen Hakenpflug, der den Boden lediglich aufriß, aber nicht wendete, sondern führte den Räderpflug mit wendendem Pflugschar oder wenigstens einem Streichbrett ein. So konnten mit der verbesserten Pflugtechnik auch schwere und steindurchsetzte Böden bearbeitet werden. Bedenken wir, daß die Bevölkerungszahl anwuchs und die landwirtschaftliche Nutzfläche erweitert werden mußte. Daß dies nicht überall oder nur bis zu einem gewissen Umfang möglich war, beweisen letztlich die großen Wanderbewegungen in jener Zeit. Aber je intensiver ein Boden gepflügt und genutzt wurde, desto eher bestand die Gefahr der Auszehrung. Zuvor hatte man sich mit einem mehrjährigen Brachliegen der Felder beholfen, bis sich der Boden durch natürlichen Pflanzenbewuchs und durch Nutzung als Viehweide so weit erholt hatte, daß er wieder unter den Pflug genommen werden konnte. Nunmehr wendeten keltische Stämme erstmalig in Mitteleuropa eine bewußte Düngung an, wozu sie Kali, Mergel, an den Küsten auch Meeresablagerungen (Tang) benutzten. Wer über genügende Mengen solcher Stoffe verfügte, betrieb damit gern einen Handel.

Auch in der Verarbeitung des Getreides führten die keltischen Bauern eine wichtige Verbesserung ein. Jahrtausendelang hatte man die Getreidekörner mit runden oder brotlaibförmigen Steinen auf einer trogartigen Unterlage durch ständiges Hin- und Herbewegen zu Mehl zerrieben. Jetzt bediente man sich der Drehmühle, die aus zwei kreisrunden Mahlsteinen bestand, deren oberer in eine drehende Bewegung versetzt wurde. So ließ sich das Getreide erheblich schneller mahlen.

Durch die zahlreichen Verbesserungen in der landwirtschaftlichen Produktion stieg die Arbeitsproduktivität, und Arbeitskräfte konnten für andere Aufgaben freigestellt werden. Vor allem wurde auf diese Weise ein größeres Mehrprodukt erzielt — die notwendige Voraussetzung für eine weitere Arbeitsteilung und für den gesellschaftlichen Fortschritt.

In der Frühzeit der keltischen Geschichte war der Acker durchweg gesellschaftliches Eigentum. Als Gallien im 1. Jahrhundert v. u. Z. von den Römern erobert wurde, befand sich ein Teil des Bodens bereits in der Hand des Adels, ob auch in der Hand der Druiden, wissen wir nicht. So hatte sich ein Sondereigentum herausgebildet, aus dem unter klassengesellschaftlichen Verhältnissen bald ein Privateigentum entstand. Bei den keltischen Stämmen geschah das nicht, weil sie sich nicht bis zur Klassengesellschaft entwickelten. Aber es waren Voraussetzungen geschaffen, die dann später dort, wo eine römische Besetzung erfolgte, die Bildung eines Privateigentums begünstigten. Jedenfalls bemühten sich die Adelsfamilien, ihren Besitz zu mehren, was zur Vergrößerung der einzelnen Ackerflächen und damit zur besseren Nutzung neuer Technik wie des Räderpflugs führte. Sogar Mähmaschinen wurden eingesetzt, wie die Darstellung auf einem Grabstein in Belgien belegt und auch die Römer beschreiben. Ein breites zweirädriges Gefährt trägt auf der Vorderseite eine Reihe von Greifzähnen, welche die Ähren fassen und sie in den dahinter befindlichen Kasten fallen lassen. Zugleich wurden dabei die Halme herausgerissen und konnten dann zusammengeharkt werden.

Auf dem Relief des Grabsteins schiebt ein Esel das Gefährt. Für die großen Felder und die neue Technik wurden weitere Arbeitskräfte benötigt. Außerdem gerieten bisher freie Bauern in die Abhängigkeit des Adels. Wir sehen, wie eng die ökonomische und die gesellschaftliche Entwicklung miteinander verknüpft waren.

Den bedeutendsten Fortschritt aber erzielten die keltischen Stämme durch die volle Nutzung der Eisenmetallurgie. Bereits die frühen Kelten, wie wir ihnen beispielsweise auf der Heuneburg begegneten, kannten das Eisen. Schon bald nach 1000 v. u. Z. kamen die ersten eisernen Geräte und Waffen im Tausch, als Geschenk oder als Beute in den Raum nördlich der Alpen. Das keltische Eisen, die keltischen Schmiede und die von ihnen produzierten Waffen und Geräte waren weit über die Grenzen des keltischen Siedlungsgebiets hinaus bekannt. Gegen Eisen konnten die Kelten andere Waren eintauschen, die sie selbst nicht herzustellen vermochten, und die Römer nahmen gern keltisches Eisen. Eisenerze lagerten an der Oberfläche oder in geringer Tiefe, so daß nur selten ein Untertagebau erforderlich war. Noch heute lassen sich in manchen Gebieten die Schürfgruben keltischer Eisenerzgewinnung im Gelände erkennen. In der Gegend von Augsburg (BRD) zählte man auf einer Fläche von 25 ha rund 5000 derartige Gruben.

Nahe dem Erzabbau befanden sich meist auch die Verhüttungsplätze, die der Archäologe an den Resten der Eisenschlacke und der aus Lehm errichteten Öfen erkennt. Das damals angewendete Verhüttungsverfah-

Schematische Darstellung des Verhüttens von Eisenerz
1 Erze, 2 Holzkohle, 3 Schlacke, 4 Gebläseluft, 5 Eisenluppe

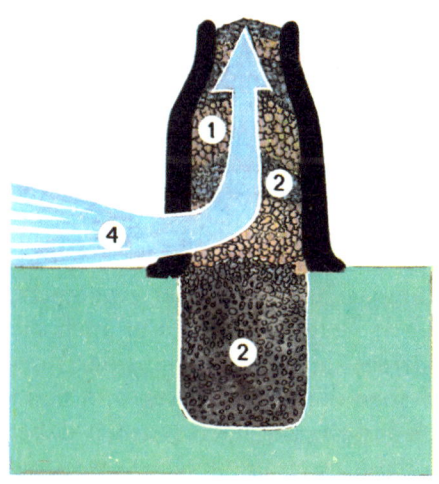
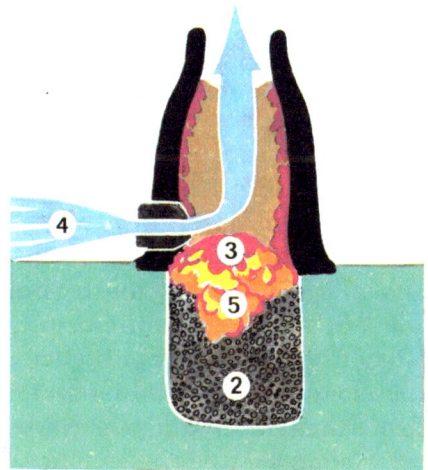

ren heißt Rennverfahren. In eine Grube oder, um größere Mengen verhütten zu können, in einen darüber errichteten Tonzylinder brachte man Erz und Holzkohle und schmolz bei Temperaturen von etwa 1300 °C das Eisen aus. Es wurde dann entweder gleich geschmiedet oder in mehr oder weniger genormten Barren gehandelt.

Was stellten die keltischen Schmiede alles her? Wir kennen über 70 verschiedene Arten von Produkten, so daß wir wohl bereits eine Spezialisierung im Schmiedehandwerk annehmen können. Neben den genannten Geräten für die landwirtschaftliche Produktion wurden an Waffen Schwerter und Lanzenspitzen, Dolche und Schildbeschläge angefertigt, weiterhin Werkzeuge für die verschiedensten anderen Gewerke, wie Feilen und Bohrer, Beile und Hämmer, Zangen und Meißel, Scheren und Schlüssel, Nägel, Haken und Klammern. Die Liste ließe sich leicht verlängern. Dabei bemühte sich der Schmied, wertvollen Stücken eine höhere technische Vollkommenheit und ein ansprechenderes Aussehen zu geben, beispielsweise die Schwertklingen durch Einschweißen von Stahllamellen zu festigen und durch Einätzen von Mustern zu verzieren.

In anderen Bereichen handwerklicher Produktion gab es ebenfalls Fortschritte. Das Tongeschirr wurde nunmehr auf der schnell rotierenden Drehscheibe hergestellt; dadurch nahm nicht nur die Zahl der produzierten Gefäße zu, sondern diese erhielten auch eine gleichmäßige Form. Die Öfen zum Brennen der Keramik lassen Verbesserungen erkennen. Besonders schönes Tongeschirr wurde mit bunten Farben oder mit Graphit bemalt. Erstmalig im Raum nördlich der Alpen produzierten die Kelten Armringe und Perlen aus vielfarbigem Glas und Emailarbeiten von beachtlicher Qualität.

Wie zu allen Zeiten in der Geschichte der Menschheit hatte man auch damals Freude an künstlerischer Gestaltung der Produkte. Aus Gold, Silber, Bronze und Eisen schufen die Kunsthandwerker Schmuck der verschiedensten Art, der einst von keltischen Männern und Frauen getragen wurde und der noch heute unsere Bewunderung hervorruft. Sie hatten einen Stil entwickelt, der in der Kunst aller Zeiten und Völker unverwechselbar ist. Angeregt durch antike Motive, gravierten sie in die metallene Fläche Spiralen, Blüten und Bogenlinien ein, gestalteten in Form von Reliefs fratzenartig oder dämonisch blickende menschliche Gesichter. Auch das Tierbild fand Eingang in die keltische Kunst, aber nicht als naturalistische Darstellung, sondern wie beim Bild des Menschen in starker Stilisierung. Die keltischen Künstler hatten eine Vorliebe für sich aufblähende, schwellende Formen. Dazu boten sowohl die pflanzlichen Motive als auch menschliche Gesichter mit Pausbacken, hervortretenden Augäpfeln, wulstigen Lippen und geschwungenen

Kopfbedeckungen geeignete Motive. Tierdarstellungen imponieren durch die üppigen Leiber und Schenkel, die aufgesperrten Mäuler, die greifenden Tatzen und Fangarme, die glotzenden Augen oder die langen Schwänze. Da sich das Tiermotiv der Ranken- und Pflanzenkomposition unterordnen mußte, ist die Artbestimmung der Tiere nicht immer möglich. Neben dem Vogel, meist dem Raubvogel, dem Pferd, dem Stier erscheinen auch Raubtiere oder gar Phantasietiere.

Der keltische Stil läßt sich an Gewandspangen, an den Henkeln von Kannen, an den verschiedenartigsten Beschlägen, auf den Klingen der Schwerter, auf der Keramik, sogar auf den Münzen studieren. Mit dem Verlust der Selbständigkeit der keltischen Stämme auf dem Festland endete noch nicht die keltische Kunst. Auf den Britischen Inseln erlebte sie trotz der zeitweiligen Besetzung durch die Römer und trotz der umfangreichen Zuwanderung angelsächsischer Stämme immer von neuem eine Wiedergeburt. Vor allem aus Irland, das bis heute, in ständigem Abwehrkampf gegen die englische Unterdrückungspolitik, am reinsten keltisch geblieben ist, besitzen wir bedeutende Kunstwerke in keltischem Stil.

Ökonomisches, politisches und auch religiöses Zentrum waren stadtartige Ansiedlungen, umgeben von wehrhaften Holz-Erde-Mauern. In ihnen spiegelt sich die hohe sozialökonomische Entwicklungsstufe der Kelten am deutlichsten wider. Wir bezeichnen sie mit dem von den Römern übernommenen Begriff als „Oppida", um sie von den aus der bisherigen Frühgeschichte Europas nördlich der Alpen bekannten Siedlungen in Form bäuerlicher Dörfer zu unterscheiden. Das gilt auch für die Steinsburg bei Römhild, die nördlichste Anlage dieser Art, die wir zum Ausgangspunkt unseres Besuchs bei den Kelten nahmen. Das zahlenmäßige Verhältnis zwischen Oppida und Dörfern läßt sich aus einer Mitteilung von Cäsar erschließen. Danach hatte der keltische Stamm der Helvetier, als er die Heimat in der Schweiz verließ, alle seine Siedlungen eingeäschert — 12 Oppida, etwa 400 Dörfer und eine nicht genannte Zahl von Einzelgehöften. Wenn wir diese Angaben zugrunde legen, müßten zu einem Oppidum etwa 30 Dörfer gehört haben.

Das Oppidum war keinesfalls nur das Stammeszentrum, sondern auch Mittelpunkt eines erheblich kleineren Gebiets. Die Entfernungen zwi-

Bronzebeschläge
von Holzgefäßen oder
Pferdejochen aus
Brno-Maloměřice/ČSSR,
3. Jahrhundert v. u. Z.

75

schen den einzelnen uns bekannten Oppida betragen etwa 40 bis 80 km. Die am abgelegensten wohnenden Bauern hätten also zum Verkauf ihrer Produkte und zum Einkauf anderer Waren sowie bei Kriegsgefahr Marschleistungen von 20 bis 40 km vollbringen müssen. Vermutlich gilt es solche Zahlen erheblich herabzusetzen, weil uns erstens viele Oppida unbekannt geblieben sind und weil die Bauern zweitens möglichst in der Nachbarschaft ihres Oppidum gewohnt haben dürften und nicht am äußersten Ende des Bezirks. Auch die Ausdehnung der einzelnen Oppida war aller Wahrscheinlichkeit nach sehr unterschiedlich. Die Mehrzahl umfaßte eine Fläche von 80 bis 150 ha, es gab aber auch große mit 240, 380, ja sogar 600 ha sowie kleine von 40 ha. Unsere Steinsburg gehört mit ihren 66 ha somit zu den kleineren Plätzen.

Wieviel Menschen haben nun dort gewohnt? Wir müssen dabei zwischen der ständig ansässigen Bevölkerung und den bei Kriegsgefahr hinter den Mauern Schutz Suchenden unterscheiden. Zahlen sind uns durch Cäsar nur für die zweite Situation überliefert. In einem gallischen Oppidum sollen 40 000 Menschen Zuflucht gefunden haben, im knapp

Henkelansatz einer Kanne aus dem „Klein-Aspergle", einem Grabhügel bei Stuttgart/BRD, 5. Jahrhundert v. u. Z.

Henkelansatz
einer Kanne aus
Borsch, Kreis
Bad Salzungen,
5. Jahrhundert
v. u. Z.

100 ha großen Alesia sogar 80 000 Bewaffnete, was sehr unwahrscheinlich klingt, wenn wir noch den Troß mit Frauen und Kindern dazurechnen.

Der Platz für die Anlage eines Oppidum wurde keinesfalls willkürlich gewählt. Erwünscht war die Nähe von Eisenerzlagerstätten oder anderen wichtigen Rohstoffen (zum Beispiel Kupfererzen, Salz, Graphit); bei 87 Prozent daraufhin überprüfter Oppida läßt sich die Nähe von Rohstofflagern nachweisen. Vielfach bestimmte eine günstige Verkehrslage die Wahl des Platzes: an Kreuzungen wichtiger Fernverkehrswege, an Flußübergängen, Bergpässen oder jedenfalls in der Nähe der großen Handelswege. Schließlich wählte man bevorzugt solche Plätze, die schon von Natur her einen Schutz boten, wie Berghöhen, Bergvorsprünge, Flußufer.

Oft waren die Oppida durch mehrere Mauerringe befestigt. Die „gallische Mauer" — vor allem aus dem westeuropäischen Gebiet bekannt — bestand aus einem Kastenwerk von rechtwinklig zueinander gelegten Längs- und Querbalken. An der Außenfront hatte man passende oder behauene Steine eingebaut, wobei die Köpfe der Querbalken noch sichtbar blieben. Das Innere des Kastenwerks war mit Erde oder Steinschotter gefüllt. Nach rückwärts dürfte eine Erdrampe angeschüttet worden sein, um den Verteidigern das Besteigen der Mauer zu ermöglichen. Wir können einschließlich einer Brustwehr mit einer Höhe von 4 m rechnen. Im ostkeltischen Gebiet bestand die Frontseite aus einzelnen senkrechten Pfosten mit Mauerwerk dazwischen. Dahinter hatte man Erde oder Steinschutt aufgetragen. In diesem Wallkern verliefen waagerechte Balken, die als Verankerungen für die Frontseite dienten.

Die innere Bebauung richtete sich verständlicherweise nach der speziellen Funktion des jeweiligen Oppidum. Soweit Oppida überhaupt in größerem Maße untersucht wurden, lassen sich „Stadtviertel", in denen die Handwerker wohnten und produzierten, öffentliche Plätze mit Heiligtümern sowie das Wohngebiet oder eine zusätzlich ummauerte kleine Burg des Gentiladels erkennen. Wo später die Römer das Land besetzten, übernahmen sie auch die Oppida und bauten alles das ein, was sie

Aufbau einer keltischen Befestigungsmauer

Keltische Goldmünze
(Durchmesser 2,5 cm)

aus ihrer italischen Heimat kannten und worauf sie keineswegs verzichten wollten, wie Warmluftheizungen, Bäder, Tempel.

Wir haben wiederholt vom regen Marktleben bei den Kelten gesprochen. Im allgemeinen dürfte der Handel noch in Form des einfachen Produktenaustausches erfolgt sein. Die Kelten waren aber die ersten Stämme nördlich der Alpen, die eigene Münzen prägten. Die keltischen Söldner in fremden Heeren hatten ihre Besoldung in Münzen erhalten, und überhaupt lernten die Kelten bei ihrer Berührung mit der mittelmeerländischen Welt das Münzgeld kennen. Die antiken Münzen lieferten die Vorbilder für die seit dem 2. Jahrhundert v. u. Z. geprägten eigenen Münzen. Die Vielzahl verschiedenartiger Münzen beweist, daß

Keltische Silbermünze
(Durchmesser etwa 1,6 cm)

79

Keltische Goldmünze (Vorder- und Rückseite)
von Samswegen, Kreis Wolmirstedt

es wegen der nicht vorhandenen staatlichen Zentralgewalt auch keine Münzhoheit gegeben hat. Es blieb die persönliche Angelegenheit des oft nur über ein kleines Gebiet herrschenden Adelsgeschlechts, Münzen zu prägen. Dies bedeutet zugleich, daß die Münze meist weniger bei Handelsgeschäften als vielmehr zur Hortbildung genutzt wurde. Nur innerhalb einer wirtschaftlich verbundenen Gemeinschaft — etwa eines Oppidum mit Hinterland oder eines Stammes — mag sie die tatsächliche Funktion von Geld besessen haben. So ist es verständlich, daß sich in den Oppida oder in deren Nähe bedeutende Münzschätze finden; 500, 1000 Münzen sind keine Seltenheit, es gibt aber auch Horte von 5000 und aus Gallien sogar von 15 000, wobei es sich in der Mehrzahl um Goldmünzen handelt.

Der Besuch auf der Steinsburg führte unsere Gedanken weit in die europäische Frühgeschichte zurück. In den 5 Jahrhunderten vor Beginn unserer Zeitrechnung haben keltische Stämme das historische Geschehen in großen Teilen Europas erheblich beeinflußt. Werden und Wachsen heutiger mitteleuropäischer Völker sind ohne die Wirksamkeit der Kelten unvorstellbar.

In den Straßen von Aquincum

Die Römer an Donau und Rhein

Breit und majestätisch fließt die Donau durch Ungarns Hauptstadt Budapest. Zahlreiche Brücken verbinden die beiden Teile der Stadt, das auf dem bergigen Westufer gelegene Buda und das zur ungarischen Tiefebene gehörende Pest auf dem Ostufer. Der Besucher kann sich nicht nur an der herrlichen Lage dieser Metropole erfreuen, sondern er findet zudem bedeutende Bauwerke aus ihrer zweitausendjährigen Geschichte. Denn so alt ist die Stadt tatsächlich, wobei wir die urgeschichtliche Besiedlung noch nicht einmal berücksichtigen.

Keltische Stämme ließen sich an den Ufern der Donau nieder und bildeten hier gemeinsam mit der einheimischen illyrischen Bevölkerung den Stamm der Eravisker. Auf dem Gellérthügel befand sich einst ein keltisches Oppidum. Was heute noch Einwohner und Besucher an Budapest reizt, scheint auch damals in den letzten Jahrhunderten vor Beginn unserer Zeitrechnung die keltischen Menschen zum Siedeln gerade an dieser Stelle gelockt zu haben: die zahlreichen warmen Quellen. Sie nannten ihre Siedlung „Akink", was soviel wie die „Wasserreiche" bedeutete. Bereits unter dem Kaiser Augustus (63 v. u. Z.—14 u. Z.) besetzten kurz vor Beginn unserer Zeitrechnung römische Heere das westungarische Gebiet bis zur Donau. Die sich am westlichen Ufer des Stromes im Laufe der folgenden Jahrzehnte entwickelnde Stadt übernahm den keltischen Namen in latinisierter Form und nannte sich „Aquincum".

Viele Baudenkmale und unzählige Kleinfunde sind uns aus der römischen Zeit bis heute erhalten geblieben. Sie stellen zusammen mit den Berichten römischer Schriftsteller wichtige Quellen zur Geschichte vierhundertjähriger Römerherrschaft an der Donau dar.

Der Fluß bildete während der gesamten Zeit die Ostgrenze des Römischen Reiches. Weiter nach Osten konnte es seine Macht nicht ausdehnen, sondern mußte sie im Gegenteil gegen auswärtige Feinde, wie sarmatische und germanische Stämme, immer wieder verteidigen. Im Verteidigungssystem der Donaugrenze spielte Aquincum eine wichtige Rolle, vor allem seit dem Jahre 89, als auf kaiserlichen Befehl eine ganze Legion (die größte römische Heereseinheit) hierher verlegt wurde. Die Kasernierung von 6000 Mann, zu denen noch Hilfstruppen kommen

konnten, hatte zur Folge, daß sich auch Handelseinrichtungen, Dienst-
leistungsbetriebe der verschiedensten Art, hygienische und medizinische
Anstalten, Vergnügungsetablissements vom Weinlokal bis zum Zirkus,
zivile und militärische Verwaltungen niederließen. Ihnen allen mußten
entsprechende Bauwerke und Wohnungen zur Verfügung gestellt werden. Die Wissenschaftler rechnen mit einer Bevölkerungszahl von etwa
50 000 Menschen in dieser Siedlung, die später zur Hauptstadt der Provinz Niederpannonien wurde.

Das Militärlager befand sich im Bereich des heutigen Flóriánplatzes,
dort, wo die Budaer Berge vom Donauufer zurücktreten und einer größeren Flußniederung Platz geben. Zunächst hatten die Römer eine einfache Erdbefestigung errichtet, der im Jahre 19 eine steinerne Mauer
folgte. Im Laufe der Jahrzehnte und mit zunehmender Angriffsfreudig-
keit der „Barbaren", wie Griechen und Römer alle Fremden nannten,
wuchsen die Befestigungswerke. Am Ufer standen Wachttürme, die zugleich dem Schutz des Hafens dienten. Denn neben dem Landheer kon-

Römischer Legionssoldat

trollierte auch eine Flotte die Grenze. An zwei Stellen wurden auf dem Ostufer Brückenköpfe angelegt, einmal genau gegenüber dem Militärlager (Trans-Aquincum), zum anderen im Bereich der heutigen Elisabethbrücke (Contra-Aquincum).

Bereits in dieser Militärsiedlung wohnten die Familien der Soldaten sowie Handwerker, Händler und Schankwirte. Steinerne Häuser wurden errichtet, Straßen und Abwässerkanäle gebaut, Bäder und Tempel angelegt. Die Kommandeure besaßen prachtvolle Paläste.

Für den Besucher Budapests ist das heute noch gut erhaltene Amphitheater das eindrucksvollste Denkmal aus jener Zeit. Es bot auf seinen Rängen, die bis auf eine Höhe von 14 m anstiegen, Platz für etwa 15 000 Besucher und gehörte damit zu den größten Theatern außerhalb der Stadt Rom. Die Anlage gleicht denen moderner Stadien. Die äußere Mauer ruhte auf 24 Pfeilern, zwischen denen sich die Eingänge und Treppen für die Besucher befanden. Unter den Sitzreihen lagen außerdem die Zellen für die in der Arena auftretenden Gladiatoren und Raubtiere, deren blutige Kämpfe das Publikum ergötzten. Das Theater war so massiv gebaut, daß es später als Befestigung und zeitweise als Burg genutzt wurde.

Die militärische und politische Bedeutung von Aquincum wuchs immer mehr, und so entschloß man sich um die Mitte des 2. Jahrhunderts, 2500 m nördlich davon eine Art Satellitenstadt zu errichten, die nur der Zivilbevölkerung zum Wirtschaften und Wohnen dienen sollte. Auch diese „Bürgerstadt" erhielt eine steinerne Mauer. Wie die meisten römischen Kolonialstädte wurde sie nach einem genauen Grundrißplan angelegt. Breite Straßen zogen sich in den beiden Hauptachsen von Nord nach Süd und von Ost nach West durch die Stadt. Ihr Verlauf ist noch heute an den modernen Straßenzügen wahrzunehmen, und die Ruinen der einstigen Privathäuser, der Läden, der Werkstätten der Handwerker, der Bäder lassen ebenfalls den Aufbau der Stadt erkennen.

In ihren Grundmauern ist die Turnhalle sowie das große öffentliche Bad mit Warmluftheizung für den Besucher sichtbar. Auf die Heizung legten die Römer besonderen Wert, da in den nördlichen Provinzen ihres Reiches nicht solche Außentemperaturen herrschten wie im südlichen Rom. Nicht nur die öffentlichen, sondern auch zahlreiche Privathäuser besaßen Hypokausten (griech. Unterfeuerung), eine Fußbodenheizung. Dabei ruhte der Fußboden auf kleinen Pfeilern, zwischen die von einer zentralen Heizungsstelle her heiße Luft geleitet wurde. Die Feuerungsanlage befand sich außerhalb des Hauses. Dadurch und durch die Schornsteine für die gebrauchte und schließlich abgekühlte Luft entstand ein andauernder Zug. Eine derartige Heizung war sauber, führte

Eingang zum Amphitheater von Aquincum

zu einer gleichmäßigen Erwärmung und verhinderte vor allem die unangenehme Fußbodenkühle. Noch heute können wir in dem freigelegten und als Ruinengarten eingerichteten Teil der Stadt die Warmluftkanäle besichtigen.

Eine große Rolle spielte die Wasserversorgung. Das Wasser wurde in einem Aquädukt, einer Wasserleitung aus gemauerten Kanälen, von den Bergen herangeführt. 90 steinerne Pfeiler haben sich erhalten, auf denen die Wasserleitung ruhte. Sie bestand aus 3 übereinanderliegenden Kanälen. Der oberste brachte das Wasser in die Privathäuser, der mittlere zu öffentlichen Gebäuden und der unterste, der bei Trockenheit am längsten Wasser führte, in die öffentlichen Brunnen, woraus dann die große Masse der Bevölkerung ihren Bedarf decken konnte.

Zahlreich sind die Tempel, die den verschiedensten Göttern geweiht waren. Eine besondere Rolle spielte der aus dem persischen Raum kommende Mithraskult. Mithras war der persische Licht- und Sonnengott, der als unbesiegbar galt und deswegen bei den römischen Legionären, aber auch bei den Kaisern große Autorität besaß. Der Mithraskult wurde in den Provinzen, wo römische Heere standen, zur bedeutendsten Religion. Er glich in vielem dem Christentum, das nur mit Mühe letztlich den Sieg über die Mithrasreligion davontragen konnte. Den Geburtstag des Mithras am 25. Dezember hat das Christentum sogar als Geburtstag Christi übernommen. Aus den Tempeln wurden zahlreiche

Freigelegte Warmluftheizung in Aquincum

Fußboden ▷

Freigelegtes Dampfbad von Aquincum

Altäre und Kleinkunst geborgen, die wir heute im Freilichtgelände oder im Innern des Museums betrachten können.

Noch ist unser Spaziergang durch die zivile Stadt Aquincum nicht beendet. Auch dieser Stadtteil hatte sein eigenes Theater, ebenfalls in der üblichen amphitheatralischen Form, nur etwas kleiner. Es bot Platz für 7000 Besucher. Die Grundmauern des Thermalbads sind ebenfalls noch in wesentlichen Teilen erhalten. Es bestand aus einem kalten, einem lauwarmen, einem warmen und einem Dampfbad, das von unten geheizt wurde, sowie Umkleide- und Ruheräumen. Nicht weit von ihm entfernt befand sich die Markthalle. Sie umfaßte einen offenen Innenhof, eine Säulenhalle sowie verschiedene Läden. Inmitten des Hofes lag ein kleiner Rundtempel, der vermutlich dem römischen Gott des Handels, Merkur, geweiht war. Mit zu den schönsten, aus öffentlichen und privaten Häusern stammenden Bauteilen gehören die Fußbodenmosaike, die Wandmalereien, die Stuck- und Reliefverzierungen. Die Bewohner von Aquincum legten auf gute hygienische Verhältnisse großen Wert. Die

Mosaikfußboden (Ausschnitt) von Aquincum: Ein Kentaur trägt
die Gemahlin des Herakles über den Fluß.

Straßen waren gepflastert. Die Abwässer wurden in gemauerten Kanälen, die stellenweise unter dem Straßenpflaster lagen, abgeleitet.

Die Höhe des Kunsthandwerks und der Kunst offenbart sich uns,
wenn wir in dem Museum von Aquincum, das man inmitten der Ruinen
der römischen Stadt errichtet hat, die beweglichen Kunstwerke betrachten – Plastiken, Reliefs, Grabsteine, Sarkophage, Tongeschirr, Metall-
arbeiten und vieles andere. Wir wollen das Museum nicht verlassen,
ohne das interessanteste und einmalige Objekt zu würdigen: eine Orgel,
die einzige auf der Welt, die aus so alter Zeit noch im Original erhalten
blieb. Sie besteht aus 52 Pfeifen und dem entsprechenden Blase-
balgmechanismus, der durch Wasser betrieben wurde, weswegen man sie
auch als Wasserorgel bezeichnet. Auf einer Bronzetafel ist vermerkt, daß
ein Feuerwehrhauptmann das Instrument im Jahre 228 dem Vereinshaus
der Feuerwehr geschenkt hat.

90

Trotz der starken Befestigung wurde Aquincum zweimal von Feinden überfallen und schwer verwüstet, einmal im Jahre 166 von den germanischen Markomannen, ein zweites Mal im Jahre 240 von den Goten. In beiden Fällen konnte sich die Stadt wieder erholen, nach dem Angriff durch die Goten aber nur schwer, weil auch die inneren Widersprüche in der römischen Sklavereigesellschaft zu immer größeren Krisen führten. Als dann am Ende des 4. Jahrhunderts die hunnischen Reitervölker aus den Steppen nördlich des Schwarzen Meeres in das Gebiet des heutigen Ungarns einfielen, war das Römische Reich nicht mehr imstande, die Donaugrenze zu halten.

Die Geschichte der meisten europäischen Völker ist wesentlich durch das Römische Reich, durch seine Gesellschaft, seine Kultur sowie seine militärischen Aktivitäten bestimmt und geformt worden. Auch die historische Entwicklung zum deutschen Volk ließe sich in ihrer Frühphase ohne den Blick auf dieses jahrhundertelange fortschrittliche Zentrum nicht verstehen.

Römische Heere haben vielleicht den Boden unserer heutigen DDR nur im Bereich der Elbe bei Wittenberge—Magdeburg betreten. Spuren von Siedlungen hinterließen sie bei uns nirgends, nur Münzen, Waffen, Erzeugnisse des Kunsthandwerks, einige keramische Produkte und ähnliches bewegliches Gut, die als Geschenk, als Kriegsbeute, als Entlohnung für geleistete Söldnerdienste oder auch im Tauschhandel zu den germanischen Stämmen in unser Gebiet gekommen sind. So vermochten wir keinen heimischen Fundplatz aufzusuchen, sondern mußten über die Grenzen unserer Republik hinausblicken. Wir wählten Aquincum, weil es durch die ungarischen Archäologen so gründlich untersucht und seine Bauwerke so vorbildlich restauriert wurden, daß heute jeder Besucher ein eindrucksvolles Bild einer altrömischen Stadt gewinnen kann. Sie lag an der Grenze zwischen den freien germanischen Stämmen und dem römischen Staat. Über diese Grenze vollzog sich jener kulturelle Austausch, welcher für die weitere Entwicklung im mitteleuropäischen Raum so folgenreich war.

Das Römische Reich kann für viele Jahrhunderte als die bedeutendste Macht in Europa, dem nördlichen Afrika und dem westlichen Asien gelten. Staat und Gesellschaft hatten die für das Altertum höchste Stufe erreicht. Der Weg dahin führte von urgesellschaftlichen Verhältnissen, an die nur noch Sagen erinnern, über Zustände, die in vielem altorientalischen Formen einer Klassengesellschaft ähnelten, bis zu einer immer mehr an sozialökonomischer Bedeutung gewinnenden Sklavereiordnung.

Schon in alter Zeit besaß die freie und meist dem Patrizierstand angehörende Familie völlig rechtlose Arbeitskräfte. Diese Haussklaven hatten aber noch nicht die große ökonomische Bedeutung wie die Sklaven seit dem 4. Jahrhundert v. u. Z., als die Ländereien der Großgrundbesitzer derartige Ausmaße annahmen, daß eine erfolgreiche Agrarwirtschaft nur mit Hunderten, ja Tausenden von Menschen möglich war. Die Vergrößerung des Grundbesitzes erfolgte auf Kosten der Kleinbauern. Aus diesen und aus Kriegsgefangenen setzte sich das Heer der Sklaven zusammen. So führten Kriege nicht nur zur Ausweitung des von Rom beherrschten Territoriums, sondern außerdem zu einer Vermehrung der Arbeitskräfte. Die Sklaven waren nicht allein in der Landwirtschaft tätig, sondern auch in Bergwerken, in größeren handwerklichen Unternehmungen und in der Schiffahrt. Sie legten die ökonomischen Grundlagen für den Aufstieg Roms zur Weltmacht. An dem von ihnen geschaffenen Produkt hatten sie keinerlei Anteil und folglich auch kein Interesse. Nur durch eine rücksichtslose Ausbeutung wurde die Produktion gewährleistet. Mehrfach kam es zu Sklavenaufständen, unter denen der von Spartacus geführte (74—71 v. u. Z.) der größte und bekannteste in der Antike war. Für eine Veränderung der gesellschaftlichen Verhältnisse war aber die Zeit noch nicht reif.

Die sozialökonomische Grundlage des römischen Sklavenhalterstaats bildete das Privateigentum an Grund und Boden sowie an Sklaven. Die politische Macht besaßen die Angehörigen der Aristokratie, die Patrizier. Ausübendes Organ war der Senat (lat. senex = Greis). Ursprünglich der Rat der Alten, umfaßte er später die angesehensten und reichsten Bürger, denen produktive Arbeit regelrecht untersagt war. Zwei Konsuln vollstreckten seine Beschlüsse. Das Verhältnis zwischen Senat und Konsuln wurde entscheidend durch die jeweiligen Persönlichkeiten bestimmt, die diese Ämter innehatten.

Zwischen den Patriziern und den Sklaven gab es noch die Schicht der Plebejer. Einem Teil von ihnen gelang es im Laufe längerer innerer Kämpfe, ähnliche Vergünstigungen wie die Patrizier zu erhalten, zum Beispiel das Recht, Staatsämter zu bekleiden. Aus der Oberschicht der Plebejer und den Patriziern entwickelte sich eine neue Form des Adels. Andere Schichten verarmten aber so sehr, daß sie in Schuldknechtschaft gerieten und schließlich zu städtischen Besitzlosen, den Proletarii, absanken. Die sozialen Unterschiede wuchsen ständig und führten zu verschiedenen Formen des Klassenkampfs, auch zu Reformen, jedoch nicht zu revolutionären Veränderungen.

Eine wichtige Rolle spielte das Heer, mit dem es gelang, das Römische Reich immer mehr zu erweitern. Die Grenzen Italiens wurden bereits im Laufe des 3. Jahrhunderts v. u. Z. überschritten, sowohl nach

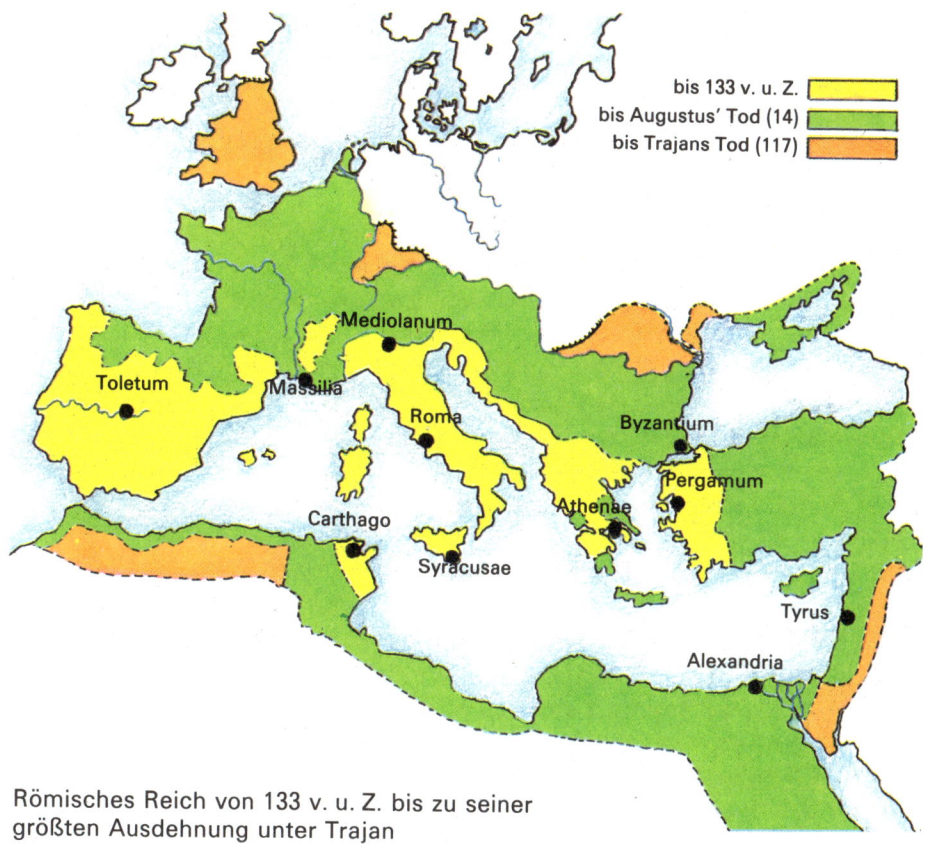

bis 133 v. u. Z.
bis Augustus' Tod (14)
bis Trajans Tod (117)

Mediolanum

Toletum

Massilia

Roma

Byzantium

Pergamum

Athenae

Carthago

Syracusae

Tyrus

Alexandria

Römisches Reich von 133 v. u. Z. bis zu seiner
größten Ausdehnung unter Trajan

dem Westen (Spanien), nach dem Süden (Sizilien, Nordafrika) als auch nach dem Osten (nördliche Balkanhalbinsel). Am Ende des 2. Jahrhunderts v. u. Z. kamen die Römer zum erstenmal mit germanischen Stämmen in Berührung. Es waren die Kimbern, Teutonen und andere Stämme, die durch keltisch-illyrisches Gebiet an der mittleren Donau in die römische Machtsphäre gelangten und dabei im östlichen Alpengebiet und im östlichen Frankreich mehrere römische Heere vernichteten. Das geschah in den Jahren 113 bis 105 v. u. Z. Erst nachdem der Konsul Marius (156—86 v. u. Z.) eine grundlegende Reform des römischen Heeres durchgesetzt hatte, veränderte sich die militärische Situation an der Nordgrenze wie auch an der ebenfalls bedrohten afrikanischen Grenze entscheidend. Seit dieser Reform stützte man sich nicht mehr auf die zum Heeresdienst eingezogenen Bauern, sondern auf die besitzlosen Proletarii, die nun einen festen Sold, Anteil an der Beute und nach ihrer sechzehnjährigen Dienstzeit als Veteranen einen Acker erhielten und so

93

den Heeres- und Kriegsdienst mit einem gewissen Interesse verrichteten — immer in der Hoffnung, alle Kämpfe zu überleben. Jetzt konnte eine straffe Heeresgliederung, eine einheitliche Ausrüstung und Ausbildung erfolgen. Bereits in den Jahren 102 und 101 v. u. Z. wurden die ersten gegen die römischen Grenzen anrennenden germanischen Stämme vernichtend geschlagen.

Die weitere Auseinandersetzung an der Nordgrenze des Reiches ist mit dem Namen Julius Cäsars verbunden, den wir zu den bedeutendsten Persönlichkeiten der römischen Geschichte zählen können. Er war ein geschickter und rücksichtsloser Staatsmann, ein hervorragender Feldherr, ein glänzender Redner und ein beachtlicher Schriftsteller. Bereits im letzten Viertel des 2. Jahrhunderts v. u. Z. hatte Rom, um den Landweg nach Spanien zu sichern, das südfranzösische Gebiet im Kampf mit keltischen Stämmen erobert und eine römische Provinz (Provence) gebildet. Von Norden wurde sie aber immer wieder durch keltische und später auch germanische Stämme gefährdet, so daß eine Verschiebung der Grenze geboten schien. Der unmittelbare Anlaß für ein Eingreifen Roms war das Vordringen von Germanen verschiedener Stämme unter der Führung des Suebenfürsten Ariovist im Jahre 58 v. u. Z. auf keltische Gebiete, das auch die römische Nordgrenze bedrohte.

Cäsar — damals Statthalter in den nördlichen Provinzen des Reiches — schlug nicht nur Ariovist, sondern besiegte in mehrjährigen, oft wechselnden Kämpfen die keltischen Stämme, wodurch das gesamte Gebiet des heutigen Frankreichs bis zum Rhein unter römische Herrschaft kam. Damit verloren auch hier die Kelten ihre Selbständigkeit, genau wie schon etwas früher im Donauraum. Ein zweimaliger Übergang Cäsars über den Rhein hatte dagegen weder militärische noch politische Wirkung. Die Einbeziehung Galliens in das Römische Reich und die Übernahme der römischen Kultur und der lateinischen Sprache machten Westeuropa ein für allemal zu einem Teil des romanischen Kulturbereichs — selbst wenn Jahrhunderte später hier fränkische Könige herrschten und dieses Land eben „Frank(en)reich" wurde. Im letzten Jahrzehnt vor unserer Zeitrechnung verwandelte sich auch das Gebiet zwischen den Alpen und der oberen Donau, das bis dahin ebenfalls von keltischen Stämmen besiedelt war, in römische Provinzen. Rhein und Donau bildeten für mehrere Jahrhunderte die Grenze zwischen dem römischen Klassenstaat und den in urgesellschaftlichen Verhältnissen lebenden germanischen Stämmen, mit denen wir uns später beschäftigen werden.

Die seit Jahrhunderten herrschende Senatsregierung hatte sich für den Stadtstaat Rom bewährt. Als aber der römische Staat die Grenzen Ita-

Konstruktion der Rheinbrücke Cäsars
Pfeil = Strömungsrichtung

liens sprengte und den Weg zur Weltmacht beschritt, erwies sich diese Form der Republik als ungeeignet und überholt. Schon in Krisenzeiten während des gesamten 1. Jahrhunderts v. u. Z. hatten Persönlichkeiten sich zu Alleinherrschern aufgeschwungen und damit entscheidend gegen die alte Ordnung verstoßen. Den beiden bedeutendsten Diktatoren Sulla (138–78 v. u. Z.) und Cäsar gelang es aber noch nicht, für die Dauer eine neue Staatsordnung zu schaffen; Julius Cäsar wurde im Jahre 44 v. u. Z. von konservativen Verschwörern ermordet.

Die notwendige innerstaatliche Veränderung vollzog sich knapp 20 Jahre später. Ein Großneffe Cäsars, Oktavian, erwarb immer mehr Rechte, die ihn praktisch zum Alleinherrscher machten. Er erhielt den ehrenden Namen des „Ersten" im Staate (lat. princeps, weswegen man diese Herrschaftsform auch Prinzipat nannte). Seit dem Jahre 27 v. u. Z. führte er den Namen Augustus, was soviel wie der „Erhabene" bedeutete. So wurde Augustus der erste römische Kaiser. Er stützte sich auf

Gladiatorenkampf (nach einem Mosaik von Nennig/BRD)

das große und immer schlagkräftig gehaltene Söldnerheer und einen Adel, der aber einen anderen Charakter hatte als bisher. Wer zum Adel zählte, mußte über ein beträchtliches Vermögen verfügen. Ihm gehörte der größte Teil der landwirtschaftlichen Betriebe und Produktionsstätten, in seiner Hand lag der Handel, und er bereicherte sich an Finanzgeschäften, indem er maßlose Wucherzinsen beim Geldverleihen nahm. Viele seiner Mitglieder waren in der kaiserlichen Verwaltung in Rom oder in den Provinzen, die sie mit den üblichen kolonialistischen Methoden ausbeuteten, tätig. Es handelte sich also nicht um einen Gentiladel, wie wir ihn bei den Kelten kennengelernt haben und ihm noch bei den Germanen begegnen werden, sondern mehr um eine Art Dienstadel. Aus diesen Kreisen hatte der Kaiser — zunächst wenigstens — keinen Widerstand zu erwarten.

In den Provinzen wurde das Volk mit Gewalt niedergehalten, was um so leichter war, als der einheimische Adel seinen Anteil an der Ausbeutung hatte und folglich an einer Veränderung der Staatsordnung meist kein Interesse besaß. Der Kaiser und überhaupt die herrschende Klasse boten den Volksmassen „Brot und Spiele" und lenkten sie mit dieser Methode über einige Jahrhunderte hinweg tatsächlich von der Politik und vor allem von revolutionären Bewegungen ab. Notfalls setzte man Heer oder Polizei ein. Getreide und Geld wurden an die Massen kostenlos verteilt. In den großen Amphitheatern fanden nervenkitzelnde Kämpfe zwischen Gladiatoren, zwischen Menschen und Raubtieren oder zwischen Tieren statt. Siegreiche Kämpfer wurden vom Volk geehrt und verehrt. Nun verstehen wir, warum jene Stadt an der Donau, Aquincum, über 2 Theater verfügte. Denn nicht nur die zivile Bevölkerung, sondern auch die Soldaten wurden auf diese Weise im Zaum gehalten.

Das Römische Reich erstreckte sich von den Küsten des Atlantiks bis zum Euphrat, von Nordafrika bis an den Lauf der Donau und des Rheins sowie bis auf die Britischen Inseln. Mit allen Mitteln der Macht, die dieser bedeutendste Klassenstaat des europäischen Altertums besaß, aber auch mit den Mitteln der ideologischen Einwirkung — die römische Religion und die göttliche Verehrung des Kaisers galten ebenfalls in den Provinzen — sowie schließlich durch die Ausbreitung der römischen Kultur versuchte man, das gewaltige Reich zusammenzuhalten und die Grenzen nach Süden, nach Norden und nach Osten zu sichern. Je mehr die Entfernung von der Stadt Rom wuchs, desto schwieriger und wechselvoller waren die Abwehrkämpfe. Oft mußten Legionen vom Euphrat an den Rhein oder umgekehrt verlegt werden — und das bei den damaligen Verkehrsverhältnissen.

Wir wollen uns hier nur mit den Vorgängen am Rhein und an der oberen Donau beschäftigen, weil diese das weitere historische Geschehen bis zur Herausbildung des deutschen Volkes mit beeinflußten.

Der Druck germanischer Stämme auf die römische Rheingrenze verstärkte sich gegen Ende des 1. Jahrhunderts v. u. Z. immer mehr. Einige Angriffe wurden abgewehrt, aber man siedelte germanische Stämme auch planmäßig westlich des Rheins an, um sie zur Verteidigung der Grenze gegen weitere Stämme einzusetzen. Umgekehrt wurden keltische Stämme beziehungsweise Stammesteile vom gallischen auf das ostrheinische Gebiet umgesiedelt. Der Rhein war also eine politische, aber keine Volksgrenze. Die germanischen Stämme im römischen Machtbereich wurden sehr schnell in die klassengesellschaftliche Umwelt einbezogen und gingen nunmehr einen anderen geschichtlichen Weg als die Stämme im freien Germanien, die noch jahrhundertelang unter urgesellschaftlichen Verhältnissen lebten.

Rom wollte sich nicht mit der Grenze an Rhein und Donau begnügen. Es beabsichtigte, sie bis an die Elbe vorzuschieben. Die ersten militärischen Aktionen mit diesem Ziel unternahm der Stiefsohn des Augustus, Drusus (38–9 v. u. Z.). Die Vorbereitungen umfaßten die Anlage von neuen Kastellen (lat. castellum = Befestigung) und Militärlagern, von

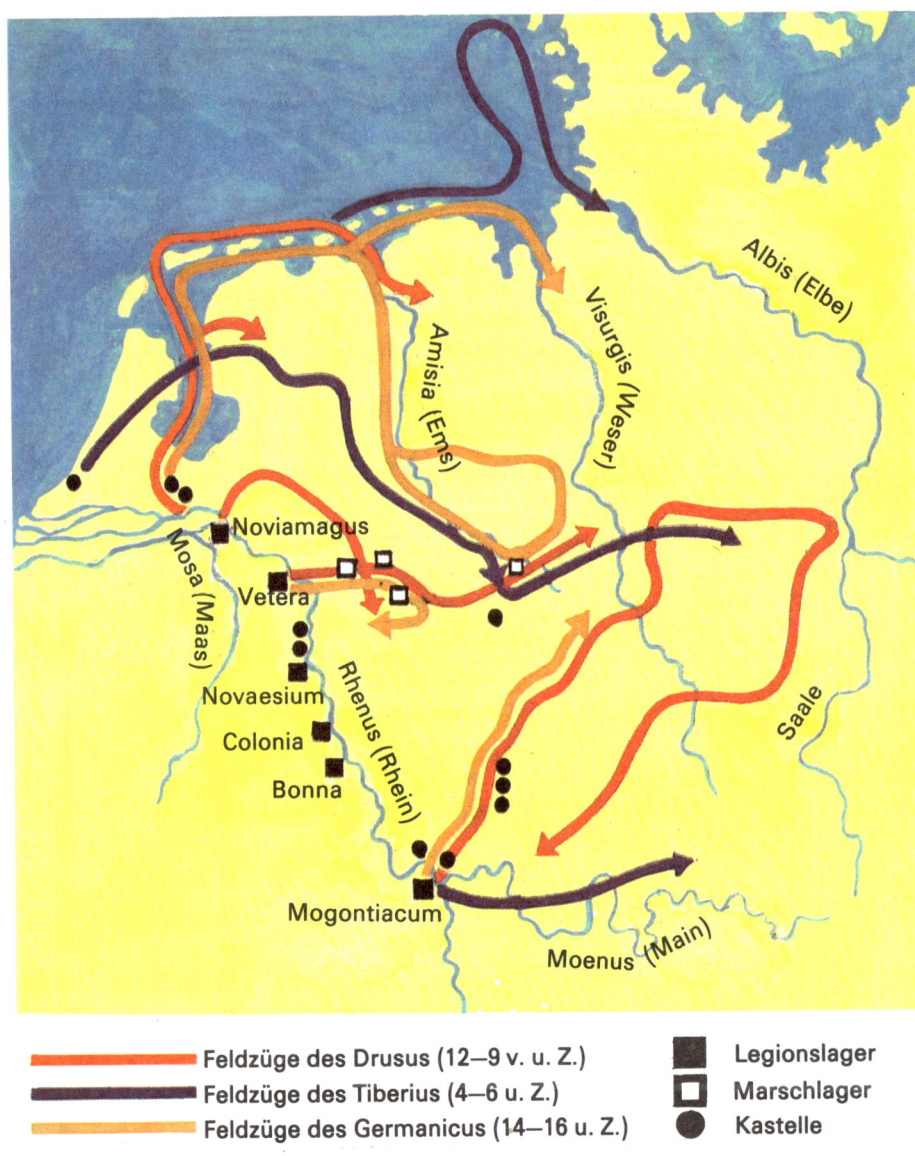

Römische Vorstöße in das freie Germanien von Drusus bis Germanicus

Legende:
- Feldzüge des Drusus (12—9 v. u. Z.)
- Feldzüge des Tiberius (4—6 u. Z.)
- Feldzüge des Germanicus (14—16 u. Z.)
- ■ Legionslager
- □ Marschlager
- ● Kastelle

Kartenbeschriftungen: Albis (Elbe), Visurgis (Weser), Amisia (Ems), Mosa (Maas), Rhenus (Rhein), Saale, Moenus (Main), Noviamagus, Vetera, Novaesium, Colonia, Bonna, Mogontiacum

befestigten Straßen und einem Kanal vom Rhein bis zur Zuidersee und vor allem die Verstärkung der Truppen an der Grenze. Auch eine Rheinflotte wurde geschaffen. Im Jahre 12 v. u. Z. begann Drusus' Offensive zu Wasser und zu Lande gegen eine größere Zahl germanischer Stämme zwischen Rhein und Weser. Siege und Niederlagen lösten sich ab. Die

98

Römer errichteten militärische Stützpunkte im besetzten Gebiet, andererseits gingen römische Legionslager in Flammen auf. Drusus hat auch die Elbe erreicht, vermutlich in der Gegend des heutigen Magdeburgs. Die Legende erzählt, daß eine germanische Wahrsagerin ihn an den Ufern der Elbe mit den Worten warnte: „Wohin in aller Welt willst du, unersättlicher Drusus? Es ist dir nicht beschieden, alles hier zu schauen. Kehr um! Denn das Ende deiner Taten und deines Lebens ist da."* Auf dem Rückweg fand er durch einen Unfall den Tod. 4 Jahre dauerten die Kämpfe, ohne daß das Gebiet zwischen Rhein und Elbe als bezwungen gelten konnte.

Eine Folge dieser Auseinandersetzungen waren Veränderungen im Siedlungsraum der germanischen Stämme. So zogen die Markomannen und Quaden aus dem Rhein-Main-Gebiet über die Berge nach Osten und besetzten Böhmen und Mähren, wo bislang keltische Stämme wohnten. Besonders die Markomannen wurden zu einem der bedeutendsten Stämme in den ersten beiden Jahrhunderten unserer Zeitrechnung und spielten in der Auseinandersetzung mit Rom eine wichtige Rolle.

In den folgenden Jahren versuchten die Römer nicht durch große militärische Operationen, das Land in ihre völlige Abhängigkeit zu bekommen, sondern durch eine schon in anderen Teilen ihres Reiches erprobte Praxis: Sie unternahmen kleinere Kriegszüge und stationierten Truppen, vor allem aber nutzten sie die Rivalitäten zwischen den Stämmen aus, indem sie mit einzelnen Separatverträge abschlossen. Sie nahmen germanische Adlige in ihre Dienste, verliehen ihnen das Bürgerrecht und die Ritterwürde. Das Land wurde wirtschaftlich ausgebeutet, statt des germanischen Rechts versuchte Rom sein auf dem Privateigentum beruhendes Recht einzuführen, und es zog Steuern ein. Kurzum — die Römer wandten Methoden an, deren sich in späteren Zeiten imperialistische Mächte bedienten, die nach dem Prinzip „teile und herrsche" die besetzten Länder unter ihre Botmäßigkeit zwingen wollten.

Diese den Germanen fremden Methoden eines Klassenstaats mußten natürlich Widerstand hervorrufen, weniger beim Adel, der ja zahlreiche Vergünstigungen genoß und seine gesellschaftliche Machtstellung innerhalb des Stammes durch Rom sogar noch gestärkt sah, als vielmehr bei den breiten Volksmassen, die unter der Ausbeutung durch die fremden Herrscher besonders gelitten haben dürften. Es gab aber auch Stammesadlige, die sich schließlich gegen die römische Ausbeutung wandten und zu Führern im Volkskrieg wurden.

Eine derartige Situation reifte heran, als Varus im Jahre 7 u. Z. den

* Cassius Dio Cocceianus, Historia Romana, Bd. III, Buch 55, Leipzig 1928, S. 166

Oberbefehl über die im germanischen Land stationierten Truppen erhielt. Er glaubte, das Gebiet zwischen Rhein und Elbe wäre schon so weit befriedet, daß er die Bewohner wie die einer römischen Provinz behandeln könnte. Die Ausbeutung erreichte einen Höhepunkt. Der Führer des Volkskriegs wurde Armin (latinisiert: Arminius), ein Fürst der Cherusker, die das Gebiet des heutigen südlichen Niedersachsens bewohnten. Armin und seine Gefährten waren selbst in römischen Kriegsdiensten gewesen und blieben zur Täuschung des Varus auch bis zur letzten Stunde, während der Aufstand vorbereitet wurde, in seinem Lager. Verschiedene andere Stämme schlossen sich der Erhebung an, aber längst nicht alle; sogar in der Familie des Arminius gab es römertreue Angehörige.

Das gesamte römische Besatzungsheer in Stärke von 3 Legionen sowie Hilfstruppen und Troß (schätzungsweise 25 000 bis 30 000 Mann), dazu Frauen, Kinder und Marketender, waren auf dem Rückweg vom Sommerlager, das sich irgendwo im Wesergebiet befunden haben dürfte, in das Winterlager am Rhein. In einem unwegsamen, von dichten Wäldern, Schluchten und Mooren umgebenen Gelände griffen die germanischen Krieger diesen viele Kilometer langen Heerzug an. Es war nicht eine einmalige Schlacht, sondern die Kämpfe dauerten Tage und Nächte an, bis schließlich das römische Heer mit Ausnahme eines Teils der Reiterei, der flüchten konnte, völlig vernichtet wurde. Varus beging angesichts der Katastrophe Selbstmord. Als der Kaiser Augustus von dieser, wohl mit der schwersten Niederlage Roms erfuhr, soll er beschwörend ausgerufen haben: „Varus, Varus, gib mir meine Legionen wieder!" Das Ereignis ist im späten Mittelalter als die „Schlacht im Teutoburger Wald" bezeichnet worden, aber weder Historiker noch Archäologen können das Schlachtfeld ermitteln; rund 30 Örtlichkeiten werden mit mehr oder weniger schwachen Argumenten dafür angeführt.

Friedrich Engels hat diese Schlacht mit vollem Recht „einen der entscheidendsten Wendepunkte der Geschichte"[*] genannt. Die Grenze zwischen Germanien und Rom blieb nunmehr endgültig am Rhein. Trotz der besseren Ausrüstung und Ausbildung des römischen Heeres hatten die um ihre Freiheit kämpfenden germanischen Stämme den Sieg davongetragen. Wie so oft in der Geschichte wurde hier bewiesen, daß ein gut vorbereiteter und geschlossen geführter Freiheitskampf der Volksmassen erfolgreich sein kann, selbst wenn sich die größere militärische Kraft auf der gegnerischen Seite befindet.

[*] Friedrich Engels, Zur Urgeschichte der Deutschen, in: Marx/Engels, Werke, Bd. 19, Dietz Verlag, Berlin 1978, S. 447

Doch wie gesagt, beteiligten sich keinesfalls alle germanischen Stämme am Kampf. Insbesondere einer der bedeutendsten Stammesführer, der Markomanne Marbod, blieb aus eigensüchtigen Gründen dem Bund fern. Es kam sogar zu Auseinandersetzungen zwischen Arminius und Marbod. Verständlicherweise wollte Arminius seine im Kampf gegen Rom erworbene Machtstellung behalten und wenn möglich ausbauen. Damit aber stieß er auf den Widerstand der Gentilaristokratie der einzelnen Stämme, die sich in ihrer Selbständigkeit bedroht sah. Die gesellschaftlichen Voraussetzungen für größere dauerhafte Stammesverbände waren noch nicht herangereift. Der Stammesbund — geschlossen zur Abwehr der römischen Aggression — zerfiel wieder. Arminius wurde später von der eigenen Gentilaristokratie ermordet. Auch Marbod scheiterte und mußte außer Landes gehen und beim Erzfeind Rom Zuflucht suchen.

Nach der vernichtenden Niederlage der Römer blieb es einige Jahre an der Rheingrenze ruhig. Als nach dem Tod des Augustus im Jahre 14 Tiberius (42 v. u. Z.–37 u. Z.) römischer Kaiser wurde, begannen erneute Versuche, die Situation an diesem Abschnitt der Grenze zugunsten Roms zu verändern. Der Neffe des nunmehrigen Kaisers, Germanicus (15 v. u. Z. — 19 u. Z.), führte in den Jahren 14 bis 16 zahlreiche Angriffe gegen die germanischen Stämme zwischen Rhein und Weser, vor allem gegen die Chatten im heutigen Hessen, die Cherusker und die Marser an der oberen Lippe. Die Weser wurde dabei wohl nie überschritten. Trotz eines großen Truppeneinsatzes (im Jahre 16 begann Germanicus mit 80 000 Mann den Angriff), trotz gemeinsamer Unternehmen des Landheers und der Flotte, die bis in die Wesermündung vordrang, trotz mancher militärischer Erfolge und anschließender Verheerung germanischen Landes, obwohl die Römer die Zwietracht zwischen den germanischen Stämmen und sogar innerhalb dieser ausnutzten und germanische Stämme die römischen Angriffe unterstützten, ließ sich das Ergebnis des Jahres 9 nicht rückgängig machen. Und wenn im Mai 17 dem Germanicus in Rom ein triumphaler Empfang bereitet wurde, so wollte man damit nur vor dem Volk die Entscheidung der staatlichen Führung verschleiern, ein für allemal auf eine Vorverlegung der römisch-germanischen Grenze am unteren und mittleren Rhein zu verzichten.

Es gelang Rom noch nicht einmal, am Rhein gesicherte Verhältnisse zu schaffen. So erwuchs im Jahre 69 der römischen Herrschaft am Rhein, ja in Gallien überhaupt, eine große Gefahr durch den Aufstand der Bataver im Gebiet der Rheinmündung, dem sich Friesen, Brukterer, Tenkterer, Ubier und andere sowie später auch gallische Stämme an-

Wiederaufgebautes Römerkastell Saalburg im Taunus/BRD

schlossen. Aber die sozialökonomische Bindung der gallischen Großgrundbesitzer an das System der römischen Klassengesellschaft war in
dieser seit über einem Jahrhundert bestehenden römischen Provinz
schon so eng, daß sie an einer Loslösung vom römischen Sklavenhalterstaat kein sonderliches Interesse hatten und sich nur zögernd und zeitweise dem Aufstand anschlossen. In der Hauptsache — und darin lag für
Rom die wesentliche Gefahr — war es ein Kampf der aus Germanen
bestehenden Hilfstruppen gegen die eigentlichen Legionen. Der Bata-
veraufstand veränderte nicht die Situation am Niederrhein, ließ aber
doch die militärische und auch politische Schwäche des Reiches erkennen.

Am Oberrhein und an der oberen Donau gelang es dagegen der römischen Macht, eine kürzere und somit leichter zu verteidigende Grenzli-
nie zu schaffen. Im Taunus nördlich der Mainmündung, am unteren
Main und den gesamten Neckar entlang erstreckte sich seit den siebziger
Jahren des 1. Jahrhunderts die Grenze im ostrheinischen Raum beziehungsweise nördlich des Oberlaufs der Donau. Kaiser Domitian
(51—96) begann diese als „Limes" (lat. Grenzweg) bezeichnete Grenze
zu befestigen, weitere Ausbauten erfolgten während des 2. Jahrhunderts
unter den Kaisern Trajan (53—117), Hadrian (76—138) und Antonius
Pius (86—161). Um die Mitte dieses Jahrhunderts erreichte der germa-
nisch-rätische Limes seinen am weitesten ins germanische Land hinein-
greifenden Verlauf. „Germanisch-rätischer Limes" hieß er deswegen,
weil er die römischen Provinzen Untergermanien, Obergermanien und
Rätien zu sichern hatte. 500 km lang zog sich der Limes hin. Beginnend
oberhalb der Mündung der Ahr in den Rhein, über die Höhen des Taunus verlaufend, wobei er hier am weitesten nach Norden bis in den
Raum der heutigen Stadt Gießen reichte, stieß er bei Hanau an den
Main, der bis Miltenberg die Grenze bildete. Von hier setzte er sich in
schnurgerader Richtung bis in den Raum östlich Stuttgarts fort, um
dann als rätischer Limes einen etwa östlichen Verlauf bis an die Donau
oberhalb Regensburgs zu nehmen. Anschließend bildete die Donau die
Grenze zwischen dem Reich und den „barbarischen" Stämmen.

Der germanische Limes bestand aus einem Erdwall, einer Palisade
(Pfahlreihe) und einem Graben, der rätische dagegen aus einer steinernen Mauer. Türme und Kastelle verstärkten diese Grenzbefestigung.
Hatte man die Kastelle bisher vor allem aus Holz erbaut, wurden sie
jetzt aus Stein errichtet. Im Hinterland legten die Römer Straßen an, um
schnell Truppen bewegen und sie versorgen zu können. Der Limes war
also militärisch nicht unüberwindlich, aber er schuf klare, übersichtliche
Verhältnisse und konnte bei entsprechender Besetzung kleinere Über-

Rekonstruktion des Limes in Obergermanien (oben) und in Rätien
(unten)

fälle abwehren oder auch bei größeren Angriffen schnelle Gegenmaßnahmen ermöglichen.

Hier an Rhein—Limes—Donau verlief nunmehr für einige Jahrhunderte die Grenze zwischen dem römischen Klassenstaat und den in der
Urgesellschaft lebenden germanischen Stämmen, der „Germania libera“,
dem freien Germanien. Sie trennte nicht Germanen von Nichtgermanen,
sondern wie schon seit Cäsars Zeiten wohnten germanische Stämme beziehungsweise Teile von ihnen auch auf der gallo-römischen Seite des

Limes. Deren politische, gesellschaftliche und kulturelle Entwicklung vollzog sich in anderen Formen als die der von Rom unabhängigen Stämme. Der Limes war zu einer Grenze zwischen zwei verschiedenen Gesellschaftsformationen geworden.

In den römischen Provinzen führte die auf der Arbeit der Sklaven und Kolonen (gegen Pachtzins wirtschaftende Kleinbauern) beruhende Gesellschaftsordnung zu bedeutenden Errungenschaften auf allen Gebieten. Große Landwirtschaftsbetriebe warfen reiche Erträge ab, ebenso Obst- und Weinbau, Bergbau und Steinbrüche lieferten wichtige Bau- und Rohstoffe, feste Straßen wurden gebaut. In staatlichen und privaten Betrieben produzierte man all das, was die Menschen in Stadt und Land zum Leben benötigten, aber auch Luxuswaren.

Eine große Zahl der heutigen Städte an Rhein und Donau haben ihren Ursprung in römischen Städten oder Militärlagern. Wir lernten Aquincum kennen und können uns ein ungefähres Bild vom Leben in

Römisches Stadttor, die Porta Nigra, in Trier/BRD

einer solchen Stadt machen. Nicht viel anders sah es in Colonia Agrippina (dem heutigen Köln), in Augusta Treverorum (Trier), in Bonna (Bonn), Mogontiacum (Mainz), Confluentes (Koblenz), Argentoratum (Strasbourg), Augusta Vindelicorum (Augsburg), Castra Regina (Regensburg), Vindobona (Wien) aus. Wir bemerken, daß sich die heutigen Namen vielfach an die alten römischen anlehnen. Wie in Aquincum entstanden Paläste, Villen, Tempel, Bäder, Aquädukte. Die Städte wurden durch große steinerne Mauern gesichert. Oft noch gut erhaltene Reste von Bauwerken künden vom Können römischer Architekten und Baumeister vor 2000 Jahren.

Immer mehr wurden die Städte Anziehungspunkte auch für die einheimische gallische und germanische Bevölkerung, die dort leichter ihren Lebensunterhalt zu finden hoffte. Sie tauschte aber damit ihre bisherige Freiheit gegen die Ausbeutung in den römischen Produktionsstätten ein. Hier herrschte das Privateigentum an den Produktionsmitteln. Als nach Jahrhunderten die germanischen Stammesverbände die Nachfolge der römischen Herrschaft antraten, wurden die Städte oft Sitze germanischer Fürsten und Könige, Zentren der christlichen Kirche und schließlich Mittelpunkte der werdenden Feudalordnung. Doch darauf kommen wir später zu sprechen.

Im Schutz des von Legionen gesicherten Limes entwickelte sich die provinzialrömische Kultur mit ihrer Kunst, der Religion, den Lebensgewohnheiten und den für diese Gesellschaftsform charakteristischen menschlichen Beziehungen. In sie flossen keltische und germanische Elemente ein, so daß sie sich sowohl von der römischen Kultur in Italien als auch von der germanischen Kultur jenseits der Grenze unterschied.

Es wäre aber verwunderlich, wenn diese hochstehende Kultur nicht in irgendeiner Weise ebenfalls das Leben und die Kultur der freien Germanen beeinflußt hätte. Denn nicht immer wurde gekämpft, sondern es gab längere und kürzere Perioden eines friedlichen Austausches. Einiges berichten darüber die römischen Schriftsteller, hinzu kommen die archäologischen Funde. Der römische Kaufmann tauschte an den Grenzen seine Waren gegen Produkte aus Germanien, er mag auch mitunter weiter ins Landesinnere gezogen oder entlang der Nordseeküste zu Marktplätzen in Nordgermanien gefahren sein. Die Germanen wiederum — vor allem der Adel — hatten Interesse an den römischen Waren. Ebenso sind Geschenksendungen oder — um es deutlich zu sagen — Bestechungsgaben an einzelne germanische Fürsten anzunehmen. Auch auf die gesellschaftliche Entwicklung übte die Nähe der römischen Welt direkt und indirekt Einfluß aus.

Im Calauer Braunkohlenrevier

Bei germanischen Bauern

Wer mit dem Kraftfahrzeug oder mit der Eisenbahn von Cottbus in Richtung unserer Hauptstadt Berlin fährt, erblickt die hochragenden Schornsteine der Kraftwerke von Vetschau und Lübbenau. Sie zeugen nicht nur vom Wachsen unserer Volkswirtschaft, sondern zeigen anschaulich, wie die Niederlausitz den Anschluß an den industriellen Fortschritt gefunden hat. Man setzte aber die Kraftwerke nicht zu diesem Zweck gerade in die Niederlausitzer Landschaft, sondern die dort lagernde Braunkohle als das Ausgangsprodukt der für uns so wichtigen Energie war maßgebend für die Wahl des Platzes. Die Braunkohle wird hier im Tagebau gewonnen, und allein im Bezirk Cottbus muß die Erdoberfläche auf einigen tausend Quadratkilometern aufgebrochen werden. Es gilt, Menschen umzusiedeln sowie Straßen und Leitungen zu verlegen. Und die Archäologen haben die Aufgabe, die unersetzlichen Spuren der Vergangenheit zu sichern.

Es ist unmöglich, alle Siedlungen und Gräberfelder vollständig auszugraben. Sie müssen aber erfaßt und bedeutende Funde gehoben werden. Nur bei den wichtigsten erfolgen umfassende wissenschaftliche Ausgrabungen. Der Archäologe wird bei uns nicht von den volkswirtschaftlichen Vorhaben überrascht. Gesetze und Verordnungen bestimmen, daß alle kleineren und erst recht größeren Erdbewegungen rechtzeitig den zuständigen Stellen zu melden sind, die dann über die Art der Sicherung entscheiden und die notwendigen Maßnahmen zur Rettung in die Wege leiten.

So wußten die Archäologen schon viele Jahre vorher, daß südwestlich von Lübbenau ein großes Gebiet dem Braunkohlenabbau erschlossen wird. Damals bestand noch das Dorf Tornow, das wir auf modernen Karten vergeblich suchen. Dafür hat der Name des einstigen Dorfes in der archäologischen Wissenschaft — nicht nur bei uns in der DDR, sondern über die Grenzen unserer Republik hinaus — einen guten Klang. Bereits in den Jahren 1961 und 1962 wurde unmittelbar am Rand von Tornow eine slawische Burg fast vollständig untersucht. Die Ergebnisse waren bedeutend. In den Jahren 1965 bis 1969 konnten die Wissenschaftler dann auch das Vorgelände in westlicher Richtung durchforschen und zahlreiche Spuren germanischer und slawischer Siedlungen ermitteln; bronzezeitliche und früheisenzeitliche Siedlungen und Gräberfelder wurden ebenfalls festgestellt. Als im Herbst 1967 die letzten Tornower ihre Wohnstätten verließen, fanden die Archäologen noch Zeit, Suchschnitte durch den Ort zu legen, um Ausdehnung und Struktur des mittelalterlichen Dorfes zu erkennen.

Was uns aber Tornow hier so interessant macht, ist die Tatsache, daß wir zwei fast vollständig in ihrem Umfang untersuchte germanische Dorfplätze besitzen, wie wir sie vom Boden der DDR noch nicht kennen. Sie vermitteln uns eine anschauliche Vorstellung von der Bautechnik und der Funktion der Häuser sowie von der inneren Struktur einer Siedlung. Zusammen mit anderen Siedlungsresten in unserer Republik und mit Forschungen in weiteren Gebieten Mitteleuropas verdichtete sich so immer mehr das Bild vom Leben und Treiben in germanischen Dörfern, worüber die römischen Schriftsteller nicht allzuviel oder unzutreffend berichten.

Als wir über die Kelten und dann über die Römer sprachen, haben wir die Germanen schon oft erwähnt. Die ganze römische Geschichte an Rhein und Donau war ja hauptsächlich eine Geschichte der Auseinandersetzung zwischen der Weltmacht Rom und den unter urgesellschaftlichen Verhältnissen lebenden germanischen Stämmen. Nunmehr wollen wir uns eingehender mit den Germanen beschäftigen: Wer waren sie? Woher kamen sie? Auf welcher Entwicklungsstufe standen sie? Eine große Zahl archäologischer Quellen und nicht wenige schriftliche Nachrichten römischer Schriftsteller und Historiker helfen uns bei der Beantwortung dieser und anderer Fragen.

Nördlich der bronzezeitlichen Urnenfelderkulturen (vgl. S. 49) befand sich in jener Zeit des beginnenden 1. Jahrtausends v. u. Z. ein Gebiet mit einem eigenen kulturellen Charakter. Vor allem die Bronzegegenstände, weniger die Keramik, unterscheiden sich von den materiellen Hinterlassenschaften der Urnenfelderkulturen, wenn auch manche Beziehungen zwischen diesen und der „Nordgruppe" erkennbar sind. Als sich im Süden die Eisentechnologie verbreitete, verblieb der Norden noch in bronzezeitlichen Verhältnissen. Erst um die Mitte des 1. Jahrtausends v. u. Z. fand das neue Metall mit allen seinen Folgen für die wirtschaftliche und auch gesellschaftliche Entwicklung Eingang. Noch nannte kein Schriftsteller der antiken Welt Namen von Stämmen oder Völkerschaften in diesem Raum zwischen Weser und Oder sowie zwischen dem Nordrand der Mittelgebirge und den Küsten an Nord- und Ostsee. Da eine gewisse Stetigkeit bis in jene Zeit zu beobachten ist, in der die antiken Schriftsteller und Historiker erstmalig von „Germanen"

sprechen — dem 1. Jahrhundert v. u. Z. —, können wir auch früher
— und zwar seit dem 7. Jahrhundert v. u. Z. oder vielleicht noch etwas
eher — in diesem Gebiet Germanen vermuten.

Die Germanen bildeten keineswegs eine Einheit. Wenn einmal mehrere Stämme politisch und militärisch geschlossen auftraten, dann geschah dies aus den gleichen Interessen heraus, vor allem zur Abwehr der
römischen Angriffe. Sie besaßen eine gemeinsame Sprache, allerdings
mit unterschiedlichen Dialekten. Ihre ökonomischen und sozialen Verhältnisse sowie ihre Kultur ähnelten sich in vielem.

Die römischen Berichterstatter sprachen meist von den einzelnen
Stämmen, faßten sie aber auch unter dem Namen „Germanen" zusammen, wobei sie aus ungenügender Kenntnis willkürlich entschieden, ob

ein Stamm noch dazuzurechnen wäre oder nicht. Denn das Wissen über die „barbarischen" Völker nördlich der mittelmeerländischen Welt war sehr mangelhaft. Man kannte die Kelten (Gallier), die Germanen, die Illyrer, die Thraker und die Skythen als große Völker, und in diese mußte man nun alle sonstwie in Erscheinung tretenden Stämme einordnen.

Als Cäsar am Rhein stand und diesen sogar zweimal überschritt, scheint es für ihn und seine Zeitgenossen eine bekannte Tatsache gewesen zu sein, daß jenseits des Flusses Germanen saßen. Ob dagegen die Kimbern und Teutonen ein halbes Jahrhundert zuvor von den Römern auch bereits als Germanen betrachtet wurden, wissen wir nicht.

Im Laufe der zweiten Hälfte des 1. Jahrtausends v. u. Z. weitete sich das von germanischen Stämmen besiedelte Gebiet über die Weser nach Westen und in den mitteleuropäischen Raum nach Süden aus. Das geschah nicht allein in Form von großen Eroberungszügen der Stämme aus dem Norden. Vielfach mag die Landnahme friedlich erfolgt sein. Vermutlich fand auch keine Vertreibung der einheimischen Bevölkerung statt, sondern Zugewanderte und Einheimische vereinigten sich zu neuen Stämmen. Mitunter werden einheimische Stämme mehr oder weniger ihre Selbständigkeit beibehalten haben, nur ihre Kultur glich sich der der Germanen an. Für die römische Geschichtsschreibung und Berichterstattung waren jedenfalls alle Stämme im Raum östlich des Rheins und nördlich der Donau germanisch. Demnach gab es zu Beginn unserer Zeitrechnung hier keine keltischen Stämme mehr, die doch einst eine so bedeutende politische und kulturelle Rolle im südlichen Mitteleuropa gespielt haben. Schließlich griffen die Germanen unter Führung des Ariovist über den Rhein hinweg nach Westen.

Wir haben bisher immer nur von Germanen oder germanischen Stämmen gesprochen. Welche Namen trugen nun aber diese Stämme? Aus jener Zeit besitzen wir einzig die antiken Nachrichten, die uns die verschiedenen Namen germanischer Stämme und ihre mehr oder weniger genaue Lokalisierung mitteilen. Römische Offiziere und Soldaten, Kaufleute sowie in römischen Diensten stehende oder in Gefangenschaft geratene Germanen haben den interessierten römischen Berichterstattern und Historikern Namen von Stämmen genannt und versucht, die Lage ihrer Wohnplätze ungefähr anzugeben. Große Flüsse, Gebirge und die Zahl der Tagesreisen bildeten Anhaltspunkte. Manchmal wird eine Nachricht erst von Mund zu Mund gegangen sein, bis sie der römische Historiker niederschrieb. Je weiter ein Stamm von der Grenze entfernt lebte, desto weniger Zuverlässigkeit besaßen die Nachrichten. Manchmal griff man auf ältere Berichte zurück, die gar nicht mehr aktuell waren. Infolgedessen fällt es schwer, sich nach 2000 Jahren auf Grund der

Römer und Germanen an der Rhein-Donau-Grenze mit Provinz-
einteilung, wichtigen Städten und bedeutenden germanischen
Stämmen während des 1. und 2. Jahrhunderts

schriftlichen Mitteilungen ein gesichertes Bild von den Siedlungsgebie-
ten der germanischen Stämme zu machen. Soweit Karten aus jenen Jahrhunderten überliefert sind, helfen sie uns in dieser Frage ebenfalls nicht
weiter.

Der erste Römer, der eine größere Zahl von germanischen Stammesnamen erwähnt und die Stämme zum Teil auch unmittelbar kennengelernt hat, war Julius Cäsar. Seit jener Zeit mehren sich die Nachrichten

112

über die germanischen Stämme. Geographen wie der Grieche Strabon (etwa 64/63 v. u. Z. — um 20 u. Z.), Historiker wie Livius (59 v. u. Z. bis 17 u. Z.), Offiziere, die selbst in Germanien waren, wie der ältere Plinius (23—79), haben über die Stämme berichtet. Wohl die wichtigste Quelle nicht nur für die Lokalisierung der germanischen Stämme, sondern überhaupt für deren Kulturbild ist die „Germania" des Tacitus (um 55—um 120), eines bedeutenden römischen Historikers. Er hat dieses gar nicht umfangreiche Werk im Jahre 98 geschrieben. Tacitus ist wohl selbst nie in Germanien gewesen, noch nicht einmal an seinen Grenzen, sondern hat zeitgenössische und auch ältere Berichte zu dieser ethnographisch-geographischen Studie herangezogen.

Der griechische Astronom und Geograph Claudius Ptolemäus (nach 83—nach 161), der in Alexandria in Ägypten lebte, stellte von etwa 8000 Orten der damals bekannten Welt die Längen- und Breitenpositionen zusammen und gab Anweisungen für die Anfertigung einer Karte. Nur die wenigsten Orte sind durch astronomische Messungen festgelegt, in der Mehrzahl mußte er sich mit den ihm übermittelten Marsch- und Reiseentfernungen begnügen; und das gilt auch für Germanien. Trotzdem steht dieses Werk auf einer für damalige Verhältnisse beachtlichen Höhe und wurde erst im Zeitalter der Entdeckungen überholt.

Vor allem nach den Angaben des Ptolemäus, ergänzt durch die Beschreibung des Tacitus und anderer Schriftsteller, hat man immer wieder Karten mit den genannten Orten und Stämmen gezeichnet. Unsere Karte beschränkt sich auf einige wichtige und häufiger genannte Stämme. An der Nordseeküste wohnten Friesen und Chauken, im Weser-Ems-Gebiet Angrivarier, Cherusker und Brukterer, an der unteren Elbe die Langobarden und im Havelgebiet die Semnonen. Das Saalegebiet wurde von den Hermunduren besiedelt, deren westliche Nachbarn die Chatten waren. Der Name „Sueben" dürfte mehr als nur einem Stamm gegolten haben.

Germanen siedelten aber nicht allein innerhalb der Grenzen der heutigen beiden deutschen Staaten, sondern bereits während der ersten Jahrhunderte unserer Zeitrechnung darüber hinaus. So kennen wir aus dem Gebiet der ČSSR die Stämme der Markomannen und Quaden. Sowohl archäologische Quellen wie die römische Berichterstattung lassen uns vermuten, daß germanische Stämme auch in den Raum zwischen Oder und Weichsel einwanderten. Dabei verblieb die einheimische Bevölkerung, die möglicherweise zu den Urslawen gerechnet werden kann, im Lande und verband sich allem Anschein nach mit den Eingewanderten. Es entstand eine mehr oder weniger einheitliche Kultur. Die schriftlichen Nachrichten sprechen von einer größeren Gruppe, den Lugiern, zu

Sohl- und Hakenpflug als Funde und auf bronzezeitlichen Felsbildern Schwedens

denen verschiedene Stämme gehört haben dürften. Am Ende des 1. Jahrhunderts v. u. Z. sind die Goten an der Weichselmündung anzunehmen. Als die Germanen im 5. und 6. Jahrhundert dieses Gebiet verließen, setzten sich die alten einheimischen Elemente wieder mehr durch. Doch darauf gehen wir später ein, wenn wir über die Slawen sprechen. So waren zu Beginn unserer Zeitrechnung die germanischen Stämme ein bedeutender Machtfaktor in Mitteleuropa.

Die Entwicklung der Produktivkräfte spiegelt sich vor allem in den Siedlungen wider, weswegen wir diesen Abschnitt mit der bedeutenden Ausgrabung von Tornow begannen. Nunmehr beziehen wir weitere Ausgrabungen in Mitteleuropa und die Nachrichten der antiken Berichterstatter mit ein, um uns mit den ökonomischen Verhältnissen bei den germanischen Stämmen vertraut zu machen. Die entscheidenden wirtschaftlichen Grundlagen bildeten auch hier der Ackerbau, die Viehwirtschaft und die Eisenmetallurgie.

Die Germanen bauten verschiedene Weizen- und Gerstenarten an, außerdem Roggen, Hafer, Hirse, Flachs sowie mehrere Gemüsearten, wie Erbse, Linse, Ackerbohne, Rapunzel und Möhre. Die beiden letzteren fanden sogar den Weg zum kaiserlichen Hof in Rom. Möglicherweise lernten die Germanen bereits damals Kohlrübe, Rote Rübe, Zwiebel, Sellerie, Knoblauch, Porree, Kopfsalat, Rettich und verschiedene Gewürzpflanzen anzubauen — alles Pflanzen, die uns an sich erst aus der Zeit Karls des Großen (742—814) überliefert sind. Im Gegensatz zur römischen Landwirtschaft betrieben die germanischen Bauern keine bewußte Zucht der Pflanzen. Nur durch die ständige Auslese der besten Pflänzlinge beziehungsweise des Samens der besten Pflanzen erfolgte eine Steigerung der agrarischen Produktion.

Wie schon seit Jahrhunderten wurde der Boden mit einem von zwei Rindern gezogenen Pflug bearbeitet, der entweder die Form eines Hakenpflugs oder eines waagerecht durch die Erde gleitenden Sohlpflugs besaß. Das aus Holz bestehende Gerät war am Pflugkeil mit Eisen beschlagen, um seine Haltbarkeit und Widerstandskraft gegen Steine und Wurzeln zu erhöhen. Mit beiden Pflugformen konnte der Boden aber nur aufgerissen werden, ein Umwenden der Erdschollen, wie das ja unsere heutigen Pflüge bewirken, war somit nicht möglich. Deswegen hat man kreuzweise gepflügt, um den Boden wenigstens etwas mehr zu durchlüften. Woher wir das wissen? In Gebieten, wo der Boden seit dem Mittelalter nicht mehr bestellt, sondern nur als Viehweide benutzt worden ist, kann man nach dem Abdecken der obersten Schicht noch gut die kreuzweise verlaufenden Pflugspuren erkennen.

Für das Pflügen in zwei Richtungen war eine etwa quadratische Form

des Ackers am günstigsten. Möglicherweise benutzte man bereits in den ersten Jahrhunderten unserer Zeitrechnung den Wendepflug, der ein Vorschneidmesser, ein Streichbrett (zum Wenden der Erdschollen) und ein Radvorgestell besaß und den die Kelten schon früher gebrauchten. In diesem Fall war es besser, lange, wenn auch schmale Felder zu haben, um möglichst selten die Richtung wechseln zu müssen. Luftbildaufnahmen lassen sehr klar die alten, mehr quadratischen und die jüngeren, schmalen und langen Ackerflächen erkennen.

Nur schwer ist die Frage zu beantworten, ob der germanische Bauer bereits in irgendeiner Art den Boden düngte, um ihn nicht wie seine Vorfahren nach einigen Jahren zur Erholung erst einmal brachliegen lassen zu müssen. Von einem Stamm an der Rheinmündung wird berichtet, daß er die Mergeldüngung kannte. Untersuchungen an der Nordseeküste geben Hinweise auf Düngung mit kalkreichen Meeresablagerungen und auch mit Stallmist. Schließlich mag schon jene Sitte gebräuchlich gewesen sein, welche sich bis zum Mittelalter gehalten hat: Man pflügte Gras- oder Heidekrautplaggen in den Ackerboden hinein.

Trotz aller Bemühungen, die Ertragfähigkeit zu erhöhen, muß die Ernährungslage bereits in den Jahrhunderten vor unserer Zeitrechnung bedrohlich geworden sein. An der Nordseeküste traten dazu noch Sturmfluten auf, welche die mühsam vorbereiteten Äcker verwüsteten. Gerade solche Naturereignisse nennen die römischen Berichterstatter als Ursache von Auswanderungen germanischer Stämme. In der Hauptsache war es aber die starke Bevölkerungszunahme, mit der die nur geringfügig wachsende agrarische Produktion nicht Schritt halten konnte.

Nun bestand die Ernährung nicht allein aus den Früchten des Feldes, sondern beruhte auch auf der Viehzucht. Das Verhältnis der Viehhaltung zum Ackerbau dürfte bei den einzelnen Stämmen, ja bereits bei den einzelnen Dorfgemeinschaften innerhalb eines Stammes unterschiedlich gewesen sein. Es hing von den natürlichen Umweltbedingungen ab. Auch die prozentuale Verteilung der einzelnen Haustiere wechselte. Wo viel Wald und vor allem ein großer Eichen- und Buchenbestand vorhanden war, fanden die Schweine in den Eicheln und Bucheckern ergiebige Nahrung. Wo weite waldlose Flächen mit reichem Grasbewuchs vorherrschten, hielt man überwiegend das Rind. Insgesamt dürfte die Haltung von Rindern an erster Stelle gestanden haben. Abgesehen vom größeren Fleischangebot, bildete eine stattliche Rinderherde schon vom Anblick her ein achtbareres Zeichen von Reichtum und Wohlhabenheit als ein grunzendes Schweinerudel. Weitere Haustiere waren wie seit Jahrhunderten das Schaf, die Ziege, das Pferd und der Hund als Hüter des Hauses und der Herden sowie als Jagdgehilfe.

Für die germanischen Pferde haben die Römer sehr anerkennende Worte gefunden. Das galt weniger einer besonderen Rassigkeit oder einem edlen Wuchs, sondern der Zähigkeit der Tiere und ihrem Einsatz in Kämpfen. Sie waren auffallend klein, und wenn ein langbeiniger Germane auf seinem Pferd saß, konnte er mit den Füßen fast den Boden erreichen. Erst etwa seit dem 4. Jahrhundert legte man auf größere Pferderassen Wert, was in der Hauptsache wohl durch bewußte Auslese erreicht wurde, weniger durch Einkreuzung. Das Pferd diente zum Ziehen leichter Wagen und zum Reiten; vor die schweren lastentragenden Wagen wurden dagegen Rinder gespannt. Eine wichtige Rolle spielte es im Kult der Germanen. Die Tiere befanden sich an geweihter Stelle, aus der Art ihres Verhaltens, ihres Wieherns glaubte man die Zukunft weissagen zu können.

Durch die Ausgrabung germanischer Dörfer wissen wir, daß das meiste Vieh in Ställen untergebracht war, jedenfalls während der kalten Jahreszeit. Unter besonders günstigen Bedingungen haben sich in den Siedlungen nicht allein die Spuren der Außenwände der Häuser, sondern

Freigelegter Verhüttungsplatz in Gera-Tinz

auch die Trennwände der einzelnen Viehboxen erhalten. So können wir noch nach zwei Jahrtausenden die Zahl der Tiere ermitteln, die der einzelne Bauer besaß. Es gab Häuser, in denen nur 2 bis 4 Stück Vieh standen, in anderen waren es 10 bis 30 und noch mehr. Erweiterungsbauten lassen oft das stetige Wachstum eines Besitzes erkennen, der sich in einem Fall von anfangs 12 auf 22 und schließlich auf 32 Tiere erhöhte. In einer dörflichen Siedlung auf dänischem Boden wurde die Gesamtzahl des Viehbestands zu etwa 70 Stück berechnet. Wohnraum und Stall befanden sich unter einem Dach, so daß wir bei der Mehrzahl der germanischen Stämme von dem „Wohnstallhaus" sprechen können.

Die dritte Säule der germanischen Wirtschaft war die Eisenmetallurgie, welche die Stämme von den Kelten um die Mitte des 1. Jahrtausends v. u. Z. übernommen hatten. Rasen-, Sumpf- und Wiesenerze gab es in den germanischen Ländern ausreichend, wenn diese Erze auch keine sehr hohe Qualität aufwiesen. Man kam ohne Bergbau aus, da sie an der Oberfläche lagen. In den Mittelgebirgen konnte man bessere Erze aus der Erde holen.

Die Verhüttung erfolgte wie bei den Kelten im Rennverfahren, dessen Spuren wir vielfach antreffen. Manchmal sind es nur Eisenschlacken, unter günstigen Bedingungen blieben auch Teile der meist zylindrischen Tonmäntel erhalten, in denen sich der Verhüttungsprozeß bei Temperaturen von 1100 bis 1300 °C vollzog. Es gab ausgesprochene Zentren einer Eisenverhüttung, wo sich eine große Zahl von Öfen fanden. Meist scheint aber jedes Dorf seinen eigenen Platz mit nur wenigen Öfen besessen zu haben. Da Altmaterial immer wieder verwendet wurde, hielt sich der Bedarf an neuem Rohstoff in Grenzen, und man brauchte wohl nicht ständig, sondern nur zu bestimmten Zeiten im Jahr zu verhütten.

Bekanntlich gehört zum Verhütten sehr viel Holzkohle; Wissenschaftler haben geschätzt, daß für die Verhüttung von 10 kg Eisenerz, die etwa 1 kg Eisen ergaben, 130 kg trockenes Holz benötigt wurden. Allein mit Reisig, Ästen, Kiefernzapfen und anderem Kleinholz konnte man den Bedarf vermutlich nicht decken, sondern mußte auch ganze Stämme verarbeiten. Auf diese Weise erfolgte zugleich eine Rodung, und neues Ackerland wurde gewonnen. Im übrigen spielte aber in germanischer Zeit die Rodung keine große Rolle.

Das Eisen wurde von den Schmieden zu Werkzeugen, Geräten und Waffen verarbeitet. Sicherlich gab es in diesem Bereich der Produktion sehr zeitig Ansätze für ein eigentliches Handwerk. Bisher hatte sich ein Bauer im Dorf auf das Schmieden spezialisiert und damit den örtlichen Bedarf an Schmiedeerzeugnissen gedeckt. Er bestellte daneben seinen Acker und versorgte sein Vieh. Die Schmiedeproduktion wurde aber im-

mer komplizierter, die Vielfalt der herzustellenden Produkte wuchs, der Schatz der Erfahrungen vermehrte sich. Das galt in erster Linie für den Waffenschmied. Ihn gab es nicht mehr in jedem Dorf. Geschickte Waffenschmiede wurden weit bekannt und konnten sich nun wegen der großen Nachfrage ganz dieser Beschäftigung widmen. Für ihre Produkte tauschten sie alles das ein, was sie an Nahrungsmitteln und Verbrauchsgütern benötigten. Der Waffenschmied genoß in der germanischen Gesellschaft ein hohes Ansehen. Davon erzählen spätere Sagen und auch die oft reich ausgestatteten Gräber, die an den mitgegebenen Schmiedegeräten zu erkennen sind, während es sonst gar nicht üblich war, dem Toten Werkzeuge ins Grab zu legen.

Noch ein zweites Handwerk bildete sich bald heraus — der Bronzeschmied, den wir gern als Kunsthandwerker bezeichnen. Denn aus Bronze wurde in der Hauptsache Schmuck hergestellt. Hier gab es in Jahrhunderten gesammelte Erfahrungen und Traditionen, auch wenn sie zwischen dem Ende der Bronzezeit (600/500 v. u. Z.) und dem Beginn unserer Zeitrechnung „verschüttet" gewesen zu sein scheinen. Jetzt aber, in den Jahrhunderten seit Beginn unserer Zeitrechnung, blühte das Kunsthandwerk auf und schuf prachtvolle Erzeugnisse, die noch heute unsere Bewunderung hervorrufen.

Handelte es sich bei den Schmieden um Wanderhandwerker, die häufig ihren Produktionsplatz wechselten? Wahrscheinlicher ist, daß an den Höfen des Stammesadels Handwerker ihren festen Platz hatten. Sicherlich arbeiteten sie nicht allein für den Bedarf der einen Adelsfamilie, sondern diese tauschte die Erzeugnisse gegen Schmuck oder Waffen aus anderen Produktionsstätten oder gar aus römischen Werkstätten ein. Deshalb verwundert es nicht, daß die Gräber des Adels so reich mit kostbaren Beigaben ausgestattet sind.

Aus den anderen Bereichen der materiellen Produktion haben uns die archäologischen Ausgrabungen ebenfalls Belege für den Stand der Entwicklung geliefert, oft in sehr großer Zahl. Die Keramik läßt zeitliche und auch gewisse regionale Besonderheiten erkennen, ohne daß wir sagen können, daß sich die einzelnen Stämme in der keramischen Produktion wesentlich unterschieden hätten. Vielmehr zeichnen sich bestimmte Modeerscheinungen über weite Gebiete ab.

Die Gefäße wurden in althergebrachter Weise ohne Benutzung einer schnell rotierenden Drehscheibe hergestellt. Nur im 1. Jahrhundert v. u. Z., als die Berührung mit den keltischen Stämmen und ihrer hohen Kultur besonders eng war, verwendete man die Drehscheibe (zu den verschiedenen Techniken vgl. Abb. S. 204). Da dies nur im Grenzgebiet zu den Kelten geschah, ist es sehr wahrscheinlich, daß an den Drehscheiben keine germanischen, sondern keltische Handwerker arbeiteten, vielleicht auch Kriegsgefangene oder sonstige zur Arbeit an germanischen Höfen und in germanischen Dörfern verpflichtete Angehörige keltischer Nachbarstämme. Als diese Generation ausgestorben war, wurde die gesamte Keramik erneut ohne Drehscheibe gefertigt. Erst seit dem 3. Jahrhundert produzierten die Germanen wieder Drehscheibenkeramik. Sie hielt sich aber in Grenzen. Noch bei den Thüringern des 5. und 6. Jahrhunderts umfaßte sie nur etwa 20 Prozent der aus Siedlungen und Gräbern bekannt gewordenen Keramikerzeugnisse. Dies alles spricht dafür, daß die Keramik vielfach im eigenen Haus oder jedenfalls unter einfachsten dörflichen Verhältnissen hergestellt wurde und nicht in großen Werkstätten, wo die Benutzung einer Drehscheibe erst rationell ist.

Spinnen und Weben besaßen ebenfalls alte Traditionen. Unmittelbare Belege für diese Arbeit sind tönerne Spinnwirtel und Webegewichte sowie Reste von Geweben. Den besten Aufschluß geben Funde aus Mooren, wo sich die gesamte Bekleidung erhalten hat, die in einigen Fällen sogar noch die Farbe der Stoffe erkennen läßt. Außerdem wurde der Germane vielfach auf römischen Denkmalen abgebildet.

Der Mann trug eine verhältnismäßig enganliegende, meist lange Hose, der oft noch Füßlinge angenäht waren, außerdem einen Kittel in Hemdform. Ein besonders wertvolles Stück, häufig mit sehr viel Sorgfalt gewebt, war ein Umhang. Im Winter trug der germanische Mann eine Kappe aus Filz oder Leder. Die Füße steckten in ledernen Bundschuhen oder — wie ein Fund aus einem Moor beweist — auch in ledernen Schaftstiefeln. Von der Frau kennen wir das ärmellose, bis an die Knöchel reichende hemdartige Gewand, das durch einen Gürtel unter der Brust und um die Hüften stark gebauscht war. Unter diesem Gewand trug sie eine Ärmeljacke. Beide Geschlechter dürften sich in der kalten Jahreszeit mit Pelzwerk geschützt haben. Zu diesen Bekleidungsstücken müssen wir uns nun noch das „Beiwerk" mit dem genannten Gürtel, dessen Schnalle kunstvoll gestaltet sein konnte, und den Arm-, Hals-, Finger- und Ohrringen sowie Broschen (Fibeln) vorstellen, die sicherlich nicht alle täglich, sondern nur bei besonderen Anlässen getragen wurden.

Zum Mann gehörte selbstverständlich die Bewaffnung. Er legte die Waffen nicht allein vor Beginn eines Kampfes an, sondern trug sie oft auch in Friedenszeiten, um mit ihnen seine soziale Stellung zu betonen, ja um mit besonders wertvollen Stücken zu protzen. Nicht immer entsprach die Waffenausstattung eines Toten der Bewaffnung zu Lebzeiten. Grabkult und Erbgepflogenheiten führten zu Unterschieden zwischen der Ausstattung im Leben und im Tode. Wir werden darüber noch mehr erfahren. An erster Stelle dürfte das Schwert gestanden haben, das so-

Germanen in ihrer Tracht (nach K. Schlabow)

wohl ein- wie zweischneidig sein konnte und dementsprechend von verschiedener Länge. Eine zweite wichtige Waffe bildete die Lanze oder
der Speer, die unter den Funden am häufigsten vorkommen. Bei einigen
germanischen Stämmen spielte die eiserne Streitaxt eine große Rolle.
Die Bogenwaffe dagegen war nicht so sehr verbreitet. Zum Schutz
diente der Schild aus Holz mit Lederüberzug und einem eisernen Buckel
über dem Handgriff. Selten waren Helme und Panzer, zum Teil handelte es sich um römische Beutestücke. Der Reiter trug Sporen, anfangs
nur an einem Fuß, später an beiden Füßen.

Gerade in den Waffen spiegelt sich die seit dem 4. Jahrhundert zunehmende soziale Differenzierung wider. Die Schwerter erhielten kostbare Griffe, wobei man an Gold, Silber und Edelsteinen nicht sparte.
Ebenso wurden die Lanzenspitzen reich mit Gravierungen verziert, die

oft symbolischen Gehalt hatten. Man stellte sich die Lanze nämlich gern personifiziert vor und gab ihr einen entsprechenden Namen. Ihren sausenden Flug verglich man mit dem von Raubvögeln, besonders von Adler und Falke. Das Bild eines Lanzenreiters auf Zierscheiben oder Steindenkmalen verkörperte immer Macht und Kraft. Noch lange wurden die Könige mit der Lanze dargestellt, und zu den Reichsinsignien der mittelalterlichen deutschen Kaiser gehörte die „heilige Lanze". Aber nicht geringere Bedeutung besaß das Schwert.

Jetzt schmückten sich die Angehörigen des Adels mit Helm und Panzer. In germanischen Landen berühmt waren die Helme aus ostgotischen Werkstätten Italiens. Sie wurden weniger gehandelt, sondern als kostbare Geschenke zwischen den einzelnen Königsgeschlechtern ausgetauscht, vermutlich auch als Brautgabe dem königlichen Schwiegersohn überreicht. Nur etwa 20 Stück sind bekannt, was die hohe Wertschätzung eines solchen Helmes unterstreicht.

Auf dem Gebiet der DDR ist der im Landesmuseum Halle aufbewahrte Helm von Stößen (Kreis Hohenmölsen) der einzige dieser Art. Er besteht aus einem eisernen Stirnband, von dem 6 Spangen ausgehen, die sich oben in einer runden Platte vereinigen. Die Zwischenräume füllten einst eiserne Platten aus, während das Innere mit Leder gefüttert war. An beiden Seiten hängen die aus Bronze gefertigten Wangenklappen. Stirnband und Spangen sind vergoldet und tragen eingepunzten ornamentalen oder figürlichen Schmuck. Den Helm aus Stößen ziert an der Stirnseite ein großes Kreuz, was möglicherweise darauf hindeutet, daß der Träger bereits den christlichen Glauben angenommen hatte. Sonst ist das Stirnband mit Weinstöcken, nach deren Trauben Vögel picken, geschmückt. Der Helmknopf dürfte einst einen Federbusch getragen haben.

Eine andere Helmform bestand aus einer halbkugeligen Glocke und einem Stirn-Nasen-Schutz, zwischen denen lange, entsprechend geformte Lamellen aus Eisen oder Leder angebracht waren. Wangenschutz aus Blechplatten sowie ein Nackenschutz aus einem eisernen Ringgeflecht vervollständigten auch diesen Helm.

Die beiden gleichen Techniken weisen die Panzerrüstungen auf. Sie bestehen in dem einen Fall ebenso aus einzelnen, meist eisernen Lamellen, die Riemchen miteinander verbinden. Um dem Körper größte Beweglichkeit zu bieten, sind die meisten Lamellen je nach ihrem Platz in Gestalt, Größe und Wölbung einzeln gearbeitet. Die andere Rüstungsform bildete der Ringpanzer, für den — wie ein Beispiel aus Württemberg zeigt — ungefähr 15 000 Ringe benötigt wurden. Noch im Mittelalter waren solche Ringpanzerhemden gebräuchlich.

Helm aus einem Adelsgrab von Stößen, 6. Jahrhundert

Wie Haus und Hof der Germanen aussahen, verraten uns die Siedlungsgrabungen. Die Siedlungsweise wurde nicht nur durch die ökonomischen und gesellschaftlichen Verhältnisse bestimmt, sondern ebenso durch die natürliche Umwelt. Es gab in Mitteleuropa große Gebiete dichten Waldes, den auch die Germanen mieden. Der römische Historiker Tacitus nennt die Landschaft Germaniens „schaurig durch ihre Wälder oder durch Sümpfe entstellt" *, was aber nur für gewisse Teile des Landes galt. Diese Zonen dürften auch die Grenzgebiete zwischen den einzelnen Stämmen und mitunter zwischen den einzelnen Dorfgemeinschaften gewesen sein — sozusagen das Niemandsland. Die Germanen siedelten im lichten Wald oder auf waldfreien Flächen. Auf den Wald konnten sie ohnehin nicht verzichten, da sie ihn als Lieferanten von Bau- und Brennholz sowie von Holzkohle für die Eisenerzverhüttung, als Waldweide für das Vieh, vor allem für die Schweinerudel, zur Jagd und zum Sammeln von Kräutern, Pilzen und Früchten benötigten.

Innerhalb dieser siedlungsfreundlichen Räume gab es einzelne Siedlungskammern, in denen sich mehrere Dörfer, Einzelgehöfte, die Ackerfluren, gemeinschaftlich genutzte Produktionsstätten (etwa der Eisenverhüttung), die Viehweiden, möglichst auch Ton- und Eisenerzlager und die Friedhöfe befanden. Eine derartige Siedlungsweise erlaubte ihren Bewohnern eine im wesentlichen unabhängige (autarke) Wirtschaft. Trotzdem bemühte sich die Bevölkerung um einen Austausch über die Grenzen ihrer Siedlungskammer; denn es fehlten doch gewisse Rohstoffe oder auch Fertigprodukte.

Den wichtigsten Baustoff für das germanische Haus bildete das Holz, aus dem die tragende Konstruktion der Wände und des Daches entstand. Nur dort, wo reichlich Geröllmaterial in der Umgebung vorhanden war, wurde für das Fundament auch Stein verwendet. Für die Wandfüllungen zwischen den Pfosten verbaute man häufig Grasplaggen (Rasenziegel). Meist aber bestand die Wand aus lehmverstrichenem Flechtwerk. Das Dach war mit Schilf, Rohr oder Stroh gedeckt. Der rechteckige Grundriß und das sattelförmige Dach kennzeichnen das Haus im germanischen Raum. In den meisten Fällen blieben uns nur die dunkel gefärbten Pfostenlöcher erhalten, aus deren Lage zueinander die Wissenschaftler die Form, die Größe und oft sogar die Gliederung des Hauses ermitteln können. Da das Dach auf besonders kräftigen Pfosten ruhte, lassen sich Schlüsse auf seine Konstruktion ziehen. Solche Verhältnisse trafen auch die Ausgräber der Siedlungen im Calauer Braunkohlengebiet an, wohin wir jetzt zurückkehren.

* Tacitus, Germania, Kap. 5, Dieterich'sche Verlagsbuchhandlung, Leipzig 1978, S. 33

Betrachten wir zunächst die Siedlung auf dem Borchelt. Über 80 Hausgrundrisse aus dem 3. und 4. Jahrhundert gehörten zu einem Dorf, das eine Fläche von etwa 90 m × 300 m einnahm. Die Häuser haben keinesfalls gleichzeitig gestanden, sondern statt der alten, verfallenen wurden an derselben Stelle oder daneben neue errichtet. Ihr Ende fand die Siedlung durch eine das ganze Dorf erfassende Feuersbrunst, bei der etwa 35 Gebäude vernichtet wurden. Diese Zahl kann uns folglich einen Eindruck von der Größe des Dorfes geben.

Durch Anbauten bedingt, besaßen die Häuser unterschiedliche Grundrisse, wenn auch das Rechteck im allgemeinen die Ausgangsform war. Etwa zur Hälfte handelte es sich um Wohnhäuser und Wohnstallhäuser. Während die einen nur eine Fläche von 20 bis 30 m² einnahmen, waren die anderen erheblich größer (bis 180 m²). Den Wohnteil erkennen wir an der Herdstelle, den Stallteil an der vereinzelt noch sichtbaren Viehboxeneinteilung. Die andere Hälfte der Häuser waren Wirtschaftsbauten, meist Speicher. Zur Siedlung gehörten weiterhin einige Eisenschmelzstätten, was erneut bestätigt, daß die Eisenverarbeitung unmittelbar in den Dörfern erfolgte.

Aus der Lage der Wohnhäuser und der Wirtschaftsbauten kann auf etwa 18 Gehöfte geschlossen werden, deren Zahl während der gesamten Siedlungsdauer ungefähr gleich geblieben ist; auch die Abfolge der einzelnen Höfe ließ sich an Hand des Planes der Ausgrabungsfläche feststellen.

Interessanterweise scheint sich im Dorf mit der Zeit eine Veränderung der sozialen Struktur vollzogen zu haben. Während in der frühen Siedlungsphase etwa 5 größere, eine Anzahl mittlerer und wenige kleine Gehöfte bestanden, hatte sich in der jüngeren Phase ein besonders großes Gehöft herausgebildet, um das sich wenige mittlere und eine ansehnliche Zahl kleiner Höfe, die zudem keinen Stallteil besaßen, gruppierten. In diesem großen Gehöft war die Zahl der Viehboxen gestiegen. So läßt sich sagen, daß sich die ökonomische Stärke auf ein einzelnes Gehöft konzentriert hatte, dessen Besitzer vermutlich auch eine bedeutende gesellschaftliche Stellung in der Dorfgemeinschaft einnahm.

Nur knapp 200 m entfernt fanden sich auf dem Lütjenberg Reste weiterer germanischer Siedlungen, deren Beginn um die Mitte des 3. Jahrhunderts anzusetzen ist und die bis in das 5. Jahrhundert reichen. Zählen wir sämtliche ausgegrabenen Hausgrundrisse zusammen, so ergibt sich wiederum eine stattliche Zahl von über 80 Bauten, die aber ebenfalls nicht alle gleichzeitig bestanden. Interessant waren zwei Siedlungskomplexe, zu denen wenige 15 bis 30 m lange Wohnstallhäuser (davon einige mehrfach erneuert) und sonst nur kleine ebenerdige oder meist eingetiefte Häuser von mehr quadratischem als langrechteckigem Grundriß — in der Mehrzahl wohl Speicher — gehörten. Bei den in die Erde eingetieften Häusern erinnert man sich eines Berichts des Römers Plinius, wonach die Germanen in unterirdischen Räumen gesponnen und gewebt hätten. Noch bis in die Neuzeit hinein besaßen Bauernhäuser in Schwaben und Thüringen solche unterirdischen Gemächer, die von der Stube nur durch eine Falltür zu erreichen waren. Hier stand der Webstuhl. In einigen der Grubenhäuser von Tornow befand sich ein Herd, so daß dort auch im Winter eine angenehme Temperatur geherrscht haben muß; im Sommer wurde das Spinnen und Weben aber vermutlich wie die meisten anderen Arbeiten im Freien verrichtet.

Ein dritter Siedlungskomplex auf dem Lütjenberg bestand aus einer größeren Zahl durchweg kleiner Häuser, von denen nur zwei Wohnzwecken gedient haben dürften. Im übrigen fanden sich hier auffallend viele Reste von Eisenverarbeitung, Kalkbrennöfen, überhaupt zahlreiche Herdstellen im Freien. So zeichnet sich dieser Komplex durch die Menge von Produktionsstätten aus.

Noch manche Einzelheit ließe sich auf Grund der Ausgrabungen bei Tornow über die Siedlungsweise, die Technik des Hausbaus und das Zusammenleben der Menschen in diesen Dörfern des heutigen Calauer Kohlenreviers sagen. Die Ergebnisse der Grabungen wurden durch Untersuchungen an anderen germanischen Siedlungen auf dem Gebiet der DDR sowie der BRD und Dänemarks bestätigt oder ergänzt. Selbstverständlich zeigen sich auch regionale Unterschiede, bedingt durch eine andere Umwelt oder eine unterschiedliche wirtschaftliche Struktur. Vorherrschend war aber immer das Wohnstallhaus von 15, 20, ja 30 m Länge und etwa 6 m Breite.

In Dänemark (Hof Grøntoft bei Nørre Omme, Westjütland) wurden zwei Siedlungen gefunden, die nur wenige hundert Meter auseinander lagen und zwei aufeinanderfolgenden Perioden innerhalb des 1. und 2. Jahrhunderts u. Z. angehörten. Es ist zu vermuten, daß die Bewohner aus uns nicht bekannten Gründen ihre Siedlung geschlossen verlegt hatten. Die ältere Siedlung bestand aus etwa 20 Wohnhäusern und Speichern, die jüngere nur noch aus 12 Wohnstallhäusern, die aber breiter waren und im Stallteil nunmehr zwei Reihen von Viehboxen aufwiesen. Von Interesse ist der unterschiedliche Viehbesatz: In 5 Häusern war Platz für 10 bis 18, in 2 oder 3 Häusern für 3 bis 5 Tiere, und 2 Häuser hatten mit Sicherheit überhaupt keine Boxen. Die Häuser lagen alle gleich ausgerichtet, und zwar in Ost-West-Richtung, um den vorherrschenden Westwinden nur die schmale Giebelseite zuwenden zu müssen. Man betrat das Haus in der Mitte der Langseite und konnte sich nun in

Schnitt durch eine Wurt mit ihren verschiedenen Schichten (nach
W. Haarnagel)

den westlichen Wohnteil oder in den östlichen Stallteil begeben. Wer
sich einmal zur Winterszeit in einem Pferde- oder Rinderstall aufgehalten hat, weiß, wie angenehm die Temperatur trotz fehlender Beheizung
ist. Das wurde selbstverständlich in damaliger Zeit ausgenutzt, wobei
man den Geruch der Tiere wohl gern in Kauf nahm.

Sehr aufschlußreich sind die Untersuchungen der Wurten an der
Nordseeküste der BRD und der Niederlande. In den letzten Jahrhunderten vor unserer Zeitrechnung hatte das Wasser der Nordsee das heutige
Marschengebiet freigegeben, das nun der Mensch besiedeln konnte. Als
aber zu Beginn unserer Zeitrechnung eine neue Überflutungsperiode
einsetzte, mußten die Bewohner entweder die Marschen wieder räumen,
um nicht ein Opfer der Sturmfluten zu werden, oder künstliche Hügel
anlegen, eben jene Wurten. Ihre Zahl ist bedeutend; allein in den beiden
holländischen Provinzen Groningen und Friesland zählt man etwa 1000

Wurten. Gras- und Heideplaggen, Abfälle und Stallmist, Marschenklei und Bauschutt abgerissener oder abgebrannter Häuser lieferten das Hügelmaterial. Der Wasserstand stieg, und die Wurten mußten in gleicher Weise erhöht werden. So wuchs Siedlungsschicht über Siedlungsschicht. Manche Wurten wurden zwar schließlich verlassen, aber andere sind ständig besiedelt geblieben. Während die Hügel anfangs klein waren und nur wenigen Häusern Platz boten, nahm mit der Höhe zwangsläufig auch der Flächenumfang zu. So wuchsen Wurten in 5 bis 10 Schichtenfolgen auf 5 bis 7 m Höhe und bis zu 400 m Durchmesser.

Solche Wurten sind für den Archäologen ein dankbares Objekt. Die Schichtenfolge erlaubt das relative Alter von Bauresten und Funden klar zu erkennen, und die Bodenbeschaffenheit konservierte hervorragend das Holz der Häuser. So stehen oft noch bis zu ½ m Höhe die Hauswände und die schmalen Flechtwerkwände der einzelnen Viehboxen. Die erhaltenen Hölzer vermitteln einen Eindruck von der hohen Zimmermannstechnik jener Zeit: Vierkantzapfen, Rund- und Vierkantlöcher, Nuten mit Schwalbenschwanz, Holznägel und Zapfenschlösser waren dem germanischen Zimmermann bekannt.

Freigelegte Häuser auf der Wurt Feddersen Wierde/BRD

Nördlich von Bremerhaven (BRD) wurde in siebenjähriger Arbeit die Wurt Feddersen Wierde fast vollständig ausgegraben. Auf einer Flachsiedlung des 1. Jahrhunderts v. u. Z. waren mehrere kleine Wurtenhügel errichtet, die dann in der dritten Siedlungsperiode zu einer großen Wurt zusammenwuchsen. In allen 7 Siedlungsschichten blieben die Haustypen die gleichen. Die Wohnstallhäuser besaßen Wandpfosten und im Innern zwei Reihen weiterer Pfosten, die das Dach trugen. Man spricht deswegen von einem dreischiffigen Hallenbau. Die Bewohner betraten das Haus ebenfalls von der Langseite. Aus der „Diele" kam man in den Stallteil, wo an beiden Seiten das Vieh mit den Köpfen zur Wand stand. Rechts und links vom Stallgang zogen sich hölzerne Jaucherinnen entlang. Am schmalen Ende des Stalles scheinen sich Futterkammern und noch ein kleiner Ausgang befunden zu haben. Kehren wir zurück in die Diele, so gelangen wir von dort durch eine niedrige Tür zum Wohnraum mit der offenen Herdstelle. Neben diesen großen Hallenhäusern gab es kleinere Häuser, die nur eine Reihe von Pfosten zur Stützung des Daches aufwiesen. Zäune umgaben die einzelnen Höfe, Gräben zur Entwässerung durchzogen das Gelände. Die strahlenförmige Anordnung

Flechtwerkwand eines Hauses von Feddersen Wierde

der Hallenhäuser verrät uns, daß das Dorf planmäßig gebaut war. Der Wohnteil zeigte dabei fast stets zur Dorfmitte. Zwischen den Häuserzeilen führten Wege.

Auch in Feddersen Wierde war der Viehbesatz in den einzelnen Höfen sehr unterschiedlich. In einem Haus hatte man Platz für 32 Tiere, kleinere Gebäude konnten nur 2 bis 4 Stück Großvieh oder eine entsprechende Menge von Schafen und Ziegen aufnehmen, mit denen sich mancher arme Bauer begnügen mußte.

Besonders interessant ist der östliche Teil der Wurt. Hier stand abseits und durch einen kleinen Deich zusätzlich gegen Wassereinbrüche gesichert, in allen Siedlungsperioden der 5 Jahrhunderte immer wieder an

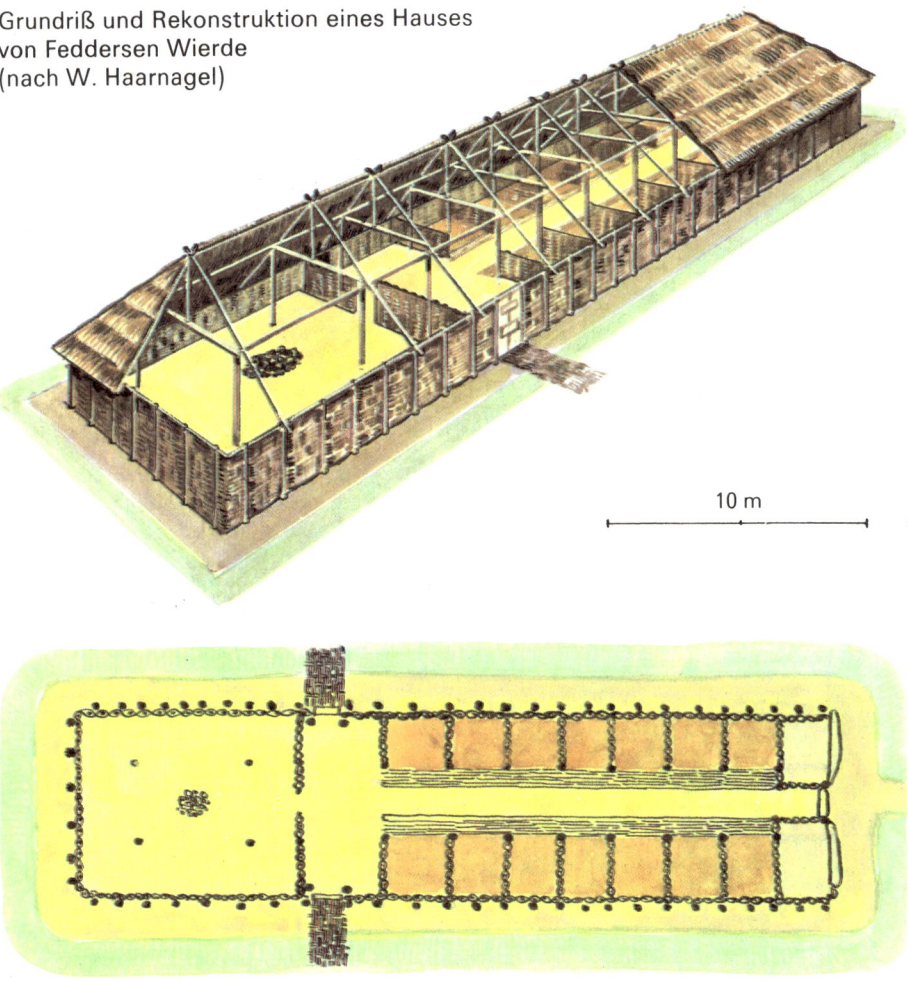

Grundriß und Rekonstruktion eines Hauses
von Feddersen Wierde
(nach W. Haarnagel)

10 m

Gesamtrekonstruktion der Wurt Feddersen Wierde (nach
W. Haarnagel)

derselben Stelle ein Hallenhaus, aber ohne Stallteil, zu dem Speicher,
Getreidetrockengerüste, Eisen- und Bronzewerkplätze gehörten. Darin
saß vermutlich ein Bauerngeschlecht, dessen Produktion bereits eine bedeutende Vorratswirtschaft ermöglichte, aber dessen Vieh von anderen
versorgt wurde. Es betrieb dafür vor allem die Metallverarbeitung. Seit
dem 3. Jahrhundert fanden sich die Produktionsstätten (Eisenverarbeitung, Bronzegießerei, Töpferei) dann nicht mehr auf dem Hof, sondern
auf dem östlich anschließenden Gelände, wo sie bis zum Auflassen der
Siedlung im 5. Jahrhundert verblieben. Es dürfte sich um einen Herrenhof gehandelt haben, auf dem auch Unfreie Dienst taten. Daß hier ein
wohlhabender Bauer saß, wird durch besonders reiche Funde, darunter
solche römischer Herkunft, in der unmittelbaren Umgebung des Hauses
bekräftigt.

In nächster Nähe stand noch ein weiteres Hallenhaus, ebenfalls ohne
Stallteil, mit einem 4 m, also auffallend breiten Mittelschiff — als wenn
man viel Platz für zahlreiche Menschen gewinnen wollte. Da außerdem
zu ihm keine Wirtschaftsgebäude gehörten und ein Weg direkt vom
Dorfinnern dorthin führte, sehen die Wissenschaftler in ihm eine Ge-

meinschaftshalle. So lagen hier Herrenhof und Versammlungshaus nahe beieinander.

Während der letzten Siedlungsperiode kündigte sich auf Feddersen Wierde ein Notstand an. Waren schon vorher immer wieder Überflutungen erfolgt (was man an eingelagerten Sandschichten erkennen kann), so nahmen diese im 4. und 5. Jahrhundert derartig zu, daß die bestellten Felder keine Erträge mehr brachten. Fehlende oder nur wenige Viehboxen deuten auf eine Verminderung des Viehs hin. Lediglich die Produktionsstätten blieben noch bestehen. Die Häuser wurden geringer an Zahl und kleiner. Selbst der Herrenhof — wenn auch immer noch der stattlichste — verarmte, bis die Bewohner endgültig die Wurt verlassen mußten.

Im Marschenland fand man im Kampf mit den von Jahrhundert zu Jahrhundert steigenden Fluten den Ausweg im Wurtenbau. Bedrohten im Binnenland zunehmendes Grundwasser oder stärkere Wasserführung der Flüsse eine Siedlung, brauchte sie nur auf einen höheren Platz verlegt zu werden. Im allgemeinen war man jedoch bestrebt, die Siedlung an demselben Ort zu belassen. Die einzelnen Bauern bauten ihre abgebrannten oder baufällig gewordenen Häuser auch immer wieder an derselben Stelle auf. Die wachsende Ertragarmut der Äcker und die Notwendigkeit, neue Ackerflächen unter den Pflug zu nehmen, machten aber dann schließlich doch häufig ein Verlegen der Siedlung unvermeidlich.

Trotz der im wesentlichen autarken Wirtschaftsweise der einzelnen Siedlungskammern war ein Austausch von Rohstoffen und Fertigprodukten mit den Nachbarn oder mit noch weiter entfernt wohnenden Gemeinschaften erforderlich. Die Germanen benötigten jedoch dafür keinen eigentlichen Händlerstand. Sicherlich wurden einzelne Mitglieder der Gemeinschaft zeitweise mit der Aufgabe eines Tauschgeschäfts oder — in der Nähe der römischen Grenze — sogar eines ausgesprochenen Handels betraut. In Innergermanien fanden derartige Geschäfte vermutlich auf bestimmten Plätzen, also Märkten, statt, an denen man zu feststehenden Terminen zusammenkam. Hier wurde nicht nur getauscht und gehandelt, sondern es fanden Opferfeste und vielleicht auch manches Vergnügen statt. Diese Verbindung von Feiern und Handeln hat sich ja bis heute erhalten.

Was damals als Wertmesser bei den Tauschgeschäften galt, können wir nicht mit Sicherheit sagen. In der Nähe der römischen Grenze waren es die römischen Münzen. Im innergermanischen Gebiet hat es vermutlich unterschiedliche Wertmesser gegeben, Geld in Form von Münzen jedenfalls nicht; diese treten erst bei Herausbildung des fränkischen Reiches auf, wo sich ohnehin schon vorher, zur Zeit der Zugehörigkeit zum Römischen Reich, Münzen im Umlauf befanden. Metallbarren wie bei den Kelten scheinen bei den Germanen als Zahlungsmittel nicht üblich gewesen zu sein. Vielleicht war es das Vieh, worauf die Bedeutung des germanischen Wortes „fehu" = „Vieh" *und* „Geld" hinweist. Außerhalb des Tauschhandels hatte das Vieh ebenfalls die Rolle des Geldes zu spielen. So mußte als Buße bei Vergehen eine entsprechende Zahl von Rindern — oder auch Pferden — entrichtet werden. Abgaben oder Geschenke und Brautgaben bestanden gleichfalls häufig aus Rindern. Deshalb ist es begreiflich, obwohl etwas einseitig gesehen, daß Tacitus schreibt, das Vieh wäre „ihr einziger und der ihnen willkommenste Reichtum"*.

Der Germane und namentlich der germanische Adel hatte ein besonderes Interesse an Bronze-, Silber- und Glasgefäßen, um seinen Trinkgelagen auf diese Weise einen repräsentativen Rahmen zu geben. Neben einheimischem Schmuck, der ja einen ansehnlichen Entwicklungsstand erreicht hatte, trug man gern Schmuck aus römischen Werkstätten. Die Zahl der römischen Waffen war dagegen in Germanien verhältnismäßig gering, immerhin kennen wir eine Anzahl Schwerter, Dolche, Helme und Panzer römischer Herkunft. Nicht alle diese Objekte aus dem römischen und provinzialrömischen Gebiet sind „Import", manche kamen als Beutestücke oder auch als Gastgeschenke an germanische Höfe.

Was aber boten die Germanen den Römern an? Da es sich in der Mehrzahl um leichtvergängliche Objekte gehandelt hat, sind sie nicht erhalten geblieben. Nur wenige schriftliche Nachrichten geben uns darüber Auskunft; im übrigen müssen wir uns mit Vermutungen begnügen, die wir aus den wirtschaftlichen Verhältnissen bei Römern und Germanen ableiten können. Wir lesen von Pferden und Rindern, von Tierhäuten und Pelzen, aber auch von Getreide und Sklaven. Immer wieder wird der Bernstein genannt, und archäologische Funde stützen die Ansicht, daß er von den Küsten der Ostsee den Weg ins Römische Reich fand, um dort als Schmuck von den reichen Römerinnen getragen zu werden. Man spricht sogar von einer „Bernsteinstraße", die — schon außerhalb des germanischen Kerngebiets — von der unteren Weichsel durch Mittelpolen an die Oder beim heutigen Wrocław führte, von dort den Fluß aufwärts durch das Mährische Gesenke ins Marchtal verlief und in der römischen Stadt Carnuntum in der Nähe von Wien Anschluß an das römische Straßennetz fand. Wenn auch Plinius von einem Römer berichtet, der selbst bis an die Ostseeküste reiste, so dürfte das Geschäft

* ebenda

135

doch in der Hauptsache über Zwischenhändler erfolgt sein. In unterirdischen Speichern bei Wrocław wurden über 1½t Bernstein gefunden — waren das die Reste eines derartigen Umschlagplatzes? Derselbe Plinius schreibt aber auch, daß die Germanen den Bernstein selbst auf den Märkten der römischen Grenzstädte verkauften, was wahrscheinlicher ist. Andere Produkte Germaniens waren Liebhabereien vornehmer Römer, wie etwa Seife, Gänse und deren Daunenfedern, bestimmte Gemüsearten sowie Frauenhaar zur Anfertigung von Perücken.

Obwohl die Münzen im Innern Germaniens keine Geldfunktion besaßen, wurden doch Tausende von Münzen in germanischen Ländern gefunden. Ihr Wert dürfte den Germanen und besonders der Adelsschicht bekannt gewesen sein. Wir wissen auch, daß die römischen Feldherren und Staatsmänner germanischen Adligen und Königen Geldgeschenke bringen ließen, um sie ihren Interessen gefügiger zu machen. Die Münzen wurden aber ihrer eigentlichen Funktion entkleidet und besaßen nur Geschenkcharakter, waren Schmuckstücke, hatten einen gewissen Seltenheitswert und wurden ihres Edelmetallgehalts wegen gehortet.

Wenn wir vorhin von der „Bernsteinstraße" sprachen, so dürfen wir uns dabei keinesfalls eine ausgebaute Straße vorstellen. Es waren immer wieder begangene Pfade, über welche die Tragtiere zogen und die schweren Wagen holperten. Neben ausgefahrenen Geleisen entstanden neue Spuren, so daß die Wege oft eine ansehnliche Breite erhielten. Archäologische Untersuchungen haben aber gezeigt, daß an morastigen Stellen Knüppeldämme, Aufschüttungen oder auch einmal Steinpflaster angelegt waren. So sind uns Bohlenwege von mindestens 6 km ununterbrochener Länge bekannt geworden. Brücken hat es in germanischem Gebiet nicht gegeben. Vielmehr wurden die Flüsse an Furten und möglicherweise auf Fähren überquert. Vierrädrige Wagen, gezogen von Rindern, dienten dem Lastenverkehr. Wenn Schnee das Land zudeckte und die Gewässer zugefroren waren, benutzte man Schlitten, mit denen größere Geschwindigkeiten als mit Wagen erreicht wurden.

Der Verkehr auf den Seen, Flüssen und dem Meer vollzog sich mit Hilfe von Booten, über deren Bau wir durch Funde verhältnismäßig gut unterrichtet sind. Sie waren in Klinkertechnik hergestellt, wobei anfangs keine Nägel verwendet, sondern die schindelartig gelegten Planken mit Schnüren zusammengenäht und die Fugen mit Harz und Werg verstrichen wurden. Auf diese Weise besaß das Boot eine gewisse Elastizität und war verhältnismäßig seetüchtig. Die Fortbewegung erfolgte mit Rudern, die aber nicht im Stile unserer heutigen Rudertechnik benutzt wurden, sondern wahrscheinlich in Schlingen saßen und vorwärts gestoßen wurden, um so das Boot zu bewegen. Die Besatzung blickte folglich da-

Schiff von Nydam/Dänemark, 4. Jahrhundert

bei in Fahrtrichtung. Aus vorrömischer Zeit ist uns aus einem dänischen Moor ein Boot von 13 m Länge und 2 m Breite bekannt, das 20 bis 25 Mann aufnehmen konnte. Ein jüngeres Boot, ebenfalls aus einem dänischen Moor stammend, besaß eine Länge von 23 m und eine Breite von 3¼ m und faßte 45 Mann mit Ausrüstung und Waffen. Es war wiederum in Klinkertechnik gebaut, wobei aber jetzt eiserne Nieten die Planken verbanden. Ob damals bereits das Segel benutzt wurde, wissen wir nicht. Mit Sicherheit nachgewiesen ist es erst zur Wikingerzeit (Ende des 1. Jahrtausends), aus der wir nicht nur hervorragende Funde in Norwegen besitzen, sondern auch Zeichnungen auf schwedischen Bildsteinen.

Für Stämme, die am Meer wohnten, spielte die Schiffahrt eine große Rolle, wenngleich sie sich in der Hauptsache entlang den Küsten vollzog. Da sich die Funde römischer Produkte gerade im Küstengebiet häufen, werden wohl auch die römischen Kaufleute lieber den Seeweg als den Landweg benutzt haben. Wieweit sich die Germanen auf die hohe See begeben haben, wissen wir nicht. Erst in der Wikingerzeit bezwangen sie die Meere und sogar die Ozeane.

Bei den Toten von Leuna

Germanischer Adel im Aufstieg

Wer von Leuna hört, denkt als erstes an rauchende Schlote, an ein Gewirr von Leitungsrohren, an lodernde Flammen, an Kilometer weit reichende Geruchsschwaden, die oft schon, ehe dieses größte Werk unserer Republik sichtbar wird, die Nähe des Chemiegiganten verraten. Für die Urgeschichtsforscher und archäologisch Interessierte aber verbinden sich mit Leuna außerdem historisch bedeutende und materiell wertvolle Funde, wie sie in unserem Raum nur noch selten vorkommen.

Als während des ersten Weltkriegs das Chemiewerk entstand, mußten auch neue Straßenzüge im Bereich des einstigen Dorfes Leuna angelegt werden. Bei diesen Arbeiten und bei der Entnahme von Kies aus einer in der Nähe befindlichen Grube kamen 1917 zahlreiche Gräber zum Vorschein. Nun erinnerte man sich, daß bereits im vorigen Jahrhundert (1834) in dieser Kiesgrube Gräber aus derselben frühgeschichtlichen Periode geborgen worden waren. Es gibt darüber einige alte, wenn auch nur kurze Berichte. Leider bestand zu jener Zeit noch kein Ausgrabungsgesetz. Die Funde gelangten über den Antiquitätenhandel in eine Privatsammlung und von dort 1867 in das Britische Museum nach London. Im „Leipziger Tageblatt" vom 4. Dezember 1866 hieß es, daß „die Eigentümer sich große Mühe gaben, diesen in der vaterländischen Erde gefundenen Altertümern in Deutschland eine bleibende Stätte zu schaffen. Sie fanden jedoch keinen Abnehmer, und nun wandern die Antiquitäten für einen angemessenen Kaufpreis nach England". Schließlich wurden 1926 noch einmal an der gleichen Stelle Gräber entdeckt.

Wegen der unsicheren Fundumstände der Untersuchungen von 1834 und weil in den Jahren 1917 und 1926 oft keine rechtzeitige Benachrichtigung amtlicher Stellen erfolgte, ist die genaue Zahl der Gräber ungewiß. Mit mindestens 10 müssen wir rechnen. Doch lediglich aus 3 Gräbern dürfte uns die Ausstattung vollständig erhalten geblieben sein. Andere waren bereits vor Beginn einer ordnungsgemäßen Untersuchung zerstört, haben aber immerhin noch interessante und wertvolle Funde geliefert, und wieder andere wurden nur in Resten geborgen, so daß wir nicht wissen, ob sie tatsächlich ärmlich oder einst ebenso reich wie die anderen ausgestattet waren.

Der Begräbnisplatz lag am Rande des Hochufers der Saale. Der Blick konnte von hier aus weit über die breite Niederung mit ihren zahlreichen Flußarmen und Bruchwäldern schweifen. Auch damals dürfte es wegen des sumpfigen Geländes dort keinen Flußübergang gegeben haben, vielmehr ist er weiter nördlich im gegenwärtigen Stadtgebiet von Merseburg zu suchen. Heute kann man wegen der Bebauung die einstige Situation nur erahnen. Wer den Platz jetzt noch aufsuchen will, muß sich an die Kreuzung der Kötzschener mit der Friedrich-Ebert-Straße begeben.

Wer war nun hier bestattet? Die Beisetzungen erfolgten hauptsächlich zu Beginn und in der ersten Hälfte des 4. Jahrhunderts. Auffallenderweise lagen an diesem Platz nur Männer, und zwar verhältnismäßig junge — im Alter von 20 bis 30 Jahren. Wo waren die Frauengräber? Handelt es sich um eine Forschungslücke, oder müssen wir solche Gräber an anderer Stelle suchen? Wir kommen auf diese Frage später noch einmal zurück. Die Toten hatte man nicht verbrannt, sondern in ihrer Kleidung beigesetzt. Diese Sitte war jahrhundertelang bei den Germanen nicht üblich, vielmehr verbrannte man die Verstorbenen auf einem Scheiterhaufen und übergab ihre Asche in einer Urne der Erde. Vereinzelt schon im 1. und 2. Jahrhundert anzutreffen, wurde die Körperbestattung seit dem 3. Jahrhundert immer häufiger, und im 4. Jahrhundert überwog sie schließlich.

Bestattung eines Adligen in Leuna (nach W. Schulz)

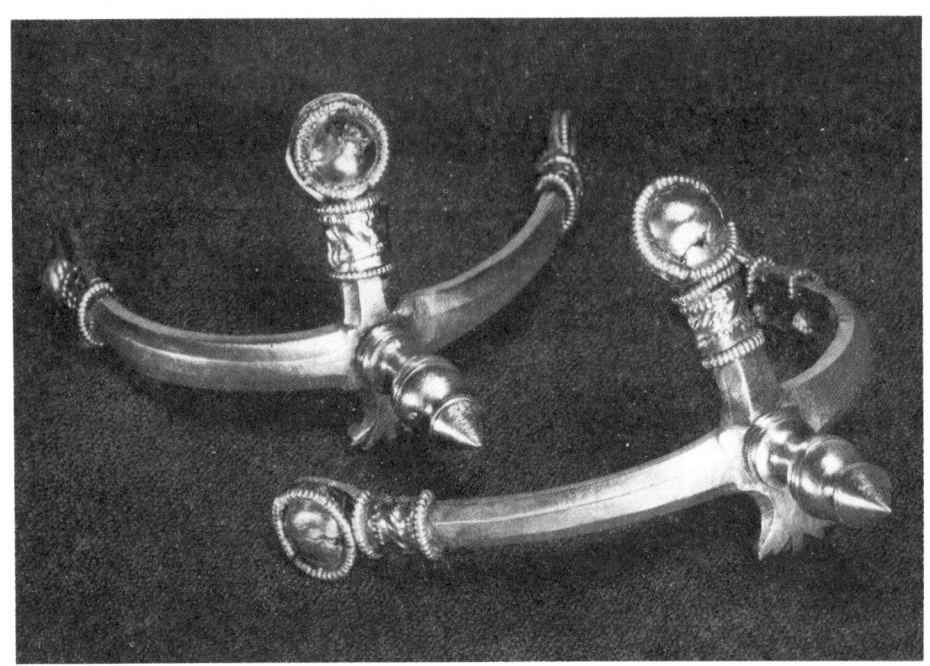
Sporen aus einem Adelsgrab von Leuna

In Leuna hatte man in zwei Fällen eine hölzerne Grabkammer errichtet, deren Boden eine Fläche von etwa 6 m² einnahm. In den vier Ecken standen massive Pfosten, um die Wandbohlen abzustützen. In dieser Kammer war der Tote — vermutlich auf einer Liege — gebettet. Bei anderen Bestattungen hatte man auf den Bau einer Kammer verzichtet und nur eine schmale rechteckige Grube ausgehoben, die dann ebenfalls mit Bohlen verkleidet war. So lag der Tote wie in einem Sarg. Allem Anschein nach deckten Bohlen, Balken und Steine das Grab. Ob sich darüber ein Hügel erhoben hat, wissen wir nicht. Die Toten lagen stets ausgestreckt mit dem Kopf nach Norden.

Es waren nicht einfache Männer, die hier ihre letzte Ruhe gefunden haben, sondern Angehörige einer sozial hochgestellten Schicht. An ihren Schuhen trugen sie silberne oder silbervergoldete Sporen. Die Hand schmückte ein goldener Fingerring, in den ein Edelstein (Almandin, Karneol) eingelassen war. Die Kleidung wurde durch silberne Nadeln oder Gewandspangen zusammengehalten. Die Spangen (Fibeln) stammten teils aus provinzialrömischen, teils aus einheimischen Werkstätten. Vom Leibgürtel blieb allein die Schnalle erhalten. Einer antiken Sitte folgend, hatte man einem der Männer eine goldene Münze römischer Her-

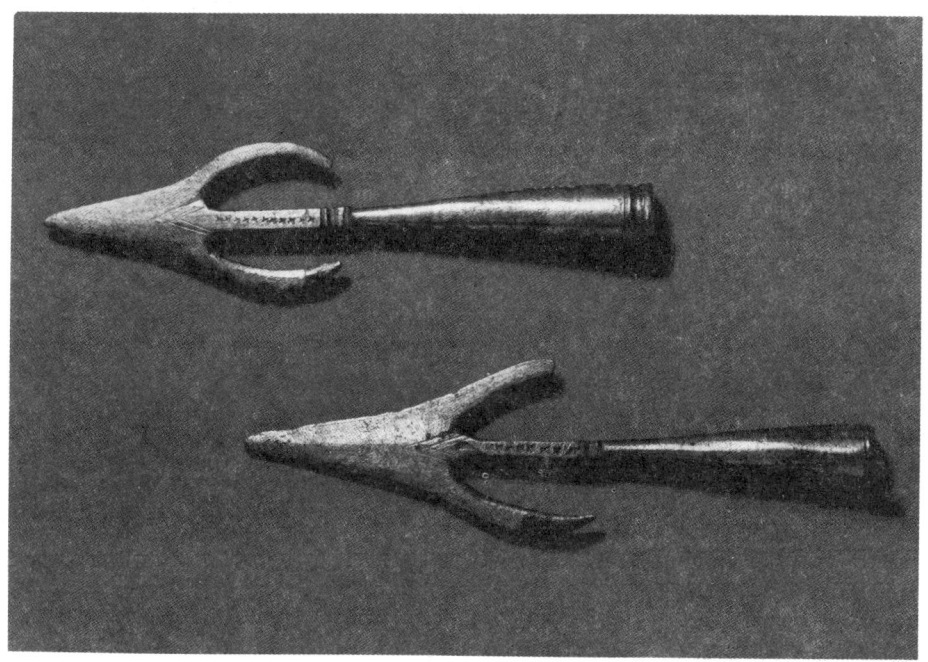

Silberne Pfeilspitzen aus einem Adelsgrab von Leuna

kunft in den Mund gelegt. Bei den Griechen galt eine derartige Münze im Mund des Verstorbenen als Fährgeld für die Fahrt über den Fluß Styx in die Unterwelt, in das Reich der Toten.

Obgleich wir in den Bestatteten wehrhafte Männer, für die das Kriegshandwerk sicherlich eine große Rolle gespielt hat, sehen müssen, waren ihnen ausgesprochene Waffen nicht mitgegeben worden. Denn die silbernen Pfeilspitzen in einigen Gräbern dürften kaum solche gewesen sein, sondern der sportlichen Betätigung gedient haben. Wer verschoß schon silberne Pfeile, die ja allzuleicht in die Hand des Gegners fallen oder sonstwie verloren gehen konnten? Es mag ein Zeichen der gesellschaftlichen Stellung ihrer Besitzer gewesen sein, wenn diese inmitten ihres Stammes mit silberbewehrten Pfeilen und silbernen Sporen erschienen.

Vermutlich werden sich die hier bestatteten Germanen auch durch die Kleidung von der Masse der Stammesangehörigen abgehoben haben. Aber diese blieb leider nicht erhalten. Wir wissen jedoch von Moorfunden in Niedersachsen und Schleswig-Holstein (BRD) sowie aus Dänemark, wie die Kleidung der germanischen Frau und des Mannes aussah und daß es dabei kostbare Stücke gab — etwa für den Mann den Um-

143

hang, der in den verschiedensten Farben und unterschiedlichen Techniken gewebt war. Schon die lange Dauer der Herstellung eines so kostbaren Kleidungsstücks spricht dafür, daß es nur für wenige auserwählte Männer gearbeitet wurde.

Die Toten von Leuna lagen in ihren Kammern nicht nur im Schmuck ihrer Kleidung, sondern umgeben von kostbarem Trink- und Eßgeschirr, das meiste aus provinzialrömischen Werkstätten. Silberne Schalen und bronzene Teller, dazu ein bronzenes oder hölzernes Tablett bildeten das Eßservice. Becher aus Glas oder Silber, Schöpfsieb und Schöpfkelle dienten zum Trinken des Weines, der den Verstorbenen sicherlich in diesen Gefäßen mitgegeben worden ist oder aus denen die Hinterbliebenen beim Leichenschmaus ein letztes Mal getrunken haben. Das kostbare Geschirr ergänzten in einheimischen Werkstätten auf der Drehscheibe geformte tönerne Schalen, Schüsseln und Becher. Es waren feintonige, hartgebrannte und, bedingt durch die Drehscheibenarbeit, wohlgestaltete Erzeugnisse, die sich von der üblichen, meist noch ohne Drehscheibe hergestellten Keramik abhoben. Auch die bei den Germanen sehr beliebte provinzialrömische rote Tonware, sogenannte Terra sigillata (lat. terra = Erde, sigillatus = mit Reliefs verziert), fand sich in einigen Gräbern. Der Fabrikationsstempel und die Form der Gefäße geben uns Kenntnis von der Produktionsstätte; sie lag in Rheinzabern (BRD). Die Glasgefäße dürften aus Kölner Werkstätten stammen. Die Vornehmheit des ganzen Geschirrs wird schließlich noch durch einen Silberlöffel betont.

Aus den Gräbern von Leuna erfahren wir auch, was den Toten an fester Nahrung mitgegeben wurde. Sie bestand aus Schweinen, meist Ferkeln, Hühnern und Fischen. Ziehen wir einen Vergleich mit verwandten Gräbern aus anderen Fundorten, so überwiegen diese Tiere, und meist handelt es sich um junge Exemplare. Zum festlichen Mahl schien also das Fleisch eines Säugetiers (außer Schwein noch Schaf beziehungsweise Lamm, aber auch Hirsch), eines Vogels (neben Huhn oder Hahn noch Gans) und eines Fisches (Hecht, Plötze, Barsch) verzehrt worden zu sein. Ob der Beigabe dieser drei Tierarten der Erde, der Luft und des Wassers eine tiefere kultische Bedeutung beizumessen ist oder ob es sich einfach um die üblichen drei Gänge eines Festmahls gehandelt hat, muß offenbleiben.

Auch Gegenstände der Körperpflege fanden sich bei den Toten — Kämme aus Knochen sowie Pinzette und ein Löffelchen aus Silber, mit einem Ring zu einer Garnitur verbunden. Die Pinzette mag zum Auszupfen lästiger Haare und das Löffelchen zum Reinigen des Ohres gedient haben.

144

Bronzene Kanne von Hagenow,
2. Jahrhundert

Wir lesen bei den antiken Schriftstellern, daß die Germanen Brett- und Würfelspiele liebten. So wundert es uns nicht, daß einem der Toten 59 Spielsteine von runder, flachgewölbter Form mitgegeben worden waren. 30 weiße und 29 dunkle (einer ist sicherlich vergessen worden oder verlorengegangen) Spielsteine gehörten zu diesem Spiel. In Leuna blieben von dem Spielbrett nur geringfügige Holzspuren erhalten, aber aus nordgermanischen Moorfunden ist es bekannt. Aus den Holzspuren und der Lage der Steine kann ein quadratisches Brett von 40 cm Seitenlänge und mit einer vermutlichen Einteilung von 13 × 13 Feldern ermittelt werden. Bei zwei Spielbrettern aus einem dänischen Moor ließ sich auf der einen Seite die gleiche Einteilung erkennen, wogegen sich auf der Rückseite je 12 Voll- oder Halbkreise, in der Mitte stets durch einen größeren Kreis getrennt, fanden. Wie auf unseren heutigen Spielbrettern waren also auch hier verschiedene Spiele möglich. Die Spielregeln im einzelnen bleiben uns selbstverständlich verschlossen.

Worin liegt nun die Bedeutung der Gräber von Leuna? Haben uns nur die kostbaren und teilweise einmaligen Fundstücke, die heute im Landesmuseum für Vorgeschichte in Halle (Saale) zu den schönsten Ausstellungsgegenständen des Hauses gehören, veranlaßt, sie zum Ausgangspunkt eines Kapitels zu wählen? Dies ist es nicht allein, darüber hinaus bieten die Gräber die Möglichkeit, die gesellschaftliche Entwicklung germanischer Stämme in einer nicht unwichtigen Phase zu erfassen.

Als Cäsar um die Mitte des 1. Jahrhunderts v. u. Z. mit Germanen nähere Bekanntschaft machte, lebten sie noch in rein urgesellschaftlichen Verhältnissen. Weder die dörflichen Siedlungen oder Einzelgehöfte noch die Friedhöfe ließen größere gesellschaftliche Unterschiede erkennen. Hier und dort war ein Haus einmal größer als das benachbarte, in dem einen Grab lag ein Schmuckstück oder eine Waffe mehr als in einem anderen. Die Keramik wurde wie seither mit der Hand ohne Drehscheibe geformt. Bronzegegenstände waren bescheiden, die Eisenmetallurgie hatte man erst um die Mitte des 1. Jahrtausends v. u. Z. kennengelernt und sammelte noch Erfahrungen. Einiges sahen die Germanen den benachbarten Kelten ab, oder keltische Handwerker waren auf

Beigaben aus einem Grab von Leuna

germanischen Höfen tätig. Das galt aber in der Hauptsache nur für die grenznahen Gebiete.

Trotzdem hatten die germanischen Stämme einen derartigen Stand in der wirtschaftlichen und gesellschaftlichen Entwicklung erreicht, daß sie ihr ursprüngliches Siedlungsgebiet, das um die Mitte des 1. Jahrtausends v. u. Z. noch überwiegend nördlich des Thüringer Waldes und östlich der Weser beziehungsweise Werra lag, nach Westen und Süden erweiterten. Die Ursache für diese Expansion ist einmal in einer allgemeinen Bevölkerungszunahme zu sehen, die neue Ackerflächen erforderte. Außerdem verschlechterten sich die klimatischen Bedingungen, wozu im Küstengebiet allem Anschein nach — und antike Schriftsteller berichten davon — verheerende Sturmfluten kamen, die den Bewohnern fruchtbares Acker- und Weideland entrissen. Die gesellschaftliche Entwicklung bei zahlreichen germanischen Stämmen führte dazu, daß der Krieg eine immer größere Bedeutung im Leben der Menschen gewann. Man erwarb durch ihn nicht nur neue Ländereien, sondern fand in den Kriegsgefangenen zusätzliche Arbeitskräfte, womit die landwirtschaftliche und die übrige materielle Produktion gefördert werden konnte. Der Stammesadel als führende Schicht nahm eine immer höhere gesellschaftliche und politische Stellung in der Gesellschaft ein. Mit erfolgreichen Kriegszügen gewann er nicht allein beträchtliche Beute, sondern auch ein steigendes Ansehen innerhalb des eigenen Stammes. Dieser Prozeß dürfte ähnlich wie Jahrhunderte vorher bei den Kelten verlaufen sein.

Daß die Expansion germanischer Stämme nicht zu einer physischen Vernichtung keltischer oder anderer nichtgermanischer Stämme führte, haben wir bereits erwähnt. Wahrscheinlich vollzog sich meist ein Prozeß der Eingliederung. Jedenfalls standen im 1. Jahrhundert v. u. Z. germanische Stämme am Rhein und haben ihn zum Teil auch überschritten. Eine herausragende Persönlichkeit war Ariovist, der Stammesfürst suebischer Herkunft, zugleich aber auch Führer mehrerer Stämme. Andere Persönlichkeiten lernten wir in Armin, dem Cheruskerfürsten, und in dem Markomannenkönig Marbod kennen. Sie und weitere uns dem Namen nach nicht bekannte Heerführer (Herzöge) hatten sich mit einer Gefolgschaft von Männern umgeben. Diese stammten aus angesehenen Familien des eigenen, aber auch eines fremden Stammes, waren nicht produktiv tätig, dafür jedoch am Kriegshandwerk interessiert, weil sie einen Anteil an der Beute erhielten.

Der sich immer stärker entwickelnde Stammesadel und das Gefolgschaftswesen kennzeichnen die späte Urgesellschaft. Noch existierte die Volksversammlung, welche die Interessen der Gesamtheit vertrat. Hier wurde über Krieg und Frieden entschieden, hier regelte man Zwistigkeiten zwischen einzelnen Sippen, hier wurde der Heerführer bestimmt oder bei Versagen auch abgesetzt.

Ein Privateigentum an Grund und Boden oder an beweglichem Gut wie etwa dem Vieh gab es noch nicht. Zunächst bestand nur ein Gemeineigentum. Cäsar berichtet, daß der Acker jährlich neu unter die Sippen verteilt wurde. 150 Jahre später schreibt Tacitus, daß der Acker zwar weiterhin verteilt wurde, aber „nach Rang und Würde"*. Hier spiegelt sich also bereits eine soziale Differenzierung wider; denn „nach Rang und Würde" hieß nach Verdiensten, nach der gesellschaftlichen Stellung. Es entstand eine besondere Form von Eigentum, ein Sondereigentum, das aber anfangs noch nicht den Charakter von Privateigentum hatte. Vielfach wurde auf die jährliche Verteilung verzichtet. Der Acker blieb der rechtlichen Form nach Gemeineigentum, gelangte jedoch in den ständigen Besitz einer Familie, bis schließlich aus dem Nutzungsrecht ein Eigentumsrecht wurde.

Zum Gemeineigentum gehörten nicht nur die Ackerflächen, sondern ebenso das Weideland, der Wald und die Gewässer mit allen darin befindlichen Tieren, Pflanzen, dem Holz der Bäume und vermutlich auch den Rohstoffen. Bei der ständigen Nutzung durch immer die gleiche Familie, also das gleiche Produktionskollektiv, war das Interesse, Voraussetzungen für hohe Erträge zu schaffen, viel größer. Die Dreifelderwirtschaft, das heißt der Wechsel Acker—Weide—Brachland, sowie die Düngung konnten nun zum eigenen Vorteil betrieben werden. Dieser Prozeß setzte vor allem dort ein, wo mehr individuelle und weniger gemeinschaftliche Arbeit geleistet wurde.

Je mehr Land sich eine Familie aneignete, desto notwendiger waren fremde Arbeitskräfte, die sich aus Kriegsgefangenen oder Verarmten des eigenen Stammes zusammensetzten. Andere erhielten zwar Land, befanden sich aber in ökonomischer Abhängigkeit, da sie dem Adelsherrn jährliche Abgaben an Naturalprodukten zu leisten hatten.

Auf diese Weise vollzogen sich, beginnend im 1., vielleicht sogar schon im 2. Jahrhundert v. u. Z., sozialökonomische Veränderungen, nicht automatisch, sondern — wenn auch unbewußt — durch die Menschen. Die Nähe des Römischen Reiches mit seiner Sklavereiordnung mag diesen Prozeß gefördert haben, nicht im Sinn einer einfachen Übernahme, sondern als Folge der Auseinandersetzungen mit der Macht Roms. Schon jetzt wurde die Grundlage dafür geschaffen, daß sich am Ende bei den germanischen Stämmen nicht eine Klassengesellschaft in der Art der römischen Sklavereiordnung entwickelte, sondern eine hö-

---

* Tacitus, Germania, Kap. 26, a. a. O., S. 77

here Form, nämlich die Feudalgesellschaft. Im Gefolgschaftswesen, in der Herausbildung des individuellen Eigentums, im Kleinpächter-(Kolonen-)System sind bereits einige Voraussetzungen für die spätere Feudalordnung sichtbar. Noch aber befinden wir uns in den ersten Jahrhunderten unserer Zeitrechnung.

Die Gräber von Leuna stehen nicht allein und sind auch nicht die ersten dieser Art. Bereits aus dem 1. und 2. Jahrhundert kennen wir reich ausgestattete Anlagen, die sich teilweise ganz erheblich von den sonst in germanischen Landen üblichen dürftigen Gräbern abheben. Schon in der Form der Beisetzung fällt ein Unterschied auf. Während die Toten damals meist verbrannt wurden, hat man diese unverbrannt der Erde übergeben. Hölzerne oder steinerne Grabkammern von oft beträchtlicher Größe (in einem Fall bis zu 5 m Länge und 2,5 m Breite) nahmen sie auf. Über der Kammer wurde ein Hügel von ansehnlicher Größe mit einem Steinkern und einem Erdmantel errichtet. Grabhügel beispielsweise am Oslofjord in Südnorwegen wiesen einen Durchmesser von 22 m auf; ein Steinkreis umzog hier den Hügel und sollte wohl einen „Bannkreis" bilden, den man nicht oder nur unter gewissen Zeremonien überschreiten durfte.

Bestattung unter einem Hügel von Gosławice/VR Polen

Grab mit Steinkreis aus Jütland/Dänemark

Die Ausstattung dieser Toten scheint nach einem bestimmten Brauch erfolgt zu sein. Das wichtigste war ein Trinkservice — hier kündigt sich also bereits eine Sitte an, die wir in den etwas jüngeren Gräbern von Leuna kennengelernt haben. Es bestand aus einem Behälter für das Getränk, wobei sich an Wein oder ein gebrautes Getränk denken läßt; dieser Behälter konnte ein römischer Bronzeeimer, nur ein Holzeimer oder ein Tongefäß sein. Weiterhin gehörte dazu ein Gefäß zum Abfüllen, entweder eine Kanne oder eine Kelle mit Sieb, und drittens das eigentliche Trinkgefäß, auf dessen Qualität man verständlicherweise besonderen Wert legte. Entweder waren es Silberbecher oder Glasbecher beziehungsweise Glasschalen, im römischen Gebiet hergestellt, oder man begnügte sich mit dem üblichen Trinkhorn. Immer wieder fällt auf, daß die Trinkgefäße paarweise ins Grab gegeben wurden. Die Forschung erklärt das damit, daß der Verstorbene auch im Jenseits nicht allein zechen sollte, sondern mit dem Ehegatten, dem Freund oder Kampfgenossen. Zu den sonstigen Beigaben gehörten Fibeln und Gürtelteile, Nadeln und Fingerringe, alles vielfach aus Silber oder Gold, aber auch aus Bronze, außerdem Messer und Scheren aus Eisen, Kämme aus Knochen, Spiegel aus Silber oder Bronze, Spielsteine und Würfel, bronzene Sporen und Fleischnahrung.

Trink- und Eßgeschirr germanischer Adliger während des 1. und 2. Jahrhunderts in verschiedenen Ausfertigungen

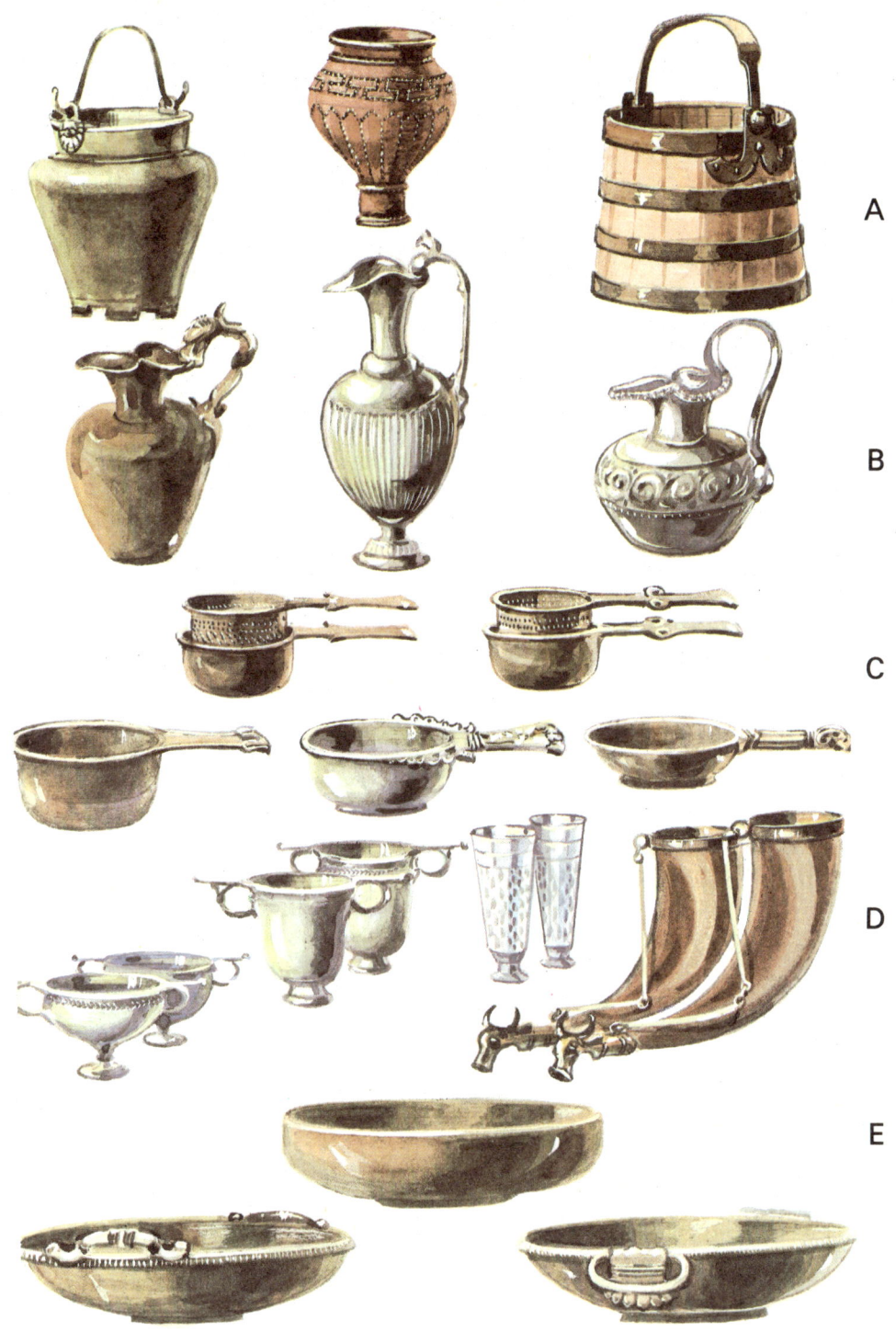

A = Behälter; B = Kannen; C = Schöpfkellen mit Sieb oder Kasserollen;   151
D = Trinkgefäße (paarweise); E = Schüsseln für Speisen

Trinkgefäß aus einem Rinderhorn (ergänzt)

Schon die Aufzählung zeigt die große Übereinstimmung mit den Gräbern von Leuna, lediglich um einen Grad ärmer. Bemerkenswert sind wieder die zahlreichen römischen Produkte. Auf welchem Weg diese an die germanischen Adelshöfe gelangten, haben wir bereits erläutert; nur zum Teil geschah das durch Handel, oft waren es Geschenke oder Beutestücke. Manches Objekt mag zunächst Ware, dann Geschenk und schließlich Beute gewesen sein.

Eine weitere Übereinstimmung mit den Leunaer Gräbern besteht darin, daß sich in den Männergräbern keine Waffen fanden, obgleich damals die Waffenbeigabe bei zahlreichen Stämmen üblich war. Jedenfalls müssen wir auch in diesen Gräber von Stammesadligen oder von Häuptlingen sehen. Wir begegnen ihnen nicht im gesamten germanischen Bereich, sondern bei den Nordgermanen in Skandinavien, außerdem in Mecklenburg, in Westpolen sowie bei den Elbgermanen im Saalegebiet und in Böhmen. Sie fehlen bei den westlich davon lebenden Stämmen, obwohl bei ihnen ebenfalls eine starke soziale Differenzierung eingesetzt hatte. So mag es hier nicht üblich gewesen sein, die Angehörigen des Adels in dieser Weise zu bestatten.

Kehren wir noch einmal zu den Gräbern von Leuna zurück, in denen nur Männer lagen. Hat man die Frauen dieser Adelsschicht wie das einfache Volk bestattet? Daraus ergibt sich eine neue Frage: Ist der Friedhof der nicht zum Adel gehörenden Schichten bekannt? Wenn wir von der Begräbnisstätte des Leunaer Adels 700 bis 800 m nach Nordwesten wandern, stoßen wir auf einen weiteren Friedhof aus etwa der gleichen Zeit; er befindet sich schon im heutigen Stadtgebiet von Merseburg. Die ältesten Gräber gehören dem Ende des 3. Jahrhunderts an, die jüngsten stammen aus der Mitte des 5. Jahrhunderts. In der älteren Phase hat man die Toten verbrannt, später wie in Leuna unverbrannt der Erde übergeben.

Die Gräber weisen erheblich weniger Beigaben, einige sogar überhaupt keine auf. Fibeln, Glasperlen, Kämme, knöcherne Haarnadeln, Spinnwirtel, Messer und Scheren aus Eisen — das findet sich hier und da. Im Gegensatz zu Leuna wurde hin und wieder dem Mann eine Waffe mitgegeben. Auch die Art des Grabes ist erheblich bescheidener. Oft liegen die Toten in ungewöhnlicher Stellung in der Grube, man möchte manchmal vermuten, der Leichnam wäre einfach hineingeworfen worden. Vor allem fehlen ganz das provinzialrömische Eß- und Trinkgeschirr und von der einheimischen Produktion fast überall die gedrehte Keramik. Dafür hat man aber die freihändig geformte Keramik den schön gedrehten Gefäßen des Leunaer Adels nachgebildet. Das Bestreben, den Sitten und Bräuchen höherer Schichten nachzueifern und sich wenigstens mit Nachahmungen zu umgeben, können wir oft in der langen Geschichte der Menschheit beobachten. Soweit einmal gedrehte Keramik in den Merseburger Gräbern erscheint, gehört sie in die Spätphase. Jahrzehnte liegen zwischen der Drehscheibenkeramik des Leunaer Adels und der des einfachen Volkes, dessen Angehörige hier getrennt von den Adligen auf einem eigenen Friedhof beigesetzt waren.

In einem dieser Gräber zeigt sich der Nachahmungsdrang besonders deutlich. Es handelt sich allerdings um ein Frauengrab, weswegen der Vergleich mit Leuna und seinen Männergräbern nicht ganz angängig ist. Dieser Frau von Merseburg hatte man zunächst schon eine größere Grabgrube ausgehoben, als es sonst hier üblich war. An Schmuck und Beigaben fanden sich bei ihr ein Paar silberne Fibeln mit Glasauflage, 2 einfache Bronzefibeln, eine Halskette aus Bernstein, Glas, Bronze und einem silbernen Anhänger, 2 silberhaltige Handarbeitsnadeln, ein Schmuckkästchen. 9 einfache, mit freier Hand geformte Gefäße waren der Toten beigegeben. In einem lag einst der Schweinebraten, worauf

Ferkelknochen hinweisen. Vielleicht sind die Reste eines Vogels und eines Fisches — wie wir sie ja von Leuna her kennen — vergangen oder wurden bei der Ausgrabung nicht beachtet. Daß es sich bei der hier Bestatteten um die Ehefrau eines der Adligen von Leuna handelt, ist sehr unwahrscheinlich. Von anderen Friedhöfen wissen wir, daß man im allgemeinen keinen Unterschied zwischen Mann und Frau machte, sofern sie der gleichen sozialen Schicht angehörten. Wie reich eine adlige Frau damals beigesetzt wurde, sehen wir gleich an einem anderen Fundplatz.

So dürfte es kaum einen Zweifel daran geben, daß auf dem Friedhof in Leuna Angehörige des Stammesadels beigesetzt sind, wir könnten auch an Angehörige von Gefolgschaften denken, die ja ebenfalls über den einfachen Volksschichten standen. Auffallend ist das verhältnismäßig jugendliche Alter der Bestatteten. Waren es Gefolgsschaftsleute, die im Krieg mit den Römern — weitab von ihrer Heimat an der Saale — das reiche römische Trink- und Eßgeschirr erbeutet hatten und in jungen Jahren starben oder im Kampf fielen? Auf dem Friedhof von Merseburg lagen dagegen die Toten des einfachen Volkes, 80 an der Zahl. Offenbleiben müssen die Fragen nach dem Herrensitz derer von Leuna, nach der Lage des Dorfes der Bauern und nach den Gräbern der Frauen des Adels.

Die Leunaer Gräber sind nicht die einzigen dieser Art und aus dieser Zeit im Elbe-Saale-Gebiet. Wir würden uns wiederholen, wenn wir ähnlich reiche Grabstätten aus Emersleben im Kreis Halberstadt, Dienstedt im Kreis Arnstadt und von manchem anderen Fundplatz beschrieben. Aber ein Friedhof muß genannt werden: Haßleben im Kreis Erfurt. Unter den knapp 20 Gräbern, die leider zum Teil unsachgemäß geborgen wurden, so daß nicht alle Beigaben erhalten geblieben sind, wollen wir ein besonders reich ausgestattetes Frauengrab näher betrachten.

Die Grabfläche maß 3 m × 3 m. Einige Stufen führten auf die 3 m tiefe Grabsohle, wo die Tote lang ausgestreckt in der gleichen Nord-Süd-Richtung wie ihre adligen Zeitgenossen in Leuna lag. Einst schmückten das Haar 2 silberne, mit Gold und Almandin verzierte Nadeln. Zur Bekleidung gehörten 2 silbervergoldete scheibenförmige Fibeln, jeweils mit einem Almandin in der Mitte. Um den Hals trug die Frau eine Kette aus Glas- und Goldperlen mit verschieden geformten Anhängern aus Gold und Silber sowie 3 goldenen Römermünzen. Einen weiteren Halsschmuck bildete ein goldener Ösenring mit einem Gewicht von 127 g. Auf der Brust fanden sich Bernsteinperlen und -anhänger. Außerdem enthielt das Grab noch silberne und goldene Fibeln, silberne Schuhschnallen, einen goldenen Fingerring, silberne Nadeln, sogar das mitgegebene Messer war aus Silber gefertigt. Ein Teil des Schmuckes lag

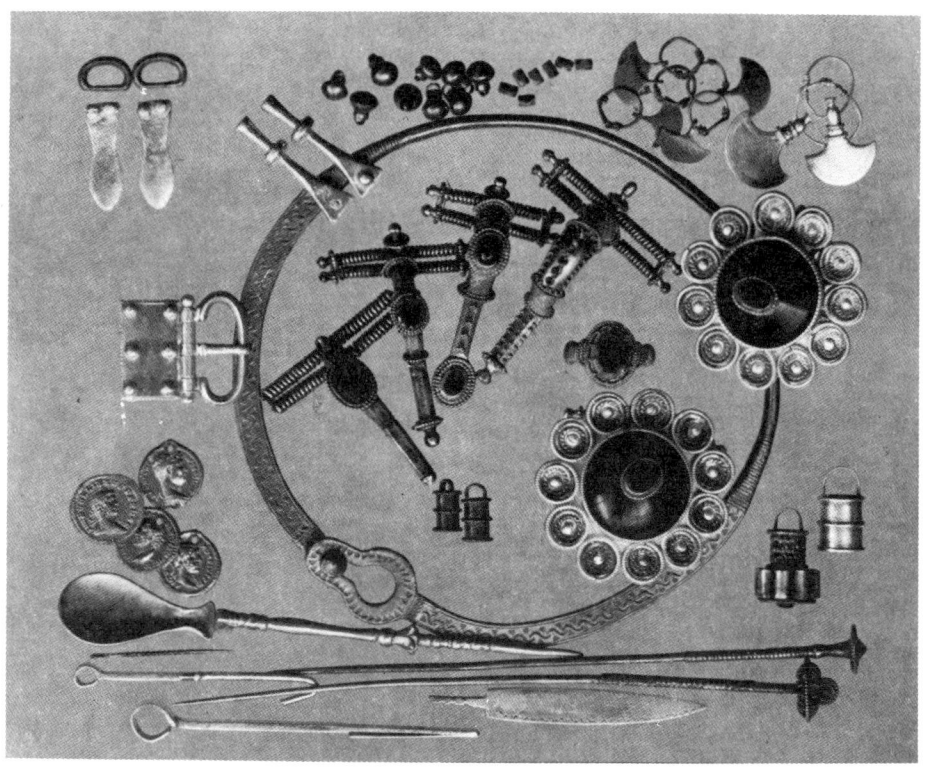

Beigaben aus einem Frauengrab von Haßleben

in 2 Schmuckkästchen, zu denen die Tote auch die passenden Schlüssel mitbekommen hatte. Umfangreich war, wie es sich für eine adlige Dame gehörte, die Ausstattung mit Bechern und Schalen, mit Kasserollen und Sieb, mit Tellern und Becken aus Bronze, Silber oder Glas. Hinzu kamen silberne Löffel, 2 Holzeimer, von denen der eine silberne Beschläge aufwies, und eine Anzahl von Tongefäßen. Einige der Gefäße stammten wiederum aus provinzialrömischen Werkstätten. Wie manchen Toten von Leuna hatte man der Frau ebenfalls eine goldene Münze in den Mund gelegt. Spinnwirtel und in ihrer Deutung nicht ganz gesicherte Stricknadeln aus Knochen lassen uns wissen, daß ihre Lieblings- und vermutlich auch einzige Beschäftigung das Spinnen und die Handarbeit waren, wogegen das erheblich schwerere Weben wohl von Mägden verrichtet wurde.

So gibt es keinen Zweifel, daß hier eine hochangesehene Frau aus einem führenden Adelsgeschlecht ihre letzte Ruhe gefunden hatte. Auch in den anderen Gräbern — soweit diese einigermaßen ordentlich geborgen wurden — begegnen wir immer wieder Schmuck aus Silber und Gold sowie fremdländischem Geschirr. In einem der wenigen Männergräber fanden sich 3 silberne Pfeilspitzen, also eine weitere unmittelbare Parallele zu Leuna.

Die so reich ausgestatteten Gräber sind für uns Archäologen nicht nur ergiebige Quellen für die sozialen Verhältnisse bei den germanischen Stämmen, sondern vermitteln uns auch wertvolle Erkenntnisse über das Können und die Kunst der einheimischen Handwerker. Wenn wir uns eine Vorstellung von der Kunst ur- und frühgeschichtlicher Völkerschaften verschaffen wollen, müssen wir immer berücksichtigen, daß uns viele Bereiche künstlerischer Betätigung verschlossen bleiben. Das gesprochene Wort und das Lied, der Tanz und das Spiel aus jener Zeit sind verschollen, und von der materiell greifbaren Kunst haben sich Malereien, Arbeiten aus Holz und anderen organischen Stoffen nur in den seltensten Fällen erhalten.

Vor der Berührung mit den Römern waren die Germanen künstlerisch wenig produktiv. Das ist um so verwunderlicher, als ihre bronzezeitlichen Vorfahren prachtvollen Schmuck aus Bronze geschaffen hatten. Vielleicht lag es am Eisen, das in jenen Jahrhunderten bei den germanischen Stämmen Eingang fand und mit dem sie nur soweit zurechtkamen, um Werkzeuge und Waffen zu schmieden. Aber warum wurden nicht weiterhin Bronze und Edelmetalle verarbeitet? Um 300 v. u. Z. führte das Bekanntwerden keltischer Erzeugnisse zu einer gewissen Bereicherung des germanischen Handwerks. Nadeln und Fibeln lehnten sich an keltische Vorbilder an.

Die seit der Mitte des 1. Jahrhunderts v. u. Z. einsetzende Berührung der Germanen mit dem Römischen Reich bot dem einheimischen Kunsthandwerk die Möglichkeit, die Leistungen einer erheblich höher stehenden Kultur in sich aufzunehmen. Die zahlreichen römischen und provinzialrömischen Erzeugnisse, die auf vielfältige Weise den Weg an germanische Höfe fanden, dürften dem Germanen gezeigt haben, was man alles aus Bronze, Silber und Gold herstellen konnte und was sich aus Ton für prächtige Gefäße formen ließen. Sie wurden aber kaum im eigentlichen Sinn imitiert, sondern wirkten nur anregend.

Zahlreiche Germanen hatten jenseits der Grenze zum Römischen Reich zwar ebenfalls die großen aus Stein errichteten Bauten, die Mosaikfußböden in den Häusern, die Malereien an den Wänden und eindrucksvolle Plastiken aus Bronze, Marmor oder auch einfachem Stein kennengelernt. Dafür waren jedoch bei den germanischen Stämmen weder die technisch-künstlerischen Voraussetzungen noch die soziale Basis gegeben. Der einfache Schmied im Dorf vermochte auch nicht ohne weiteres Kunstwerke herzustellen, die einem Vergleich mit römischen Erzeugnissen standgehalten hätten. Dazu bedurfte es einer gewissen Spezialisierung, die nur ein Wanderhandwerker oder der an einem Adelshof wohnende Handwerker erreichen konnte. Unter dem Schutz und im Auftrag dieses Adligen schuf er prachtvolle Fibeln und Nadeln, Broschen und Ringe. Er wagte sich mitunter auch an die Herstellung von Metallgefäßen oder formte in Anlehnung an römisches Ton- und Glasgeschirr Gefäße aus Ton, wobei er sich jetzt immer mehr der Drehscheibe bediente.

Der Kunstschmied wandte die verschiedensten Techniken an: Mit Hilfe von Punze, Feile und Stichel gravierte er, mit Modeln und Stempeln formte und verzierte er das Metall, er setzte Bernstein, Korallen, Edel- und Schmucksteine auf, goß Email in Grübchen und Rillen, überzog das Metall mit haardünnen Gold- oder Silberfäden (Filigran) oder einzelnen Kügelchen (Granulation). Er lernte, schwefelgeschwärzten Metallschmelz auf Silber aufzutragen (Niello) oder hämmerte Gold- oder Silberfäden in Eisen ein (Tauschierung). Das Ornament hatte unzweifelhaft den Vorrang, wogegen die Gestaltung von Mensch und Tier sehr zurücktrat. Wenn Tiere wie Stier, Eber, Hund, Vogel dargestellt wurden, dann waren sie meist stilisiert. Das hängt auch damit zusam-

Germanische Fibeln vom Ende des 5. und aus dem 6. Jahrhundert

S-förmige Fibel von Wiedemar, Kreis Delitzsch, Anfang 7. Jahrhundert

men, daß das Tier selten als selbständiges Kunstwerk, sondern meist als Teil eines Geräts, eines Schmuckstücks, des Endbeschlags eines Trinkhorns oder eingefügt in ein Ornament gestaltet wurde.

Wesentlich bereicherten Einflüsse aus dem Schwarzmeergebiet das germanische Kunstschaffen. Schon in vorrömischer Zeit hatten Skythen und Sarmaten aus persischen, griechischen und steppennomadischen Elementen eine Kunst entwickelt, die man gern als „farbigen Stil" bezeichnet. Die glatten Metallflächen erscheinen durch Einfügen von farbigen Steinen und buntem Glasfluß förmlich aufgelöst. Rote Almandine, violette Amethyste, rote Karneole sowie blauer oder grüner, schwarzer oder weißer, gelber oder brauner Glasfluß wechseln sich ab. Der germanische Kunsthandwerker griff diesen Stil begeistert auf und schuf jene hervorragenden Juwelierarbeiten, denen wir in den reichen Gräbern jener Zeit begegnen. Zu den häufigsten, aber auch schönsten Stücken gehören Fibeln, deren Bügel, Kopf- und Fußende in diesem far-

Adlerfibel von Oßmannstedt, Kreis Apolda, 5. Jahrhundert

bigen Stil gestaltet sind. Außerdem liebte man Scheibenfibeln, bei denen eine runde, rosetten- oder kleeblattförmige Scheibe, die reichen Schmuck trägt, den ganzen technischen Teil mit Nadel, Spirale, Nadelhalter wie der gesamten Rahmenkonstruktion verdeckt. Daneben gibt es Fibeln, deren Bügel die Form eines Tierkörpers besitzt, sei es ein Vogel mit kräftigem Schnabel oder eine Zikade, die ihre Vorbilder im Vorderen Orient oder gar in China hat.

Seit der Mitte des 6. Jahrhunderts beherrschte dann die Tierornamentik den germanischen Kunststil. Der unerfahrene Betrachter wird zunächst kein Tier in den verschlungenen Ornamenten erblicken. Aber einmal darauf hingewiesen, erkennt er Augen und Füße, Schenkel und Unterkiefer. In der ersten Phase wirken die Tiere wie zerhackt, die Gliedmaßen sind mit den Kiefern des weit aufgesperrten Maules verschlungen, die Zehen berühren den Kopf. Wie bei einem Bilderrätsel muß man die ineinander verschlungenen Wesen heraussuchen. Auf einer späteren Entwicklungsstufe werden die einzelnen Körperteile durch ein den Leib darstellendes Band miteinander verbunden. In einer weiteren Phase des Tierstils setzen sich die aufgesperrten Kiefer, die herausgestreckten Zungen, die sich spreizenden Zehen in nicht enden wollenden feinen Linien fort, so daß der Eindruck eines Filigrans entsteht. Diese Kunst ist einmalig und unverkennbar. Sie bildete einen Höhepunkt germanischen Kunstschaffens und lebte auch nach dem Abklingen der eigentlichen Tierornamentik am Ende des 8. Jahrhunderts in anderen Tierstilen weiter, in denen sich jetzt jedoch ebenfalls Einflüsse der karolingischen Kunst, Elemente der islamischen Kultur und alte keltische Motive widerspiegelten.

Welchem Stamm gehörten aber nun die Toten von Leuna an? Für das 1. und 2. Jahrhundert sind in diesem Raum mehrfach die Hermunduren nachgewiesen, die allem Anschein nach ein bedeutender Stamm an der mittleren Elbe und der Saale waren, von denen jedoch auch an der Donaugrenze bei Regensburg und bei den Markomannen in Böhmen berichtet wird. Aus dem 3. und 4. Jahrhundert gibt es keine Nachricht von den Hermunduren. Ist das eine Quellenlücke, oder hat der Stamm nicht mehr bestanden? Etwa um 400 erscheint in diesem Raum ein neuer Name, der sich bis heute gehalten hat, nämlich der Stammesname der Thüringer. Es ist durchaus kein Einzelfall, daß Stammesnamen verschwinden und neue auftauchen. Dabei haben die Stämme nicht einfach ihren Namen gewechselt, sondern es bildeten sich neue Gruppierungen, die sich bereits auf einem höheren Stand der politisch-gesellschaftlichen Verhältnisse befanden. Bündnisse zwischen mehreren Stämmen hatte es zwar schon zu Zeiten des Ariovist und des Marbod gegeben, sie fielen aber wieder auseinander, wenn das Kriegsziel — die Abwehr der römischen Expansion — erreicht war.

Kämpfe und die Suche nach neuem Siedlungsland führten in der Folge zur Trennung und Teilung von Stämmen und zum Zusammenschluß zu neuen Verbänden. Es gab Stämme, Stammesteile oder einzelne Sippen, die sich eine militärische, politische und ökonomische Vorrangstellung gegenüber anderen erwarben. Vor allem waren es ökonomische Ursachen, die zu größeren Zusammenschlüssen — auch in Stammesverbänden — zwangen. Unter diesen gab es altbekannte Stämme, deren bisheriger Name weiterbestehen blieb. Dazu können wir die Langobarden an der unteren Elbe oder die Markomannen in Böhmen rechnen. Meist aber tauchten mit dem Entstehen von Stammesverbänden neue Namen auf. Im Gebiet des heutigen Baden-Württembergs (BRD) werden um 213 zum erstenmal die Alemannen genannt, die sich vermutlich in starkem Maße aus elbgermanischen — also auch hermundurischen — Stammesteilen zusammensetzten. Vom unteren Rhein hören wir aus etwa der gleichen Zeit von Franken, an deren Bildung verschiedene einheimische Stämme beteiligt waren. Im Gebiet zwischen der unteren Elbe und der Weser erschien der Stammesverband der Sachsen. Und an den Ufern der Saale entstand am Ende des 4. Jahrhunderts der Verband der Thüringer.

Für zwei Jahrhunderte wissen wir also nicht, wie sich die Bewohner im Saalegebiet nannten. Waren es noch Hermunduren oder schon Thüringer, oder trugen sie einen Namen, der uns nicht überliefert ist? Gab es eine Stetigkeit von den Hermunduren zu den Thüringern? Die allgemeine historische Situation in diesem Teil Germaniens sowie die archäologischen Befunde lassen den Schluß zu, daß sich die Thüringer in der Hauptsache auf einheimischer Grundlage entwickelt haben, jedenfalls nicht etwa insgesamt zugewandert sind. Hinzugestoßen sein müssen aber Stammesteile aus dem Norden, weil das im 9. Jahrhundert aufgezeichnete Volksrecht als einen Teil der Thüringer die aus dem Gebiet der Warnow stammenden Warnen und die aus dem heutigen Schleswig (BRD) kommenden Angeln nennt. Es mögen auch Langobarden, die ihre niederelbische Heimat verließen und die Elbe aufwärts nach Böhmen, später Niederösterreich, Ungarn und schließlich Italien wanderten, im Saalegebiet verblieben sein. Manche Forscher glauben, daß sogar noch keltische Stammessplitter in den Thüringerverband einbezogen wurden. Demnach bleibt die Stammeszugehörigkeit der Toten von Leuna umstritten.

Im Moor von Oberdorla

Die Germanen und ihre Götter

An einem frühen Herbstmorgen verlassen wir die Stadt Mühlhausen auf der Straße nach Eisenach. Schon nach wenigen Kilometern befinden wir uns im Bereich der beiden Dörfer Nieder- und Oberdorla. Östlich der Straße erstreckt sich sumpfiges Wiesengelände. Nach der kalten Nacht haben sich die Nebel noch nicht verflüchtigt, sondern bilden seltsam geformte, immer wieder neue Gestalt annehmende Schwaden. Die Sonnenscheibe steht wie ein mattgelber Ball über dem Moorgelände, sie kann den morgendlichen Dunst noch nicht durchdringen. Aufgescheucht von unseren Schritten, flattern Wasservögel empor, sonst herrscht tiefe Stille. Der Nebel gibt hin und wieder ein Weidengebüsch oder einen verkrüppelten Baum frei, der uns wie ein erstarrtes Gespenst erscheint. Vielleicht sind wir, die wir den Platz in seiner historischen Bedeutung kennen, für derartige Empfindungen und Vorstellungen besonders empfänglich. Jedenfalls danken wir dem Zufall, daß wir gerade an einem solchen stimmungsvollen Morgen dieses Gelände betreten.

Denn hier in der Niederung des Rotegrabens im Rieth lag vor zwei Jahrtausenden ein Opferheiligtum der Germanen. Seit 1947 wird an dieser Stelle Torf abgebaut. Dabei tauchte einmal ein Schädel auf, dann fanden sich urgeschichtliche Scherben, hier und dort trat eine Anhäufung von Holzkohle auf, bis schließlich im Jahre 1957 Holzschalen, Tierschädel und andere Knochen von Rind, Schaf, Ziege und Pferd, Hölzer mit Schnitt- und Feuerspuren zum Vorschein kamen. Nun wurden die Mitarbeiter des Museums für Ur- und Frühgeschichte Thüringens in Weimar aufmerksam und nahmen den Torfabbau unter regelmäßige Beobachtung. Als sie erkannten, daß es sich nicht einfach nur um verschwemmte Siedlungsreste handelte, sondern allem Anschein nach um einen Kultplatz, begann eine planmäßige archäologische Untersuchung, die sich über Jahre erstreckte.

Schon bald wurde es zur Gewißheit, daß hier ein Fundplatz entdeckt war, zu dem es nur wenige Parallelen von derartiger Bedeutung gibt — und diese muß man außerhalb der Grenzen der DDR suchen, vor allem in Mooren Dänemarks. Die Wissenschaftler entsannen sich aber auch einer näher liegenden Fundstelle, an der um die Mitte des vorigen Jahr-

164

hunderts Objekte ans Tageslicht gefördert wurden, die auf ein Moorheiligtum aus germanischer Zeit schließen ließen. Südlich von Possendorf im Kreis Weimar fand man ebenfalls beim Torfstechen in 6 m Tiefe eine aus Eichenholz geschnitzte menschliche Figur, einen sehr geflickten Bronzekessel sowie eine Anzahl von Tongefäßen. In nächster Nähe lagen eine in damaliger Zeit umgestürzte starke Eiche, ein menschliches Skelett und ein Schmuckstück aus Email. Die hölzerne Figur wurde nicht sachgemäß konserviert und ist heute nicht mehr erhalten. Aus Zeichnungen wissen wir aber, daß sie eine Größe von etwa 90 cm besaß. Kopf und Hals waren im Gegensatz zum sonst nicht weiter ausgeformten Körper klar herausgeschnitten, anscheinend auch Augen, Mund und Haare angedeutet. In zwei seitliche Löcher an den Schultern hatte man einst zwei gebogene Espenzweige so hineingesteckt, daß sie wie erhobene Arme wirkten. Nach der Art der Gefäße zu urteilen, dürfte der Fund aus dem 3. Jahrhundert stammen.

Nun kamen 100 Jahre nach dieser Entdeckung die Funde von Oberdorla ans Tageslicht, die uns einen tiefen Einblick in den Kult der Germanen gestatten. Sie gehören nicht in einen engen Zeitabschnitt, sondern reichen vom 1. Jahrhundert v. u. Z. bis in das 3. Jahrhundert u. Z. Der Stamm, der in Oberdorla ein möglicherweise zentrales Heiligtum besaß, waren die Hermunduren, also die gleiche Bevölkerung, zu der vielleicht auch die Toten von Leuna gehörten.

Heute befinden sich in Oberdorla Moor und Torf sowie einige kleinere Teiche, die sich teilweise erst durch das Torfstechen gebildet haben. In germanischer Zeit erstreckten sich hier aber größere Seen, wie die geologischen und botanischen Untersuchungen zeigten. Seekreideschichten, Reste beziehungsweise Pollen von Sumpf- und Wasserpflanzen sind sichere Belege dafür. Die Seen waren flach, von Röhricht umgeben, Algen, Teichrosen, Binsen, Riedgräser, Schachtelhalme und andere Pflanzen belebten das Bild. Im Wasser tummelten sich vor allem Hechte, die mit 441 Knochenteilen an erster Stelle unter den geborgenen Fischresten vertreten waren, und Schleie. Wie zahlreiche Reusen und Fischspeere beweisen, hielt die Tatsache, daß es sich um einen Kultplatz handelte, die Menschen keinesfalls ab, hier auch Fischfang zu betreiben.

Die wichtigsten Funde waren aber anderer Art. Am Rand des einstigen Sees wurde eine größere Anzahl hölzerner Pfähle von weniger oder mehr als 1 m Länge entdeckt, die am oberen Ende oft so zugeschnitzt waren, daß man Hals, Mund, Nase und Augenpartie von Menschengestalten erkennen konnte. In unmittelbarer Nähe lagen Tierknochen, in der Hauptsache Schädel und Gliedmaßen; vollständige Skelette waren selten. Mehr verstreut fand man aufgeschlagene Knochen, die wohl von den Opfermahlzeiten stammen. Über 4500 Knochen von Haus- und Wildtierarten ließen sich bestimmen. Die untersuchenden Zoologen haben die Möglichkeit, die *Mindest*zahl der geborgenen Tiere zu ermitteln. Danach sind im Laufe der Zeit hier wenigstens 114 Rinder, 24 Pferde, 21 Schafe, außerdem Ziegen, Schweine und Hunde geopfert worden. Unter den Wildtieren stand an erster Stelle der Rothirsch, weiterhin wurden Reh, Wisent, Ur, Wildschwein, Fuchs und Fischotter erkannt. Einzelne Tierschädel waren auf Pfähle gesteckt — eine Sitte, die der Mensch schon seit alter Zeit ausgeübt hat, um die Götter zu besänftigen, Hilfe von ihnen zu erbitten oder ihnen zu bestimmten Tagen das traditionelle Opfer zu bringen. Indem man dem Gott ein Rind schlachtete, erhoffte man sich eine große Fruchtbarkeit für die Herden, und ein geopferter Hirsch sollte eine erfolgreiche Jagd sichern. Vielleicht mag auch noch der alte Glaube geherrscht haben, daß der Gott aus den Knochen der getöteten Tiere neue Lebewesen entstehen ließe. In der altgermanischen Liedersammlung, der Edda, lesen wir, daß der germanische Gott Thor die Knochen auf ein Tierfell lege und mit seinem Hammer wieder Tiere schaffe.

Damit sind die Erkenntnisse aus dem Moor von Oberdorla noch nicht erschöpft. Man fand über Haufen von Tierknochen oft eine größere Zahl von absichtlich zerbrochenen Stäben. Das dürfte seinen Grund darin haben, daß die bei der Opferhandlung verwendeten Kultstäbe zum Schluß zerstört werden mußten. Noch im Mittelalter brach der Richter nach Verkündung der Todesstrafe — und das war auch bei den Germanen nicht allein eine Bestrafung, sondern ein Opfer an die beleidigte Gottheit — einen hölzernen Stab. Wir kennen diese Sitte als Redensart: Wenn jemand über einen Menschen ein vernichtendes Urteil fällt, sagt man, „er bricht den Stab über ihn".

Stellen die menschengestaltigen Pfähle nun vielleicht Götter dar? Um darauf eine Antwort zu finden, verlassen wir das Moor von Oberdorla. Aus einem Moor im Kreis Eutin in Schleswig-Holstein (BRD) stammen zwei Holzfiguren, und zwar, wie man an den Geschlechtsmerkmalen, der Größe und der Haartracht unschwer erkennen kann, eine männliche und eine weibliche. Sie sind überlebensgroß, er hat eine Größe von 275 cm, sie von 227 cm. Kopf und Gesicht sind gut herausgeschnitten. Die Beine bildet eine Astgabel. Eine weitere männliche Holzfigur von 88 cm Größe mit sorgfältig geschnitztem Kopf stammt aus einem dänischen Moor in der Nähe der Stadt Viborg, doch damit ist die Reihe der gefundenen hölzernen Figuren keineswegs vollständig.

Aber noch immer steht vor uns die Frage, ob es Götterbilder waren.

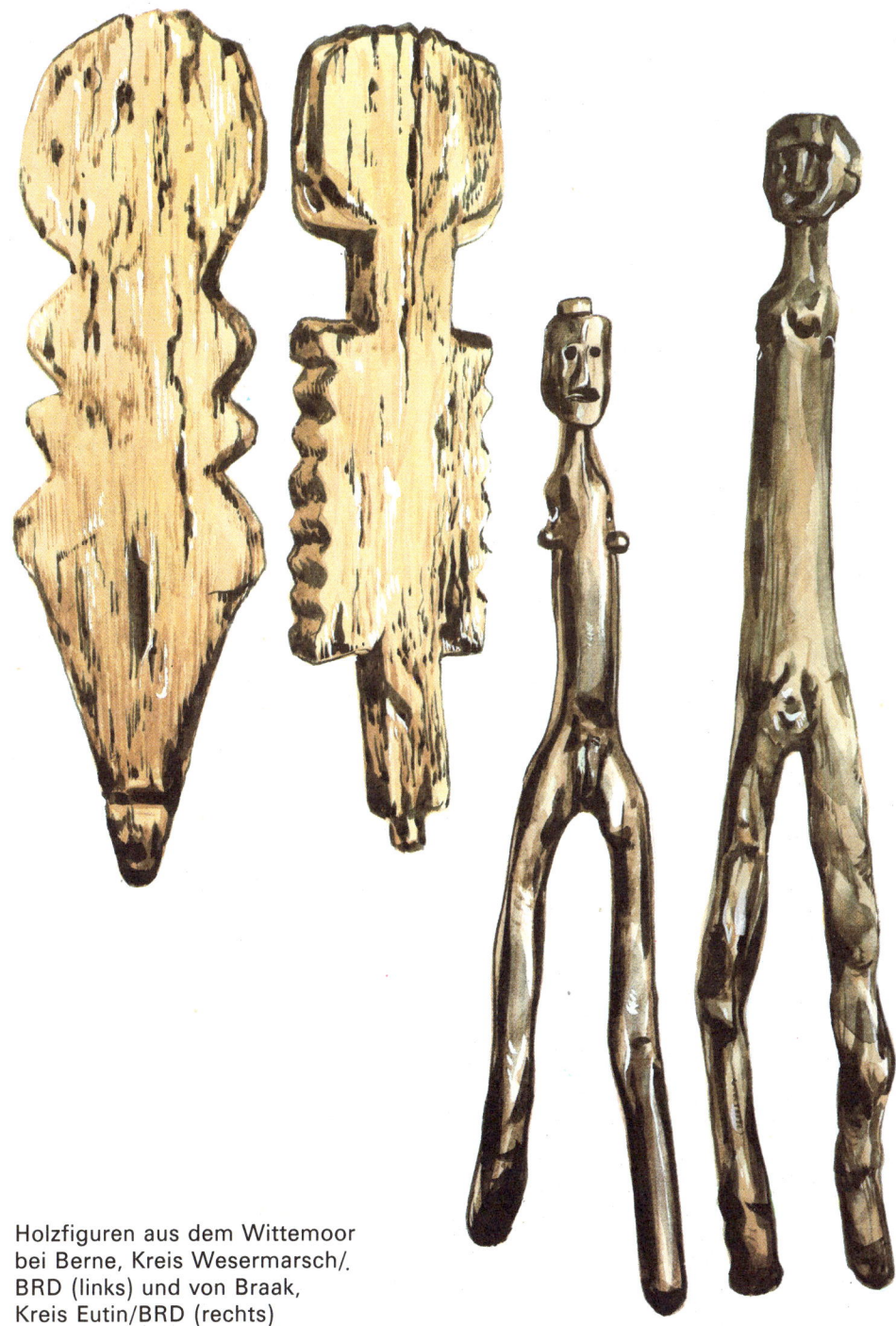

Holzfiguren aus dem Wittemoor
bei Berne, Kreis Wesermarsch/.
BRD (links) und von Braak,
Kreis Eutin/BRD (rechts)

167

Wieder einmal müssen wir in die Berichte der römischen Schriftsteller blicken. Sie sagen ausdrücklich, daß der Germane keine Bilder von seinen Göttern mache und auch keine Tempel besitze. Dem Römer fiel das sofort auf, gab es doch in der Weltstadt Rom, aber auch in den Provinzstädten (wie in Aquincum) eine große Zahl von Tempeln und Götterstatuen. Sie ließen sich aus dem alltäglichen Leben nicht wegdenken. Die Germanen hatten nicht die Vorstellung von einem Götterhimmel wie etwa die Griechen vom Olymp, sondern waren noch sehr stark mit der Natur, den Bäumen und Tieren, dem Gewitter und den Wolken, der Sonne und den Gestirnen, verbunden. Deshalb gingen sie in die Wälder, auf Höhen oder an Quellen, an Seen und Moore, um mit den Göttern Zwiesprache zu halten.

Sicherlich fand man sich schon seit Generationen immer wieder an denselben Stätten zusammen. Gerade unheimliche Moore, wo sich des Nachts seltsame gurgelnde Geräusche vernehmen ließen, wo Menschen für immer spurlos verschwunden blieben, sah man als Sitze der Götter an. Aber auch ein Steinkreis, wie die Archäologen sie mehrfach ausgegraben haben, ein oder mehrere Stein- oder Holzmale, eine hochragende Felsenpartie oder nur ein uralter Baum waren die Plätze, wo die Germanen, vertreten durch die Sippenältesten, zusammenkamen, um ihren Göttern zu opfern. Man brachte die ersten Erträge des Feldes sowie Jungtiere, vielleicht sogar Menschen, die man dem Moor übergab. Schmuck und Waffen wurden den Göttern ebenfalls geschenkt.

Der Krieg spielte im Leben der Germanen wie bei allen Völkern auf dieser Entwicklungsstufe eine bedeutende Rolle. An solchen Stätten erflehten sie vor Beginn eines Feldzugs von der Gottheit Sieg und viele Beute oder dankten ihr nach einem erfolgreichen Kampf mit Waffengaben. Allein in Dänemark sind bisher etwa 20 derartige Waffenopferplätze bekannt geworden. Im Nydam-Moor fand man rund 100 eiserne Schwerter, 550 Speere, zahlreiche Bogen und Pfeile, aber auch Gürtel- und Riemenbeschläge, Kämme und römische Münzen. Im Moor von Vimose waren es 1000 Speere, 100 Schwerter, einige Ringpanzer und manches andere. Der Opferplatz im Moor von Thorsbjerg lag einst im Wasser. Von einem Steg, der 20 m weit in den See führte, wurden über 5 Jahrhunderte lang immer wieder Waffen, Schmuck, Teile der Bekleidung, Reitzeug, sogar Wagen und landwirtschaftliche Geräte dem im See vermuteten Gott gebracht. Am Rand eines anderen Moores (von Ejsbøl) hatten die Bewohner eine Plattform aus Holz und Erde errichtet und von dort Waffen und andere Ausrüstungsstücke als Opfer für den Gott in den Sumpf geschleudert. 70 Schwerter, 200 Speerspitzen, 100 Schilde und über 600 Pfeile konnten geborgen werden. Meist hatte man die Waffen vorher unbrauchbar gemacht. Vielleicht handelte es sich um erbeutete, im Kampf verbogene Waffen. Es können jedoch auch eigene Waffen gewesen sein, die, der Gottheit geweiht, nie mehr von Menschenhand berührt oder gar benutzt werden durften und deshalb zerstört wurden.

Diese Plätze dienten aber nicht nur dem Opfer, sondern standen zugleich mit dem Ahnenkult in Verbindung. Vielleicht waren die hölzernen menschengestaltigen Pfähle die Abbilder der Ahnen. Diese lebten nach der Vorstellung der Germanen unsichtbar im Kreis der Sippe und des Stammes weiter, von ihnen konnte man einen Rat in wichtigen Entscheidungen einholen. Um solche Zwiesprache zu führen, bediente man sich der Priester, welche die „Fähigkeit" besaßen, aus bestimmten Beobachtungen der Natur die Meinung der Ahnen wie der Götter dem Volk zu vermitteln. Die römischen Schriftsteller berichten mehrfach von Priestern und auch Priesterinnen, die eine hohe gesellschaftliche Stellung im Stamm besaßen, mitunter sogar eine höhere als die politischen und mili-

Einstiges Moorheiligtum von Tranebær/Dänemark

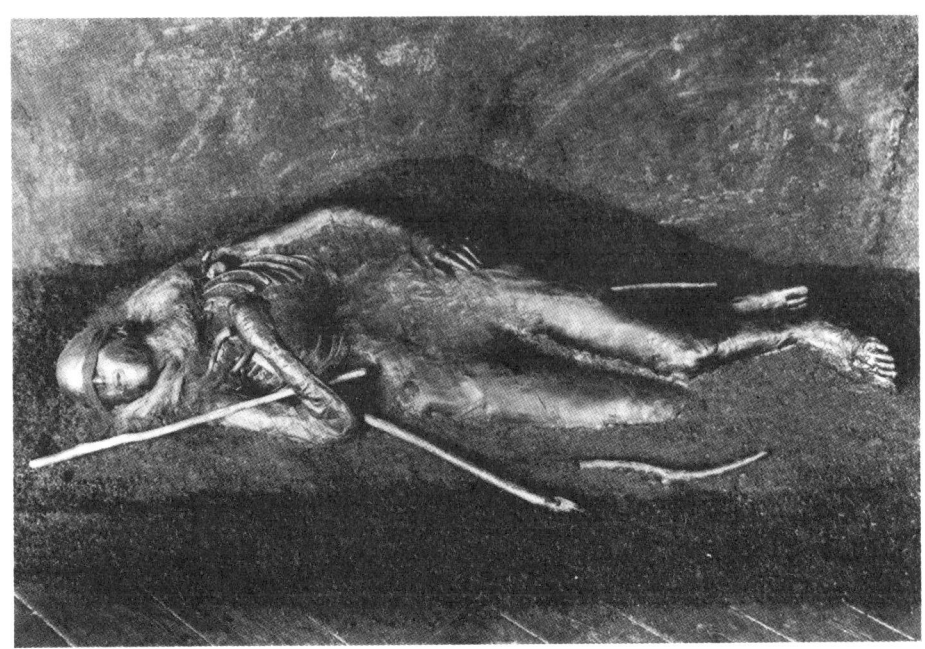

Moorleiche eines jungen Mädchens aus Windeby, Kreis Rends-
burg-Eckernförde/BRD, 1. Jahrhundert

tärischen Führer. Ob sich die Priester dabei in einen Rauschzustand ver-
setzten, wie das von vielen Jäger- und Viehzüchtervölkern bekannt ist,
wissen wir nicht.

So kam man an diesen Plätzen zusammen, um wichtige Entscheidungen zu treffen und um Gericht zu halten. Streitigkeiten wurden gere-
gelt, Verbrecher angeklagt und verurteilt. Waren sie der Todesstrafe
verfallen, wurde das Urteil gleich an Ort und Stelle vollstreckt. Verräter
und Überläufer hängte man an Bäumen auf, Feige und Unzüchtige ver-
senkte man im Moor. Die Vollstreckung des Urteils erfolgte ebenfalls
durch den Priester. Die Strafe war, wie schon gesagt, zugleich ein Süh-
neopfer an die durch die Freveltat beleidigte Gottheit. Zahlreiche Moor-
leichen bestätigen diese Form der Bestrafung. Einige waren vorher er-
drosselt oder erstochen worden. Anderen hatte man die Ohren, einen
Fuß, ja den Kopf zuvor abgetrennt, Männer waren sogar entmannt. In
den meisten Fällen scheint man aber den Verurteilten gefesselt, in einen
Sack gesteckt, mit Steinen beschwert und dem Wasser oder Moor übergeben zu haben. Eine entehrende Strafe für Mann und Frau war das
Kahlscheren des Kopfes. Denn wie bei vielen frühgeschichtlichen Völkern galt das Haar — beim Mann vor allem auch der Bart — als Zeichen

170   Ein Verbrecher wird im Moor versenkt. Die Holzfigur im Vorder-
grund ist einer im Moor von Oberdorla gefundenen nachgebildet.

für Kraft und gesellschaftliches Ansehen. Bei geringeren Vergehen mußte der Täter eine festgesetzte Zahl von Pferden oder Rindern liefern. Es gab auch Streitigkeiten, die durch den Priester oder die Volksversammlung schwer zu regeln waren. Dann fiel die Entscheidung in einem Zweikampf, weil man glaubte, die Gottheit würde den Schuldigen unterliegen lassen. Demnach stand die Rechtsprechung im engsten Zusammenhang mit den religiösen Zeremonien.

Kehren wir zu unseren Holzmännern zurück. Man möchte in ihnen also weniger das Abbild eines Gottes sehen als vielmehr das eines großen Ahnen. Der Germane mag auch gar nicht gewagt haben, die Gottheit darzustellen. Andererseits könnten einige Nachrichten doch für das Vorhandensein von Götterfiguren sprechen. Dazu gehört ein Bericht des Tacitus über den Kult der Nerthus, einer Fruchtbarkeitsgöttin bei den nördlichen germanischen Stämmen. Lesen wir einmal, wie er eine derartige heilige Handlung schildert. Ähnliches kann sich am Moor von Oberdorla ereignet haben.

„Auf einer Insel im Ozean [gemeint ist die Ost- oder Nordsee – F. S.] steht ein heiliger Hain, und in ihm befindet sich, mit einem Tuche zugedeckt, ein geweihter Wagen; nur der Priester darf ihn berühren. Er merkt es, wenn sich die Göttin in dem Heiligtum eingefunden hat, und geleitet sie unter vielen Ehrenbezeugungen, wenn sie – von Kühen gezogen – (durch das Land fährt). Dann gibt es Freudentage, und festlich geschmückt sind alle Stätten, die die Göttin ihres Besuches und ihres Aufenthaltes würdigt. Man zieht dann nicht in den Krieg, ergreift die Waffen nicht, sicher verwahrt liegt alles Eisen. Frieden und Ruhe kennt und liebt man freilich nur dann und nur so lange, bis derselbe Priester die Göttin, die des Umgangs mit den Sterblichen müde geworden ist, ihrem heiligen Bezirk wieder zurückgibt. Dann werden Wagen und Decke, und, wenn man dem Glauben schenken will, die Gottheit selbst in einem versteckt gelegenen See abgewaschen. Hilfsdienste leisten dabei Sklaven, die alsbald derselbe See verschlingt. Ein geheimer Schauder umgibt daher den Brauch und eine heilige Scheu, zu erkunden, was das wohl sein mag, was nur Todgeweihte zu Gesicht bekommen."*

Die Gestalt auf dem Wagen kann entweder eine leibhaftige Frau als eine Art Stellvertreterin der Göttin oder nur eine aus Holz geschnitzte weibliche Figur gewesen sein. Bemerkenswert ist die Tatsache, daß die Sklaven, welche die Göttin reinigten und somit sahen, sterben mußten. Demnach blieb auch hier der Blick auf das Bild der Gottheit verwehrt.

In den isländischen Sagas, die allerdings erst Jahrhunderte später auf-

---

* Tacitus, Germania, Kap. 40, a. a. O., S. 105 f.

Nerthus-Umfahrt (nach der Schilderung bei Tacitus und einem Wagenfund in Dänemark)

gezeichnet wurden, steht zu lesen, daß ein Däne an der Küste einen alten Holzmann von 40 Fuß Größe (das wären etwa 12 m) fand, der schon mit Moos bewachsen war. Dennoch konnte er ungefähr sein Aussehen erkennen.

Das erste Menschenpaar hieß nach der germanischen Mythologie „Ask" und „Embla". Die Namen dieser beiden Urahnen des Menschengeschlechts weisen auf „Baumklötze" hin; und die Namen eines göttlichen Brüderpaars „Raos" und „Raptos" bedeuten „Rohr" und „Balken".

Wenden wir uns nun Inhalt und Wesen germanischer Religion zu. Was ist Religion? Wie Friedrich Engels sagte, ist Religion „nichts andres als die phantastische Widerspiegelung, in den Köpfen der Menschen, derjenigen äußern Mächte, die ihr alltägliches Dasein beherrschen, eine Widerspiegelung, in der die irdischen Mächte die Form von überirdischen annehmen"*. Man kann Religion nicht isoliert betrachten; denn sie steht im engen Zusammenhang mit dem gesamten Lebensprozeß der Menschen. Religion stellt eine besondere Form des gesellschaftlichen Bewußtseins dar. Sie ist nicht von Anbeginn der Menschheit vorhanden, sondern kann sich erst auf einer bestimmten Stufe der Entwicklung der menschlichen Gesellschaft herausbilden. Vor allem die frühen Religionen entstanden aus dem Unvermögen des Menschen, die tatsächlichen Zusammenhänge in Natur und Gesellschaft zu erfassen und zu begreifen. Er empfand Ohnmacht gegenüber den Vorgängen in der Natur, die er oft voller Furcht und Schrecken erlebte. Ein Blitzschlag und der grollende Donner, sintflutartige Regen, dörrende Hitze, orkanartige Stürme oder gar Erdbeben erregten ihn, und er fühlte sich in starkem Maße abhängig von Mächten, die er nicht kannte und vor allem nicht sehen konnte, die er sich aber in einer Form oder Gestalt vorstellen mußte. Einmal waren es Tiere, dann wieder menschengestaltige Dämonen und Geister, erst in verhältnismäßig später Zeit Götter, die über den Wolken oder unter der Erde leben sollten. Mit den Unsichtbaren oder nur im Traum „Sichtbaren" mußte man in Verbindung treten, um Unheil abwehren, aber auch um Dank sagen zu können für erwiesene Hilfe oder um von ihnen Entscheidungen zu vernehmen.

Trotz aller damit verbundenen Phantasterei und Illusion führte das Bemühen der Menschen, in die Geheimnisse der Natur einzudringen, doch zu bestimmten richtigen Erkenntnissen. Sie sahen gewisse, sich immer wieder zeigende Zusammenhänge zwischen einzelnen Naturvorgängen. Ihr Erfahrungsschatz, ihr Wissen wuchs. Das Wissen war aber

---

* Friedrich Engels, Herrn Eugen Dührings Umwälzung der Wissenschaft, in: Marx/Engels, Werke, Bd. 20, Dietz Verlag, Berlin 1978, S. 294

noch keine Wissenschaft, weil der Mensch zwar Regelmäßigkeiten, aber noch keine Gesetzmäßigkeiten erkannte.

Magische und religiöse Vorstellungen haben sich stets sehr lange gehalten. Auch als die Germanen bereits die verschiedensten Götter verehrten, waren bei ihnen noch zahlreiche Reste einer Naturreligion aus der Zeit vorhanden, da die Menschen keinen Ackerbau und keine Viehhaltung, sondern nur die Jagd und die Sammeltätigkeit kannten. Vor allem spielte immer wieder das Tier eine Rolle in den Vorstellungen. Für manche unerklärbaren Vorgänge wurden bestimmte Tiere verantwortlich gemacht, oder man glaubte, von bestimmten Tieren abzustammen. Diese wurden verehrt, durften oft nicht oder nur unter bestimmten Zeremonien getötet werden. Man bezeichnet solche Tiere mit einem aus der indianischen Sprache stammenden Wort als „Totem". So ist es verständlich, daß Tiere in der Kunst der frühen Völker bevorzugt dargestellt wurden. Als Überreste solcher Erscheinungen in der Neuzeit können wir Wappentiere (Adler, Löwe, Pferd usw.) ansehen.

Bei den Germanen hatte das Totemtier seine ursprüngliche funktionelle Bedeutung bereits verloren — und trotzdem besaß es seinen Platz in der Vorstellungswelt und in der künstlerischen Widerspiegelung. In Mythen, Sagen und Märchen begegnen wir ihm noch heute. Dabei mußten zwangsläufig die Tiere nach menschlichen Maßstäben denken und handeln, sie konnten auch ihre Gestalt verändern, einmal Mensch und dann wieder Tier sein. In der germanischen Vorstellungswelt, in der die Götter eine große Rolle spielten, waren die Tiere meist zum Begleiter des Gottes „herabgesunken". Bevorzugt handelte es sich um männliche Tiere, die sich durch Kraft, Stärke und Ausdauer auszeichneten, wie der

Gotisch-sarmatische Gürtelschnalle von der Krim, 6. Jahrhundert

Stier, der Eber, der Hengst, der Hirsch. Hinzu kam der Vogel, an dem der Mensch seit alters bewunderte, wie er sich von der Erde erheben und in weite, unsichtbare Fernen fliegen konnte. Oft glaubte man, in ihm die entschwindende Seele eines Verstorbenen zu sehen. Manchmal nahmen die Tiere auch eine Zwittergestalt (Mensch und Tier) oder eine Phantasieform an. Auf alte totemistische Vorstellungen gehen die Namen einiger germanischer Stämme zurück; so dürfte als Stammvater der Eburonen der Eber gegolten haben.

Weitere Erscheinungen in der Natur wurden von den Germanen ebenfalls verehrt, ob nun Pflanzen, Bäume, Quellen, Berge oder Felsen. Damit sind wir wieder bei den Opferplätzen, die wir heute zwar hauptsächlich in Mooren finden, aber auch an anderen Orten vermuten müssen; nur konnten sich die Opfergaben dort verständlicherweise nicht so gut über die Jahrtausende erhalten wie im luftabgeschlossenen Moor. Die Wasser-, Erd- und Berggeister in unseren Märchen bilden noch einen Nachklang dieser Geisterwelt unserer Vorfahren.

Einst wie heute wollte der Mensch in die Zukunft sehen. In germanischer Zeit spielte die Weissagung eine bedeutende Rolle. Aus den Stimmen oder dem Flug der Vögel, aus dem Wiehern der Pferde, aus dem Blut geopferter Menschen, aus den Eingeweiden getöteter Tiere, aus den Strudeln der Flüsse, aus dem Murmeln der Bäche, aus der Stellung der Gestirne und des Mondes glaubte man, Entscheidungen finden und die Zukunft voraussagen zu können. Über alle diese Formen der Weissagung bei den germanischen Stämmen schreiben die antiken Berichterstatter und Historiker.

Am bekanntesten war das Loswerfen. Lassen wir wieder einmal Tacitus zu Worte kommen: „Sie schneiden von einem fruchttragenden Baum ein Reis ab, zerschneiden es in Stäbchen, versehen diese mit bestimmten (runenartigen) Zeichen und streuen sie planlos über ein weißes Tuch, wie sie ihnen gerade unter die Hand kommen. Dann betet der Stammespriester, wenn eine Befragung von Stammes wegen erfolgt, bei privater Befragung der Hausherr persönlich, zu den Göttern und hebt — den Blick zum Himmel gewendet — dreimal (hintereinander) eins auf und deutet die aufgehobenen Stäbchen nach dem vorher eingeritzten Zeichen. Geben sie ablehnenden Bescheid, dann wird an demselben Tage in derselben Angelegenheit keine Befragung mehr vorgenommen; bei zustimmendem Bescheid wird die zusätzliche Bestätigung durch Vorzeichen für erforderlich gehalten."* So ergibt sich hier wiederum eine Verbindung mit den Stäbchen im Moor von Oberdorla.

* Tacitus, Germania, Kap. 10, a. a. O., S. 43 f.

Leider verrät uns Tacitus nicht, was für Zeichen auf den Stäbchen angebracht waren. Handelte es sich um irgendwelche symbolische Figuren oder um Runen? Was sind denn Runen?

Das Niederschreiben des gesprochenen Wortes stellte eine große geistige Leistung des Menschen dar. Die ältesten Schriften sind uns aus den Zentren früher Klassengesellschaften, wie Mesopotamien, Ägypten, China, bekannt, wo das Schreiben von Listen und dergleichen den ökonomischen Interessen der herrschenden Klasse diente. Bald hat man auch Texte historischen und religiösen Inhalts aufgezeichnet.

Die germanischen „Buchstaben" — der Name verrät bereits, daß Stäbe aus Buchenholz benutzt wurden — sind nicht der ökonomischen Notwendigkeit entsprungen, sondern dienten mehr dem Zauber. Auf Waffen und Geräten, auf Schmuck und auf Felswänden eingeritzt, sollten sie bestimmte Wünsche zum Ausdruck bringen. So erhielten Lanzenspitzen einen Namen eingraviert wie der „Zielreiter" oder der „Anstürmende". Das sollte dem Gegenstand beziehungsweise dem Träger Glück bringen oder ihn schützen. Zuweilen ist ein Fluch aufgeschrieben für den Fall, daß sich jemand an dem Stück vergreift. Schon das Einritzen — und wenn es nur das Alphabet war — versprach magische Kraft. Manchmal sind auch kurze Mitteilungen eingraviert oder der Name des Besitzers oder „Runenmeisters". Runen vermochte nicht jeder zu schreiben und erst recht nicht jeder zu lesen, zunächst wohl in erster Linie der Priester. Es war also eine Art Geheimschrift. Da in Skandinavien noch bis in unser Jahrtausend Runeninschriften angefertigt wurden, können wir sie lesen, wenn auch nicht immer in ihrem gesamten Inhalt verstehen.

Die verwendeten Runenzeichen sind nicht eine alleinige Erfindung der Germanen, sondern etwa zwei Drittel der Zeichen lassen sich aus der lateinischen beziehungsweise etruskischen Schrift ableiten. Der Rest der Runen hat dort keine Vorbilder. Welchem Stamm die ersten Runen zu verdanken sind, wissen wir nicht. Sie treten erstmalig auf Lanzenspitzen (zum Beispiel von Müncheberg—Dahmsdorf, Kreis Strausberg) und Fibeln des 2. Jahrhunderts auf, aber weit weg vom wahrscheinlichen Ursprungsgebiet in der Nähe des Römischen Reiches. Die Mehrzahl der Runeninschriften wurde in Skandinavien entdeckt. Von den ungefähr 5000 Inschriften befinden sich allein 3000 auf schwedischem Gebiet. Dem entspricht auch, daß die meisten, nämlich etwa 4000, erst der Wikingerzeit, also dem Ende des 1. Jahrtausends, angehören, als in Mitteleuropa schon die auf das Lateinische zurückgehende Buchstabenschrift üblich war.

Es ist interessant, daß die 24 Zeichen des ältesten Alphabets Namen tragen, deren Anfangsbuchstaben mit dem gesprochenen Laut überein-

Runenstein von Möjbro in Uppland/Schweden und Lanzenspitzen von
Müncheberg-Dahmsdorf (oben) und Kowel/Ukrainische SSR (unten)

stimmt. Das „f" beispielsweise heißt als Runenzeichen „fehu", und das bedeutet „Vieh". Das „i" heißt „isa", was „Eis" bedeutet. Daß die Runen als Zauberformel auch der Mehrung des Besitzes dienen sollten, wird dadurch unterstrichen, daß der erste Buchstabe des Alphabets den Begriff „Vieh" bezeichnet und der letzte den Begriff „Besitz", was sicherlich kein Zufall ist.

Als historische Quelle sind die Runeninschriften kaum brauchbar, aber einen um so höheren Wert haben sie für die Sprachwissenschaft als frühe Zeugnisse germanischer Dichtung und allgemein als Dokumente der Kultur der Germanen. So vermitteln uns die Runen ein ungefähres Klangbild der germanischen Sprache. Durch die bevorzugte Betonung auf der ersten Silbe bot sich für das einprägsame und gedichtete Wort der Reim auf den Anlaut an, den wir als Stabreim bezeichnen. Bei Zauber- und Beschwörungsformeln hatte das seine Wirkung auf die Zuhörer. Auch wir verwenden häufig noch den Stabreim, wenn wir von *H*aus und *H*of oder von *M*ann und *M*aus sprechen.

Aber schon lange bevor die Runen eingeritzt wurden, gab es eine Dichtung. Es waren Zauber- und Beschwörungstexte, Bauernweisheiten und Schlachtgesänge, Hochzeits- und Totenlieder, Helden- und Göttersagen. Teils bildeten sie Allgemeingut, teils gehörten sie zum alleinigen Wissen der Priester, Sänger oder Erzähler. Erst Jahrhunderte später wurden sie aufgezeichnet, und es fällt uns nicht leicht, das Ursprüngliche von dem Neuen, das oft christlich verkleidet ist, zu trennen. In den Schlachtgesängen wurde der Kriegsgott angerufen, die Kampfbereitschaft gestärkt und der Gegner eingeschüchtert. Tacitus schreibt, daß ein rauhes Tönen und dumpfes Brausen einsetzte, wenn die Germanen beim Gesang die Schilde vor den Mund hielten. Bei Hochzeiten und Totenfeiern oder zu Beginn des Frühlings wandte man sich an Dämonen und Götter. In einem um 1000 aufgezeichneten angelsächsischen Flursegen, einem Gebetslied, mit dem eine gute Ernte erfleht wurde, heißt es: „Ostwärts wende ich mich [nämlich der aufgehenden Sonne entgegen — F. S.], um Wohltaten bitte ich, die Erde bitte ich und den Himmel oben, daß mein Zauber ziehe und die Felder sprießen."* Die Totenlieder waren nicht allein Klagelieder, sondern sollten den Verstorbenen vor bösen Dämonen schützen und ihn auf dem Weg ins Totenreich begleiten.

Zu dieser Volksdichtung gehören auch die Erzählungen und Lieder von den Göttern und ihrem Ursprung sowie von der Entstehung des Menschengeschlechts. Wohl jedes Volk auf der Erde hat sich diese Fra-

---

* zitiert nach: Geschichte der deutschen Literatur, 1. Bd., 1. Hbd., Volk und Wissen Volkseigener Verlag, Berlin 1963, S. 75

Erikstein mit Runeninschrift aus der Wikingerstadt Haithabu bei
Schleswig/BRD, 10. Jahrhundert

gen gestellt und sich phantastische Erklärungen ausgedacht, die in Mythen und Sagen ihren Niederschlag fanden. Tacitus weiß zu berichten, daß die Germanen in ihren Liedern einen aus der Erde geborenen Gott Tuisto besangen, der einen Sohn Mannus hatte und dieser wiederum drei Söhne, nach denen Stammesbünde — oder waren es Kultbünde? — benannt waren, die Ingwäonen an der Nordseeküste, die Istwäonen im Wesergebiet und die Herminonen im Elbegebiet. In dem Namen Tuisto ist das Wort „zwei" (engl. two) enthalten, womit angedeutet wird, daß man sich den Gott als „Zweigeschlechterwesen" vorstellte. Unter den bekannten germanischen Götternamen erscheint er sonst nicht.

Welches waren nun die germanischen Götter, von denen wir schon so lange sprechen und die wir noch nie mit Namen und „Funktionen" genannt haben? Die Antwort fällt deswegen nicht leicht, weil uns die Namen der germanischen Götter aus den ersten Jahrhunderten unserer Zeitrechnung nicht unmittelbar überliefert sind. Die römischen Schriftsteller berichteten über sie, setzten aber dafür den ihnen geläufigen, also römischen Namen ein, weil sie glaubten, es handle sich um ein und denselben Gott, der nur verschieden benannt wird. Erst in den germanischen Dichtungen des frühen Mittelalters finden wir die germanischen Namen.

So erwähnt Tacitus den Merkur, der bei den Römern der Gott des Handels war. Man sieht in ihm den bedeutendsten germanischen Gott, Wodan. Daß Tacitus ihn lediglich als Gott des Handels nennt, mag daran liegen, daß bei einem Handelsgeschäft zwischen Germanen und Römern — und derartige Geschäfte waren sehr häufig — die Römer den Merkur anriefen, die Germanen den Wodan. Wodan (bei den Nordgermanen heißt er Odin) war aber weit mehr als nur der Gott des Handels, man könnte ihn eher mit dem antiken Göttervater, also dem griechischen Zeus beziehungsweise dem römischen Jupiter, vergleichen. Er war auch der Gott der Toten und somit Beherrscher des Totenreichs, Walhall, aber ebenso der Gott der Krieger, der Gott des Sturmes oder des Gesangs. In unseren Märchen hat sich Wodan als der im Sturmwind dahinbrausende „Wilde Jäger" oder als Anführer der Seelen der Verstorbenen in der „Wilden Jagd" erhalten.

Als zweiten Gott nennt Tacitus den Herkules, mit dem wegen seiner Keule nur der hammerschwingende Donar oder, wie er bei den Nordgermanen heißt, Thor gemeint sein kann. Er ließ es nach germanischer Vorstellung donnern und blitzen. Mancherorts galt er als Gott der Fruchtbarkeit, woanders wieder als der Beschützer der kämpfenden Männer und der Schrecken der Feinde. Auf hoher See riefen die Wikinger ihn an, um günstigen Wind zu erbitten.

Als drittem Gott hören wir von Mars, dem bekannten Kriegsgott der

Römer. Der germanische Name für diesen eigentlichen Kriegsgott war Ziu.

Wir sehen schon bei der Charakterisierung dieser drei Götter, wie stark sich ihre „Rollen" überschnitten. Das mag im wesentlichen daran gelegen haben, daß es keine gesamtgermanischen Götter mit klar abgegrenzten Funktionen gab, sondern diese besaßen bei den einzelnen Stämmen und zu den verschiedenen Zeiten jeweils eine unterschiedliche Stellung mit wechselnden Aufgaben.

In der germanischen Vorstellungswelt existierten auch weibliche Gottheiten, von denen die bekannteste Freyja war, wohl mehr oder weniger identisch mit Frigg. Als Frigg galt sie als Odins Gemahlin, wogegen Freyja die Männer durch ihre Schönheit betörte und umwarb. Als Odins Frau folgte sie Wodan im Sturm („Windsbraut"), sie war auch heilkundig, konnte die Zukunft voraussagen und wurde um reichen Kindersegen angefleht. In Freyja sah man jedoch ebenfalls die Göttin der Fruchtbarkeit. Die jungen Mädchen riefen sie an, wenn sie die Liebe eines jungen Mannes erringen wollten. Freyja besaß nach der germanischen Mythologie einen Bruder, Freyr, der ein Gott der Fruchtbarkeit war. Zu ihm gehörte eine Frau, deren Bild durch das Stammesgebiet gefahren wurde, während große Feste stattfanden. Erinnert uns das nicht an den Bericht von Tacitus über die Nerthus? Solche Umfahrten oder Umritte haben sich bis in die Neuzeit erhalten, sie wurden der christlichen Religion angepaßt, erhielten einen entsprechenden christlichen Symbolgehalt und werden heute oft noch als Volksfeste gefeiert.

Wie bei vielen anderen Völkern finden wir auch im germanischen Kult die Verehrung eines göttlichen Zwillingspaars, der Alken. Während die Zwillinge gleichartig waren, gab es daneben Götterpaare von gegensätzlichem Charakter. Sie symbolisierten das Ringen zwischen dem Guten und dem Bösen, den Kampf der Jahreszeiten, den unendlichen Wechsel von Werden und Vergehen. Als Beispiel aus jüngerer germanischer Zeit seien der Frühlings- und Fruchtbarkeitsgott Baldr und der heimtückische Loki genannt. Baldr wird immer als der strahlende und schöne Gott des Lichtes und der Jugend geschildert, wogegen uns Loki in den vielfältigsten Schattierungen und Tätigkeiten entgegentritt. Er gilt als schlau und gerissen, stiftet einmal Unheil, das andere Mal greift er wieder helfend ein. Er hütet das Herdfeuer, das er einst der Göttin Freyja geraubt und den Menschen gebracht hat. Auch diese Frage nach der Entstehung des ersten Feuers haben sich die Menschen überall gestellt, da ohne Feuer auf die Dauer kein menschliches Leben existieren kann. Loki befindet sich oft unter der Erde, wo er Schwerter schmiedet. Er wechselt vielfach die Gestalt. Einmal ist er eine Magd, die unter der

Erde Kühe melkt, bald verwandelt er sich in einen Floh und sticht die Göttin Freyja. Dann wieder ist er eine Stute und bringt den achtbeinigen Leibhengst Wodans zur Welt. Auch als Fliege, Seehund oder Fisch vollführt er seine Taten. Es bedarf wohl kaum des Hinweises, daß diese Schelmenfigur in unseren Märchen und Sagen fortlebt, ob wir da an Schneewittchens Zwerge, an die Heinzelmännchen oder an die Bewacher des Nibelungenschatzes denken.

Bedingt durch die noch in germanischer Zeit vorhandene starke Abhängigkeit von den Naturgewalten, glaubten die Menschen an die Existenz böser Dämonen und Geister, die sich nur schwer besänftigen ließen. Man stellte sie sich in Wolfs-, Hund-, Riesen-, Zwergen- und Drachengestalt vor. Solche Gestalten gewannen im Laufe der Zeit sogar noch an Bedeutung, als die Kämpfe der Stämme und Adelsgeschlechter untereinander, die jahrelangen Seefahrten der Wikinger mit all ihren Gefahren und insbesondere das Streben nach Reichtum und Macht eine immer größere Rolle im Leben der germanischen Völker spielten. So spiegelten sich die stärkeren sozialen Unterschiede und Gegensätze auch in der Vorstellungswelt wider. Man glaubte, daß die Erde im Ringen zwischen Göttern und Riesen sowie zwischen Göttern untereinander entstanden wäre. Im mörderischen Kampf zwischen den unheilbringenden Mächten einerseits und den Göttern und Menschen andererseits würde die Welt untergehen. Wir greifen mit dieser Beschreibung der Vorstellungswelt schon über jene Zeiten hinaus, die wir im Zusammenhang mit den Funden von Oberdorla und den Gräbern von Leuna schilderten. Gerade bei den Nordgermanen — vor allem den Wikingern — spielten Kämpfe und Fehden eine große Rolle. Für die Adelsschicht und die heranreifende Feudalklasse gehörte der Krieg zum Lebensinhalt.

Die Vorstellungswelt wurde stark durch das Christentum beeinflußt. Es fand wie manche anderen orientalischen Religionen im 2. Jahrhundert Eingang in die römischen Rheinprovinzen. Dies erleichterte der Umstand, daß Legionen aus den asiatischen Provinzen des Reiches, wo die Soldaten die neuen Religionen kennengelernt hatten, nach dem Westen verlegt wurden. Hier huldigten sie diesen Religionen. Allerdings war das Christentum wegen seiner anfänglichen ablehnenden Haltung gegen Staat und Kaiser zunächst Verfolgungen ausgesetzt und erhielt erst 313 die volle Gleichberechtigung. Aber schon um die Mitte des 3. Jahrhunderts gab es in der gallo-römischen Stadt Trier einen christlichen Bischof. Seit dem 4. Jahrhundert begann dann die langsame Christianisierung auch der freien Germanen, wobei die Einstellung der Adelsgeschlechter und der Königshäuser entscheidend war; bei ihnen führten oft politische Gründe zur Übernahme des neuen Glaubens. 325

bildete sich bei den Goten auf der Krim die erste christliche Kirchengemeinde, und 16 Jahre später wurde der Gote Wulfila (311—383) zum Bischof der Goten ernannt. Wulfila haben wir eine bedeutende kulturgeschichtliche Tat zu verdanken: Er übersetzte die Bibel ins Gotische, und mit dieser Schrift ist uns das älteste germanische Sprachdenkmal erhalten geblieben.

Bei anderen germanischen Stämmen begann der Christianisierungsprozeß später, das thüringische Königsgeschlecht dürfte erst gegen Ende des 5. Jahrhunderts den neuen Glauben angenommen haben.

Woher wissen wir, daß man den christlichen Glauben gegen die altgermanischen Vorstellungen eingetauscht hatte, wenn darüber keine schriftlichen Nachrichten vorliegen? Auf Schmuckstücken und auf dem erwähnten vergoldeten Helm von Stößen befinden sich christliche Kreuze, auf einem Silberlöffel aus Weimar ist das Monogramm von Christus eingraviert. Charakteristisch für den Übergang vom heidnischen zum christlichen Glauben sind alte Bräuche, die aber nun einen christlichen Gehalt besitzen. So wurde in Wittislingen in Bayern (BRD) im 7. Jahrhundert eine germanische Fürstin zwar in althergebrachter Weise beigesetzt, doch auf der mitgegebenen Gewandspange befand sich eine lateinische Inschrift ganz im Stil christlicher Grabinschriften. Auf einer anderen Spange, aus Nordendorf, ebenfalls in Bayern, zeigt sich dieser Übergang vom Heidnischen zum Christlichen noch deutlicher. In einer Runeninschrift werden drei germanische Götter angerufen, die Tote aber im Sinne christlicher Vorstellungen unter den Schutz dieser Götterdreiheit gestellt.

Unser Besuch im Moor von Oberdorla veranlaßte uns, die geistigen, namentlich die religiösen Vorstellungen der Germanen zu erforschen. Sicherlich bildet das Oberdorlaer Moor einen der bedeutendsten Fundplätze zum germanischen Kult in Mitteleuropa. Hinzu kommen aber zahlreiche weitere archäologische Quellen, welche die Ergebnisse und insbesondere die Erkenntnisse, die wir aus dem Befund in Oberdorla gewonnen haben, bestätigen und ergänzen. Gleichzeitige römische Nachrichten und spätere germanische Schriftdenkmale runden das Bild ab, das wir uns von der germanischen Religion und dem damit verbundenen Kult machen.

Bisher haben wir uns mit drei großen Völkerschaften beschäftigt, welche die Geschicke im mitteleuropäischen Raum seit den letzten Jahrhunderten vor Beginn unserer Zeitrechnung bestimmten, mit den Kelten, den Römern und den Germanen. Seit spätestens dem 6. Jahrhundert trat nun eine vierte Völkerschaft auf den Plan, die slawischen Stämme, denen wir uns in den folgenden Kapiteln widmen wollen.

In der Burg von Teterow

Bei den Slawen in Mecklenburg

Nordöstlich der Kreisstadt Teterow befindet sich der nach ihr benannte See. So schön er in seiner Gesamtheit auf uns wirkt — diesmal interessiert uns nur die Insel. Wir verlassen die Stadt in Richtung Rostock. Links erheben sich die Heidberge, auf denen in jedem Jahr die international bekannten Motorrad-Grasbahnrennen Zehntausende von Besuchern anlocken. Wir aber wenden uns nach Osten und wandern über einen Feldweg in das den See umgebende moorige Bruchgelände. Zur Linken erstreckt sich ein interessantes Vogelschutzgebiet. Nach einem Kilometer endet der Weg am Ufer des Sees. Eine Fähre erwartet uns schon und setzt uns in wenigen Minuten über die hier noch nicht einmal 100 m breite See-Enge. Wir betreten die Burgwallinsel — so genannt, weil sich auf ihr einer der in Mecklenburg zahlreichen Burgwälle aus slawischer Zeit befindet. Es ist eine langgestreckte schmale Insel, auf der wir uns nordwärts halten. Nach kaum 10 Minuten geruhsamen Wanderns erreichen wir die Burg, die auch für den Laien an der mächtigen Wallanlage zu erkennen ist.

Bevor wir uns aber mit der Burg und mit den Slawen beschäftigen, kehren wir in dem rohrgedeckten „Wendenkrug" ein. Noch ist keine Urlaubersaison, so daß wir gleich einen Platz bekommen, um uns zunächst einmal zu stärken. Wenn wir den richtigen Tag abgepaßt haben, können wir uns auch eine Hechtmahlzeit bestellen. Schon der Name „Wendenkrug" weist auf die alte Tradition hin, denn „Wenden" ist in unserer Sprache gleichbedeutend mit „Slawen". Während des Essens lassen wir uns einiges über die Geschichte dieser Burg und die Ausgrabung erzählen.

Heute ist der Teterower See nur etwa 360 ha groß. Früher bedeckte sein Wasser auch die tiefliegenden Wiesen und moorigen Niederungen. Schon ein Blick auf eine einfache Verkehrskarte läßt die ehemalige Größe erkennen; denn die Orte, die alte slawische Namen führen, lagen einst am Ufer des Sees. Wir können ihn auf 3000 ha, also das fast Zehnfache, schätzen.

Die Entdeckung und die ersten Untersuchungen an der Burg gehen bis 1860 zurück, aber erst 90 Jahre später, 1950, begann man mit einer größeren Grabung, die zu einem der ersten umfangreicheren archäologischen Unternehmen auf dem Gebiet der DDR nach dem zweiten Weltkrieg wurde. Sie bildete den Auftakt zu weiteren Untersuchungen slawischer Burgwälle und zu einer beispielhaften wissenschaftlichen Erforschung slawischer Frühgeschichte, der wir es verdanken, daß wir heute erheblich besser über diesen Abschnitt unserer Geschichte Bescheid wissen als noch vor wenigen Jahrzehnten.

Aber bleiben wir zunächst einmal auf der Burg Teterow. Die Archäologen legten Schnitte durch die Wälle an, um die Bauart und die unterschiedlichen Bauperioden erfassen zu können. Schon bei unserem Weg von der Fährstelle zum Nordteil der Insel überschritten wir kurz vor Erreichen des „Wendenkrugs" einen heute etwa 4 m hohen Wall, der in einer Länge von 90 m die Burg vom übrigen Bereich der Insel abtrennte. Dahinter befand sich die Vorburg von 1,2 ha Größe. Die Erbauer hatten zunächst einen Rost aus kreuz und quer gelegten Hölzern als Fundament geschaffen, auf dem sie dann den Wall aus Kies und Erde errichteten, auch dieser war mit Hölzern verstärkt. Da in jener Zeit mit Brandpfeilen geschossen wurde oder durch geschleuderte Feuerbrände das Holz leicht entflammt werden konnte, trugen sie an der Außenkante noch zusätzlich eine 10 bis 15 cm starke Lehmschicht auf. Dieser erste Wall, der 2,8 m Höhe erreicht haben dürfte, wurde in späteren Jahren mehrfach erhöht, verbreitert und verstärkt. Vor allem legte man an seinem äußeren Fuß noch eine Palisade aus Holzstämmen an, um dem Feind das Ersteigen zu erschweren.

Etwa in der Mitte des Walles befand sich einst das Tor, noch heute ist seine Lage an der Vertiefung erkennbar, wo auch wir die Burganlage betreten haben. Über den Bau des Tores ließen sich keine Einzelheiten mehr ermitteln. Eine zweite Öffnung befand sich an der Seeseite der Vorburg, um den mit Booten Eintreffenden einen Zugang zu ermöglichen.

Die Vorburg war an den beiden Uferseiten durch Wälle geschützt, welche die Bewohner in einer ähnlichen Bauweise errichtet hatten. Bemerkenswert sind beachtliche Steinpackungen auf der Westseite, die an einer Stelle noch in der ursprünglichen Höhe angetroffen wurden. 9 Reihen von Steinblöcken hatte man am Fuß des Walles bis auf eine Höhe von fast 2 m aufgeschichtet; sie sollten vor allem verhindern, daß die Wellen bei starken Weststürmen zu sehr am Wall nagten.

Östlich schloß sich die Hauptburg an. Sie befand sich auf einer natürlichen Anhöhe der Insel, wodurch eine zusätzliche Sicherung gegeben war und sich zugleich ein Ausblick auf das umliegende Gelände bot, so daß man nahende Feinde rechtzeitig erkennen konnte. Die Hauptburg

Burgwallinsel im Teterower See zu slawischer Zeit (nach E. Schuldt)

war kleiner als die Vorburg und nahm nur eine halb so große Fläche (0,6 ha) ein. Bei diesem Wall hatten die Erbauer quadratische Holzkästen übereinandergesetzt, um dem Erdreich noch besseren Halt zu geben. Während man zwischen der Vor- und der Hauptburg keinen Eingang mehr finden konnte, lag auf der Seeseite ein Tor, das nur mit Booten zu erreichen war.

Wo wohnten nun aber die Insassen der Burg? In der Vorburg fanden sich Hausreste unmittelbar hinter den Wällen, während das Innere ziemlich frei von Siedlungsspuren war; vielleicht stand hier das Vieh, wenn man es zum Schutz vor Angriffen von den umliegenden Weiden hereingeholt hatte. In der Hauptburg konnten die Ausgräber einige Kellergruben freilegen.

Eine große Überraschung brachten weitere archäologische Untersuchungen außerhalb der Burg. Es erhob sich die Frage, wie die Bewohner zu der Burg beziehungsweise überhaupt auf die Insel gelangten. Gehen wir einmal den Weg von der Burg zurück! Anfangs bereitete das auch in slawischer Zeit keine Schwierigkeiten, da es sich um festen Boden handelte. Dann aber kam mooriges Gelände, so daß der Weg befestigt werden mußte. Mancherorts genügte eine sandige Aufschüttung, stellenweise von einem halben Meter Mächtigkeit. Dort jedoch, wo das Moor tiefgründig war, reichte das nicht aus. Man hatte zunächst Birkenreisig gelegt, dann 15 cm starke und bis 5,5 m lange Birkenstämme aneinandergereiht, die durch senkrechte Holzanker gegen ein Verschieben gesichert waren. Erst darauf kam die Sandaufschichtung. Dies alles war nun von später entstandenen Erdschichten und dichter Wiesenvegetation verdeckt. Die Archäologen hatten aber bemerkt, daß in auffallenden langen Streifen das Echte Labkraut wuchs, das sonst nur an sandigen Wegrändern anzutreffen ist. Es erwies sich tatsächlich als Anzeichen dafür, daß an diesen Stellen der alte, oberflächlich nicht mehr erkennbare slawische Weg verlief. Die Ausgräber brauchten deshalb nicht lange zu suchen. 230 m weit hatten die Erbauer den Weg befestigen müssen, davon die Hälfte etwa mit hölzernem Unterbau. Er war 5 bis 7 m breit, so daß auch Wagen aneinander vorbeikommen konnten.

Wohin führte der Weg? Er gabelte sich im Süden der Insel, der eine Teil lief zu der heutigen Fährstelle, der zweite auf die andere Seite der Insel. Nun hieß es, Untersuchungen auf dem Festland vorzunehmen. An der heutigen Fährstelle wurde auf beiden Seiten eine starke Uferbefestigung entdeckt, die es ermöglichte, mit Booten anzulegen. Eine Brücke schien dem ersten Befund nach hier nicht gestanden zu haben, sondern offenbar gab es genau wie heute einen Fährbetrieb. Von der Anlegestelle auf dem Festland führte dann ein mit Sand befestigter Weg in Richtung der heutigen Stadt Teterow. Als man aber später dort Taucher einsetzte, fanden sie im tiefen Wasser Pfähle, die doch auf eine Brücke schließen lassen.

Auf der östlichen Seite der Insel wurden schon im vorigen Jahrhundert, als einmal der Seespiegel sehr niedrig war, im Wasser senkrecht stehende Pfähle bemerkt. Die archäologischen Untersuchungen unserer Zeit bestätigten dann, daß die Slawen hier eine Brücke gebaut hatten. Vor Jahrhunderten muß die Kenntnis von einer Brücke irgendwie noch im Volk verwurzelt gewesen sein; denn das Gelände auf dem gegenüberliegenden Festland hieß — so können wir es auf alten Karten nachlesen — „Brügghop". Heute hat das offene Wasser an dieser Stelle eine Breite von etwa 150 m, aber in slawischer Zeit war es wahrscheinlich erheblich breiter. Jedenfalls ergaben die Untersuchungen, daß die Slawen eine 750 m lange Brücke gebaut haben — eine für damalige Verhältnisse große und imponierende Leistung!

Auf beiden Seiten des moorigen Ufers sowie im stehenden Wasser wurden alle Einzelheiten dieses Bauwerks ermittelt. Lassen wir den Ausgräber, Ewald Schuldt, die Konstruktion beschreiben: „Die Erbauer schlugen zunächst zwei Pfähle im Abstand der beabsichtigten Brückenbreite in den Grund. Neben diesen wurde in gewissem Abstand je ein Pfahl schräg so eingeschlagen, daß er in der gewünschten Brückenhöhe an dem Standpfahl anlag. Beide Pfahlpaare wurden durch einen eichenen Träger, dessen Enden vierkantig gelocht waren, verbunden. Das geschah in der Art, daß man die Vierkantlöcher des Trägers auf die Standpfähle setzte und den Träger dann so weit herunterdrückte, bis er an den schrägen Stützpfählen auflag. Die so entstandenen Joche wurden in Abständen von 2 bis 2,5 m Abstand errichtet und untereinander durch Rund- und Kanthölzer verbunden, die als Oberzüge auf die Träger gelegt wurden. Diese Längsverbindungen dienten als Unterlage für den Querbelag der Brücke aus eichenen Bohlen, die durch Rödelleisten [Holzverankerungen — F. S.] in ihrer Lage gehalten wurden. Die etwa 1 m über dem Belag stehenden tragenden Pfähle der Joche verband man untereinander durch ein Geländer aus halbrunden Stangen"*.

Die Tragbalken waren unterschiedlich lang (es gab auch bei der Brücke verschiedene Bauperioden, da sie ja immer wieder erneuert werden mußte), zunächst 3,8 m, dann über 4 m und in der jüngsten Bauperiode sogar bis 5,8 m. Die Länge der senkrechten Jochträger richtete sich nach der Tiefe des Wassers. Der Belag bestand aus 25 bis 50 cm starken

---

* Ewald Schuldt, Burgen, Brücken und Straßen des frühen Mittelalters in Mecklenburg, Museum für Ur- und Frühgeschichte Schwerin, 1975, S. 30

Eichenbohlen. Die Brücke konnte in einer Breite von etwa 3,5 m benutzt werden. Man hat für die älteste Brücke ausgerechnet, wieviel Holz sie erforderte: 1500 Pfähle zwischen 2 und 5 m Länge und bis 10 cm Durchmesser, 375 Jochbalken von 3,8 bis 4 m Länge, 8000 laufende m Unterzüge von 4 bis 6 cm Durchmesser, 2500 Belagbohlen von 3,8 bis 4 m Länge und 3 cm Breite, 1500 laufende m Rödelleisten von 8 cm × 3 cm Stärke, 1500 laufende m Geländestangen von 4 bis 5 cm Durchmesser, 4000 eichene Stifte zur Befestigung der Jochbalken. Insgesamt

Archäologischer Befund und Rekonstruktion der Brücke im
Teterower See

müssen wir einen Holzbedarf von 200 Festmetern annehmen. Eine zwölf- bis vierzehnstündige tägliche Arbeitszeit vorausgesetzt, konnte die Brücke in 30 Tagen von 100 geübten Arbeitskräften aufgebaut werden.

Über das Alter der Teterower Burg geben uns die Keramikfunde Auskunft. Bevor sie gebaut wurde, bestand auf der Insel bereits eine unbefestigte Siedlung, die spätestens aus dem 9. Jahrhundert stammen dürfte. Frühestens am Ende dieses Jahrhunderts wurde eine erste Befestigung errichtet. Brandspuren weisen auf eine Feuerkatastrophe hin, vermutlich durch Feindeinwirkung. Die Wälle wurden wiederhergestellt und zugleich verstärkt, und die Burg bestand danach noch bis etwa zur Mitte des 12. Jahrhunderts. Warum sie dann verlassen wurde, wissen wir nicht, da wir über sie keine schriftlichen Quellen besitzen. Vermutlich änderte sich die politische Situation in diesem Teil Mecklenburgs, so daß die Burg keine Bedeutung mehr hatte.

Nicht alle Bereiche der slawischen Geschichte und Kulturgeschichte lassen sich mit dem Fundmaterial von Teterow erschließen. Deswegen verlassen wir jetzt die Insel im Teterower See und bemühen uns um einen allgemeinen Überblick über die slawischen Stämme.

Am Anfang steht wie immer die Frage nach ihrem Ursprung und ihrem Werden. Aus sprachgeschichtlichen Überlegungen, schriftlichen Überlieferungen und archäologischen Hinterlassenschaften hat die Forschung versucht, eine befriedigende Antwort zu finden. Die vergleichende Sprachwissenschaft kann Zusammenhänge zwischen den einzelnen slawischen sowie zu nichtslawischen Sprachen ermitteln und auch die Entwicklung einer Sprache über mehrere Phasen in weiter zurückliegenden Zeiten verfolgen, aus denen wir noch keine direkten Sprachreste besitzen. Gewisse sprachliche Gesetzmäßigkeiten verhelfen ihr zu dieser Erkenntnis. Schwierigkeiten bereitet die zeitliche Einordnung der einzelnen Phasen in bestimmte Jahrtausende oder gar Jahrhunderte. Jedenfalls gehören die slawischen Sprachen zu der großen Sprachfamilie, die wir als die indoeuropäische bezeichnen und zu der wir auch die germanischen, die keltischen wie die meisten anderen europäischen und einige wenige asiatische (unter anderem das Altindische) Sprachen zählen (vgl. S. 42). Wann aber das Slawische gegenüber den anderen seine Selbständigkeit erworben hat — diese Frage wird von der Wissenschaft sehr unterschiedlich beantwortet. Die einen glauben, das sei schon im 2. Jahrtausend v. u. Z. geschehen, andere sprechen vom 1. Jahrtausend v. u. Z., und auch die ersten Jahrhunderte nach Beginn unserer Zeitrechnung sind in der Diskussion.

Was sagen die schriftlichen Quellen? Die Slawen als solche werden erst sehr spät bekannt. Im Jahre 631 wird von dem slawischen Großreich eines gewissen Samo berichtet, das eine beachtliche Ausdehnung vom Südteil der heutigen DDR über ganz Böhmen und Mähren bis zum östlichen Österreich besaß. Überhaupt bereitet die Suche nach der Erstnennung deswegen Schwierigkeiten, weil fast nie von „den Slawen" die Rede ist, sondern immer wieder nur von einzelnen Stämmen, deren Namen zwar oft slawischen Ursprungs zu sein scheinen, dies vielfach aber auch nicht erkennen lassen. Das gilt nicht erst für das 7. Jahrhundert, sondern auch für die davorliegende Zeit. Soweit besteht in der Wissenschaft Einigkeit, daß schon vor dieser ersten sicheren Nennung der Slawen in der ersten Hälfte des 7. Jahrhunderts slawische Stämme existiert haben müssen. Umstritten ist nur die Frage, seit wann man von ihnen sprechen kann.

Als wir uns über die Entstehung der Kelten und der Germanen Gedanken machten, nannten wir schon einige grundsätzliche Voraussetzungen, um der Lösung derartiger historischer Probleme näher zu kommen. Stämme, Völker usw. bildeten sich in einem komplexen sozialökonomischen Prozeß heraus, bei dem das Sprachliche nur die eine Seite war. Die Stämme veränderten sich ständig in ihrer Struktur, in der Zusammensetzung; keinesfalls waren sie etwas Starres und Gleichbleibendes. Dies gilt auch für die Slawen. Aber das Slawenproblem ist komplizierter, weil sich die Entstehung und vor allem die Expansion der slawischen Stämme nicht im Licht der antiken Berichterstattung vollzogen hat. Wir erinnern uns, daß Herodot über die Kelten berichtete, als diese an der oberen Donau saßen und noch gar nicht an größere Auswanderungen dachten, und daß Cäsar über die Germanen schrieb, als diese noch ziemlich geschlossen wohnten, sich gerade keltische Gebiete angeeignet hatten und nun Anstalten machten, den Rhein zu überschreiten. Die Slawen dagegen tauchen in den schriftlichen Berichten erst auf, als sie auf dem Balkan erscheinen und in die Länder an der mittleren Donau sowie über die Oder hinweg bis zur Elbe vordringen.

Nun ist die Archäologie gefordert! Die materiellen Hinterlassenschaften der slawischen Stämme — ob an der Elbe oder auf dem Balkan — sind zwar keinesfalls einheitlich, aber doch so charakteristisch, daß sie sich von der Kultur der einheimischen Bevölkerung überall abheben. Es läge also der Gedanke nahe, nach der Herkunft dieser materiellen Kultur der einzelnen slawischen Stämme zu fahnden. In erster Linie käme ein Gebiet nordöstlich der Karpaten im Raum zwischen mittlerem Dnepr und oberem Dnestr in Frage. Die meisten Forscher nehmen aber eine größere räumliche Breite des slawischen Heimatgebiets an.

Antike Schriftsteller des 1. Jahrhunderts berichten von einem Volk der

Veneter, deren Sitze nach der Beschreibung an der Weichsel gelegen haben dürften. Wie weit sie nach dem Osten reichten, ist der antiken Welt nicht bekannt gewesen, da von dort kaum Nachrichten in das ferne Rom gelangten. Der Name der Veneter hat sich in dem deutschen Wort „Wenden" erhalten, mit dem der Volksmund die Slawen im allgemeinen bezeichnet und das wir in Orts- und Flurnamen finden. Deswegen läßt sich vermuten, daß die Veneter, wenn nicht mit den Slawen in ihrer Gesamtheit gleichzusetzen, so doch als ein slawischer Stamm oder eine größere Stammesgruppe anzusehen sind.

Demzufolge verdichtet sich immer mehr die Ansicht, daß in der ersten Hälfte des 1. Jahrtausends in großen Gebieten Polens, der westlichen Ukraine und vielleicht auch des westlichen Belorußlands Stämme wohnten, die — obwohl nicht nachweisbar — als slawisch gelten können. Sie entstanden aus der schon lange dort ansässigen, uns erst recht namentlich nicht überlieferten Bevölkerung, wobei es zu Zusammenschlüssen von bisher eigenständigen Stämmen und Stammesteilen kam; sarmatische und gotische Bevölkerungselemente wurden möglicherweise ebenfalls einbezogen. Die materielle und auch die geistige Kultur ist uns aus jener Zeit und in jenen Räumen gut bekannt. Sie verrät uns, daß diese Stämme nicht isoliert von der übrigen Welt lebten, sondern mehr oder weniger enge Beziehungen zu Griechenland und Rom besaßen. Wie im germanischen Gebiet finden sich auch hier zahlreiche Waren und vor allem Münzen aus den Staaten der Mittelmeerwelt. Die eigene Entwicklung dürfte durch diese Berührung mit dem Süden nicht unwesentlich gefördert worden sein.

Aus ähnlichen Gründen wie bei Germanen und Kelten kam es dann zu einer großen Expansion. Gleichzeitig oder schon vorher setzte die bis heute erkennbare sprachliche Dreiteilung in Ost-, Süd- und Westslawen ein. Zu den Westslawen rechnen Slowaken, Mähren, Tschechen, Polen und die vielen Stämme zwischen Oder und Elbe, mit denen wir uns im Folgenden beschäftigen wollen. Auch die Begriffe Ost- und Südslawen dienen als Sammelbezeichnungen für eine Anzahl einzelner Stämme. Nur vollzog sich dort die historische Entwicklung anders als zwischen Elbe und Oder. Es entstanden slawische Staaten auf feudaler Grundlage, aus denen später kapitalistische und in unserem Jahrhundert sozialistische Staaten wurden. Bei den slawischen Stämmen zwischen Oder und Elbe konnte es dagegen nicht mehr zu größeren und schon gar nicht zu dauerhaften Staatsbildungen kommen, da ihnen sehr bald der fränkische und später der deutsche Feudalstaat die politische und kulturelle Selbständigkeit nahm.

Die slawischen Stämme auf dem heutigen Gebiet der DDR sind aus zwei verschiedenen Richtungen eingewandert. Die einen kamen aus Böhmen und ließen sich vor allem an der mittleren Elbe und der Saale nieder, wogegen das Spree- und Havelgebiet sowie der mecklenburgische Raum von Südpolen her besiedelt wurde. In beiden Fällen dürfte dies am Ende des 6. und zu Beginn des 7. Jahrhunderts geschehen sein.

Saßen aber in diesem Gebiet nicht Germanen? Hier hatten sich inzwischen bedeutende Veränderungen vollzogen. Gegen Ende des 4. Jahrhunderts beginnend und verstärkt im 5. Jahrhundert, waren beträchtliche Teile der Stämme zwischen Elbe und Oder nach dem Süden und Westen gewandert. Diese Züge gehörten zu der „Großen Völkerwanderung", die fast alle germanischen Stämme erfaßte. An sich waren die Züge nach dem Süden nicht neu; den Anfang hatten bekanntlich die Kimbern und Teutonen im 2. Jahrhundert v. u. Z. gemacht. Jetzt aber gerieten Hunderttausende in Bewegung. Dafür gab es sicherlich verschiedene Ursachen. Vor allem für die Stämme, die bereits im 2. und 3. Jahrhundert bis in das Karpatenbecken und das westliche Schwarzmeergebiet gewandert waren (Goten, Wandalen, Gepiden und andere), bildete die Invasion der Hunnen aus dem mittelasiatischen Raum um 375 den unmittelbaren Anlaß. Eine weitere Ursache ist in der sich verstärkenden Krise des Römischen Reiches zu suchen, das nicht mehr imstande war, sich der germanischen Angriffe zu erwehren. Wir werden von dem Schicksal der ausgewanderten Stämme im Zusammenhang mit dem des deutschen Volkes noch erfahren. Auf dem Gebiet der heutigen DDR betraf das die Langobarden an der unteren Elbe bis zur Altmark, die Burgunden, die im 3. Jahrhundert in der Lausitz siedelten, die Semnonen im Havelgebiet und die an der Bildung der Thüringer beteiligten Stämme an der Saale.

Östlich der Saale und der mittleren und unteren Elbe waren nur Reste der einstigen Stämme verblieben. In diesen Raum kamen nunmehr die slawischen Stämme, die sich mit der germanischen Bevölkerung vermischten. Der Vorgang scheint sich meist friedlich vollzogen zu haben; denn es fehlen Hinweise auf größere Kampfhandlungen. Auf einigen Fundplätzen ist der germanische Charakter der materiellen Kultur noch spürbar; aber insgesamt lassen die archäologischen Quellen ohne Zweifel erkennen, daß seit dem 6. Jahrhundert slawische Stämme hier siedelten.

Die Zahl der uns aus den Jahrhunderten slawischer Selbständigkeit überlieferten Namen ist kaum überschaubar. Nur einige wenige sollen genannt werden — die der bedeutenderen und meist auch im Kampf mit dem deutschen Feudalstaat aktivsten Stämme.

Die aus dem böhmischen Raum kommenden Slawen dürften zu der

Siedlungsgebiete der wichtigsten slawischen Stammesverbände
zwischen Oder und Elbe

 labels within map:
Arkona
Ranen
Roztoc
Woligost
Behren-Lübchin
Lubek
Michelenburg · Rerik
Teterow
Obodriten
Wilzen
Müritz
Stetin
Elbe
Oder
Havelberg
Heveller
Havel
Lubus
Brennaburg
Tornow
Lusizer
Mulde
Elbe
Sorben
Spree
Milzener
Saale
Budissin

überwiegend Waldgebiete
wichtige Burgenorte
ausgegrabene Burgen
(soweit im Text erwähnt)
Westgrenze slawischer Ortsnamen
Westgrenze slawischer Funde

großen Gruppe der Sorben gehört haben, deren Name bis heute im Spree- und Neißegebiet fortbesteht, obgleich ursprünglich andere slawische Stämme dort eingewandert waren. Hier hat sich nicht nur der slawische Name erhalten, sondern die Sorben bilden als Bürger der DDR eine eigene Nationalität mit einer eigenen Kultur. Unser Staat wahrt und fördert ihre nationalen Interessen, besonders durch zahlreiche Bildungseinrichtungen, wissenschaftliche Institute und eigene in sorbischer Sprache erscheinende Publikationen.

Ursprünglich saßen im Gebiet des Spreewalds die Stämme der Lusizer — die noch im Namen der Lausitz weiterleben — und südlich von ihnen die Milzener. Im östlichen Mecklenburg siedelten die Stämme der Wilzen — seit etwa 1000 in den Chroniken als Lutizen bezeichnet — und im westlichen Mecklenburg bis in das östliche Holstein die bedeutenden Obodriten. Schließlich seien noch die Heveller im Havelgebiet genannt, deren Hauptort die Brennaburg (Brandenburg) war.

Die slawische Einwanderung machte nicht an den Ufern der Elbe und Saale halt, sondern griff zwischen Hamburg, wo sich eine slawische Siedlung befand, und Magdeburg auf westelbisches Gebiet über. Das traf auch für die Altmark zu. Über die obere Saale hinweg gelangten Slawen in den südthüringischen Raum. Besonders weit nach Westen drangen slawische Siedler vor, die sich im Maingebiet niederließen, wohin sie vermutlich aus dem böhmischen Ohřegebiet gekommen waren. In Bayern erreichten sie etwa eine Linie, die durch die heutigen Städte Bamberg — Nürnberg — Regensburg gebildet wird.

Die politischen Ereignisse, die sich nach der slawischen Landnahme im Raum zwischen Oder und Elbe vollzogen, sind uns weitgehend durch die deutschen Geschichtsschreiber und durch Urkunden bekannt geworden. Sie ergänzen unser Wissen über die materielle und geistige Kultur sowie über die bei den slawischen Stämmen herrschenden gesellschaftlichen Verhältnisse.

Wir erwähnten das Jahr 631, in dem Slawen erstmalig genannt werden. In diesem Zusammenhang hören wir von Sorben im Elbe-Saale-Gebiet, die in jenem Jahr das Bündnis mit den Franken kündigten und sich dem böhmisch-mährischen Großreich des Samo anschlossen. 640 verbündete sich der Thüringerherzog mit den benachbarten slawischen Stämmen zum Kampf gegen die Franken. Solche Ereignisse waren für die folgenden Jahrhunderte kennzeichnend. Zum einen fanden Kämpfe zwischen einzelnen slawischen Stämmen statt, zum anderen zwischen dem fränkisch-karolingischen Reich beziehungsweise den einzelnen deutschen Herzogtümern und den slawischen Stämmen. Hinzu kamen Auseinandersetzungen mit den Dänen und später mit den Polen, die bereits im 10. Jahrhundert einen großen, zahlreiche polnische Stämme umfassenden Staat gebildet hatten. Diese verschiedenartigen Kämpfe und Kriege führten immer wieder zu unterschiedlichen Bündnissen und wechselnden Fronten. So verbanden sich einmal slawische Stämme mit den Franken, um gegen die Sachsen zu kämpfen. Oder Franken und Sachsen kämpften gemeinsam gegen slawische Stämme, wie in einem großen Feldzug Karls des Großen gegen die Wilzen im Jahre 789, der ihn bis zur Peene führte. Slawische Stämme verbündeten sich auch mit Sachsen oder Franken, um einen anderen slawischen Stamm zu bekämpfen. Zahlreiche slawische Könige suchten die Bestätigung von den deutschen Fürsten zu erhalten.

Brachten zunächst die deutschen Kriegszüge keine entscheidenden Veränderungen für die Slawen zwischen Elbe und Oder, so setzte mit einem großen Eroberungszug König Heinrichs I. (um 876–936) gegen die Heveller in den Jahren 928/29 die eigentliche Ostexpansion des deutschen Feudalreichs ein. Dabei ging es nicht so sehr um eine „Germanisierung", sondern in erster Linie um die Erweiterung des Territoriums, um die dem Feudalismus eigene Form der Ausbeutung und schließlich um die Bekehrung der heidnischen Slawen zum Christentum. Es wurden sowohl Markgrafschaften gebildet, von denen aus die Expansionsziele der deutschen Feudalklasse leichter zu verwirklichen waren, als auch Bischofssitze gegründet, die praktisch dem gleichen Zweck dienten. Denn die Kirche legte auf die Aneignung von Territorien ebenfalls großen Wert. So wurde in den Jahren 936 und 937 an der unteren Elbe eine Markgrafschaft gegen die Obodriten und an der Saale unter Führung von Gero (gest. 965) eine gegen Wilzen und Sorben geschaffen. 948 entstanden die Bistümer Brandenburg und Havelberg. Große politische Bedeutung hatte die Gründung eines Erzbistums in Magdeburg (968), dem die beiden Bistümer Brandenburg und Havelberg sowie die gleichzeitig errichteten Bistümer Meißen, Merseburg und Zeitz unterstellt wurden.

Gegen diesen mit allen Mitteln geführten Feudalisierungsprozeß erhoben sich mehrfach die slawischen Stämme, so 955 die Obodriten und die Wilzen, deren Erhebung blutig niedergeschlagen wurde. 983 aber begann der große Slawenaufstand. Eine führende Rolle nahmen dabei zunächst die Lutizen ein. Sie verjagten die Bischöfe von Havelberg und Brandenburg und zerstörten deren Sitze. Zwar wurden die bereits auf das westliche Elbufer vorgestoßenen Slawen in der Nähe von Stendal zurückgeschlagen, aber diese und die folgenden Auseinandersetzungen schwächten die deutsche Feudalgewalt so sehr, daß man bis zur Mitte des 12. Jahrhunderts keinesfalls von einer Beherrschung der slawischen

Stämme zwischen Elbe und Oder sprechen kann. Im Gegenteil, der Stammesverband der Lutizen wurde eine entscheidende Macht; er vermochte nicht nur seine Selbständigkeit zu bewahren, sondern verstand sehr bewußt und kraftvoll die politischen Rivalitäten zwischen dem deutschen, dem polnischen und auch dem böhmischen Feudalstaat für sich zu nutzen.

Anders war es im Raum zwischen Saale und Neiße, wo sich die sorbischen Stämme am Aufstand nicht beteiligten und bald völlig und für immer unter deutsche Herrschaft gerieten.

Zwischen 990 und 995 erhoben sich auch die obodritischen Stämme gegen die deutsche Feudalmacht und die Kirche. Der Bischofssitz Oldenburg und sogar der Erzbischofssitz Hamburg wurden zerstört. Während die Macht der Lutizen immer mehr schwand, gelang es 1043 dem Obodritenfürsten Gottschalk (gest. 1066) und seinem Sohn Heinrich, ein slawisches Großreich auf feudaler Basis zu gründen. Dazu mußten zwar erst mehrere Aufstände slawischer Stämme niedergeschlagen werden, die sich vor allem gegen die Feudalisierungs- und Christianisierungsbestrebungen des Obodritenfürsten richteten. Dann aber konnten noch einmal alle slawischen Stämme zwischen Elbe und Oder vereinigt werden.

Doch schließlich war auch dieser Versuch, einen slawischen Staat für die Dauer zu schaffen, zum Scheitern verurteilt, weil im 12. Jahrhundert erneut und verstärkt der Expansionsdrang der deutschen Feudalgesellschaft einsetzte und weil zwischen den einzelnen slawischen Stämmen zu große politische Gegensätze und ökonomische Unterschiede bestanden. In einem sogenannten Kreuzzug gegen die „heidnischen" Slawen — von denen aber einige bereits zum Christentum übergetreten waren — gelang es den deutschen Feudalherren und der Kirche, 1147 das Bistum Havelberg und 10 Jahre später auch das Bistum Brandenburg wieder zu besetzen. Der deutsche Feudalstaat war inzwischen so erstarkt, daß er während des 12. und 13. Jahrhunderts die Eroberung des gesamten Raumes bis zur Oder vollenden konnte.

All die vielfältigen Auseinandersetzungen und die Notwendigkeit, das von den jeweiligen Machthabern — ob slawischen Stammesfürsten, deutschen Markgrafen oder christlichen Bischöfen — beherrschte Gebiet zu sichern und zu verwalten, führten zur Anlage von Burgen. Vor allem die von deutscher Seite gegründeten Burgen wurden später zu großen und bedeutenden Feudalburgen ausgebaut, deren Reste oft bis heute erhalten blieben. Auch die slawischen Burgen erkennen wir vielfach noch an ihren Wällen und Gräben, wogegen Einzelheiten der Befestigungsbauten und der Innenbesiedlung erst durch die Archäologen erforscht werden müssen.

Grundlage der Wirtschaft der Slawen waren wie bei Kelten, Germanen und allen frühgeschichtlichen Stämmen und Stammesverbänden Akkerbau und Viehhaltung. Als die Slawen in das Gebiet zwischen Oder und Elbe — Saale einwanderten, fanden sie Flächen vor, die schon seit vielen Jahrhunderten beackert waren. Teils hatten die Germanen sie verlassen, teils saßen Reste noch dort. Der Ackerbau war den Einwanderern selbstverständlich nicht unbekannt, so daß sie die Flächen sofort unter den Pflug nehmen konnten. Vielfach reichte das freie Land nicht aus, und deshalb erfolgten Brandrodungen in den riesigen Wäldern. Der Boden wurde mit dem von Ochsen gezogenen Hakenpflug bearbeitet, der anfangs durchweg aus Holz bestand und später ein eisernes Pflugschar erhielt. Als man etwa seit dem 10. Jahrhundert ein Radvorgestell verwendete und somit auch Pferde einspannen konnte, war eine Steigerung der Produktivität möglich. Es blieb jedoch beim Hakenpflug, der den Boden nur aufriß, aber nicht wendete, so daß man die Ackerflächen kreuzweise pflügte. Dieser Pflugtyp hat sich als „Mecklenburger Haken" bis in das 19. Jahrhundert erhalten.

Die Slawen bauten vor allem Weizen, Roggen und Hirse, seltener Gerste und Hafer an, außerdem Lein zur Öl- und Fasergewinnung. Wieweit sie den Boden durch Mergelung oder Stallmist auffrischten, wissen wir nicht. Sie scheinen aber eine bestimmte, auf Erfahrungen beruhende Fruchtfolge eingehalten zu haben, um ihn nicht zu schnell verarmen zu lassen. Die uns schon bekannten Tornower Grabungen, wo in der slawischen Burg über 80 verschiedene Getreidelager entdeckt und untersucht wurden, ermöglichten die Feststellung, daß die Bewohner die Fruchtfolge Weizen — Roggen — Hirse angewendet haben. Es ist auch denkbar, daß man wie bisher den Acker einige Jahre brachliegen ließ, damit er sich erholen konnte.

Außer dem Pflug besaß der slawische Bauer die Egge, die Sichel, Stöcke zum Dreschen des Getreides, Handdrehmühlen, Hirsestampfen und Backtröge.

Der zweite landwirtschaftliche Produktionszweig war die Viehwirtschaft, die alle slawischen Stämme betrieben. Wenn man die Menge an Haustierknochen der an Jagdtierknochen gegenüberstellt, zeigt sich, daß der Fleischbedarf nur bis etwa 10 Prozent durch die Jagd gedeckt wurde. Eine Ausnahme bildet das Spree-Havel-Gebiet, wo in einigen Siedlungen über 50 Prozent der Knochen von Jagdtieren stammen. Vermutlich hatte sich hier eine Bevölkerung niedergelassen, die in ihrer Heimat aus naturbedingten Gründen vor allem auf die Jagd angewiesen war. Unter den Haustieren standen an erster Stelle Rind und Schwein, denen Schaf, Ziege und Pferd folgten. Wo zahlreiche Eichenmischwälder wuchsen, bevorzugte man wegen der günstigen Eichelmast die Schweinezucht, in weiten waldfreien Gebieten dagegen die Rinderhaltung. Die Größe der Tiere entsprach etwa der bei den germanischen Stämmen.

Das Pferd spielte bei einigen slawischen Stämmen eine bedeutende Rolle. Ein solches Tier hatte den doppelten bis dreifachen Wert eines Rindes, und der Reichtum eines Adligen wurde oft an der Zahl der Pferde gemessen. Vor allem scheint das für die Obodriten gegolten zu haben, von denen der um 965 durch die westslawischen Länder reisende jüdische Kaufmann Ibrâhîm ibn Jácûb berichtete, daß sie reich an Pferden wären und diese sogar ausführten. Als der deutsche Kaiser Otto II. (955—983) nach Italien zog, nahm er ein obodritisches Kontingent von 1000 Reitern mit. Im Kult wurde das Pferd besonders verehrt (vgl. S. 228ff.). Stellenweise herrschte die Sitte, es dem verstorbenen adligen Krieger in den Tod folgen zu lassen und mit ihm gemeinsam oder auch allein beizusetzen.

Den slawischen Bauernhof bevölkerten weiterhin Hunde und Katzen, Hühner und Gänse und vereinzelt Enten. In einer Siedlung von Berlin-Köpenick aus dem 12. Jahrhundert konnte erstmalig ein Esel nachgewiesen werden.

Ackerbau und Viehhaltung mußten oft nicht allein die Dorfbewohner ernähren; hinzu kam, daß der deutsche Feudaladel und die Geistlichkeit (Klöster) von den unterworfenen Stämmen häufig sehr hohe Abgaben an Getreide und Vieh forderten, was ganz dem Ausbeutersystem der Feudalordnung entsprach.

Wenn die Jagd auch in der Fleischversorgung eine — von der genannten Ausnahme abgesehen — untergeordnete Rolle spielte, wollen wir sie nicht unerwähnt lassen. In den Wäldern wurden Hirsch, Wildschwein, Reh, aber auch bei uns nicht mehr vertretene Tiere wie Bär, Elch, Ur und Wisent gejagt. An kleineren Arten waren es unter anderen Hase, Biber und Dachs. Manchen Tieren stellte man wegen ihres Felles nach, wie Fuchs, Iltis, Luchs, Fischotter, Marder und Wildkatze. Auch von den Pelzen waren vielfach Abgaben zu leisten. Vereinzelt ließen sich im Küstengebiet Seehund, Sattelrobbe und — in Wolgast — der Wirbel eines Wales nachweisen. Bei letzterem mag es sich um ein ebenso in die Ostsee verirrtes Tier gehandelt haben wie der vor einigen Jahren im Raum von Rügen aufgetauchte Wal.

Die Slawen schätzten anscheinend sehr den Fischfang. Sicherlich ist die Bevorzugung der Uferzonen von Flüssen und Seen für die Ansiedlung wesentlich aus einem Schutzbedürfnis heraus zu verstehen, abgesehen davon, daß das Wasser wie überall für Mensch und Tier benötigt wurde. Aber hinzu kam der Fischfang, der die Nahrungsgrundlage beträchtlich erweitern konnte. Am beliebtesten war der Hecht — wenn die guten Erhaltungsmöglichkeiten für die relativ kräftigen Hechtknochen uns nicht ein verzerrtes Bild widerspiegeln —, außerdem wurden Barsche, Bleie, Brassen, Karpfen, Plötzen, Schleie und die bei uns nicht mehr vertretenen Störe gefangen. Der Fang erfolgte mittels Netzen, Reusen, Angeln und Fischspeeren. Zum Anbringen der Reusen nutzte man die Brückenpfähle, wie wir sie im Teterower See kennengelernt haben; bei einer anderen Inselbefestigung, Behren-Lübchin (im nördlichsten Zipfel des Kreises Teterow), fanden sich an der Brücke mindestens 10 Reusen.

Spätestens seit dem 10. Jahrhundert betrieben die Küstenbewohner auch die Meeresfischerei, hauptsächlich auf Hering, der im Binnenland sehr beliebt war. Es gab regelrechte Heringsmärkte, wo die Fischer ihren Fang frisch oder in Tonnen eingesalzen verkauften. Die Deutschen nannten diese Marktplätze „Vitten", ein Ausdruck, der sich noch in einigen Ortsnamen erhalten hat — zum Beispiel Vitte auf Hiddensee.

Eine viel größere Rolle als heute spielte die Honiggewinnung, weil es damals nur diese Möglichkeit des Süßens gab. Man besaß noch keine eigengezogenen Bienenvölker, sondern „beraubte" wie schon seit Jahrtausenden die im Wald lebenden Wildbienen ihres Produkts. Die Slawen legten in starken, möglichst bereits hohlen Bäumen eine Anzahl von Beuten (Bienenstöcken) an oder fertigten solche aus Holz oder Rohrgeflecht selbst. Diese Form der Honiggewinnung von wilden Bienen nennt man Zeidlerei. Im 11. Jahrhundert ist dann auch die Imkerei, also mit hauseigenen Bienenvölkern, nachgewiesen. Honig war nicht nur Süßstoff, sondern außerdem die Grundlage für den allseits beliebten Met, einen Honigwein. Das Wachs wurde ebenfalls benötigt, in den christlichen Kirchen vor allem für die Kerzen. So gehörten Honig, Met und Wachs zu von der herrschenden Klasse sehr erwünschten Abgaben. In einer Aufforderung heißt es: „Wenn die Slawen zum festgesetzten Termin keinen Honig liefern, sollen sie so lange in Ketten gelegt werden, bis sie dem nachkommen"*.

Auf alte Traditionen ging die handwerkliche Produktion zurück. Die archäologische Forschung hat zahlreiche Zeugnisse vom Können der Töpfer und Schmiede, der Zimmerleute und Drechsler, der Kunsthandwerker und Glasmacher, der Schiff- und Brückenbauer, der Gerber und Kürschner bergen können. In den der ersten Landnahme folgenden Zeiten vollzog sich der Übergang vom Hauswerk zum Handwerk. Anfangs wurden die meisten Gebrauchsgüter noch im eigenen Haus- und Hof-

* zitiert nach: Die Slawen in Deutschland, Akademie-Verlag, Berlin 1974, S. 73

Slawische Keramik aus Mecklenburg

verband hergestellt. Das galt vor allem für die Keramik, für die Bekleidung, für die zahllosen Geräte und Werkzeuge des täglichen Bedarfs. Dabei können sich Spezialisten herausgebildet haben, die schließlich für einen größeren Abnehmerkreis produzierten. Bedingung dafür war die Schaffung eines Mehrprodukts, damit sie alles, was sie selbst an anderen Erzeugnissen für ihr Leben benötigten, im Tausch beziehungsweise Kauf zu erwerben vermochten. Hinzu kamen auch auf diesem Gebiet der materiellen Produktion die Auflagen der slawischen Adelsschicht und der deutschen Feudalklasse. Jedenfalls führte die Notwendigkeit, ein Mehrprodukt zu schaffen, zu einer höheren Arbeitsproduktivität, zur Verbesserung des Produktionsprozesses und insgesamt zur Entwicklung der Produktivkräfte.

An erster Stelle der von Slawen gefertigten Produkte steht im archäologischen Fundmaterial die Keramik. Sie bietet dem Wissenschaftler die Möglichkeit, verschiedene Formenkreise, die sich vor allem durch die Art der Verzierung voneinander abheben, zu erkennen, kulturelle Verbindungen zwischen den einzelnen Landschaften zu erfassen und chronologische Schlußfolgerungen zu ziehen. Trotz dieser verschiedenen Formenkreise besitzt die slawische Keramik in ihrer Gesamtheit gewisse einheitliche charakteristische Züge und läßt sich gut von jeder anderen ur- und frühgeschichtlichen Keramik unterscheiden. Die älteste Keramik ist in sehr einfacher Weise durch Aufwulsten aus einem Tonklumpen und anschließendes Modellieren und Glätten hergestellt. Die aus Südpolen kommenden Stämme schufen bereits qualitätsvollere Keramik, die

Entwicklung der Töpferei vom freihändigen Wulsten über das Formen auf einer drehbaren Unterlage (hier eine geflochtene Matte) bis zur Drehscheibentechnik auf provinzialrömische Vorbilder und Einflüsse aus dem 4. und 5. Jahrhundert zurückging. Sie benutzten schon die Handtöpferscheibe — eine Scheibe, die mit der einen Hand in Bewegung gehalten wurde, während die andere das Gefäß formte. Seit der Mitte des 10. Jahrhunderts setzte sich dann die schnell rotierende Drehscheibe durch, bei der die Scheibe durch eine Achse mit einer unten angebrachten zweiten Scheibe verbunden ist, die durch den Fuß in eine schnelle Umdrehung versetzt werden kann. So bleiben beide Hände frei, und die Fertigung der Erzeugnisse erfolgt nicht durch Wulsten, sondern durch ein der gewünschten Form entsprechendes Hochziehen des Tones. Die Qualität auf solche Art hergestellter Gefäße ist ungleich besser.

Der Wert eines Gefäßes hängt außerdem stark vom Brennen ab. Dazu diente ein Ofen, der entsprechend hohe und gleichmäßige Temperaturen ermöglichte. Nicht nur die gute Qualität, sondern auch das Auftreten von Depots einheitlicher Geschirrsätze sowie die Verbreitung eines aus *einer* Werkstatt stammenden Gefäßtyps über weitere Entfernungen — so im Fall der Burg Brandenburg bis zu 23 km — sprechen für die Existenz von Töpferhandwerkern.

Von ungleich größerer Bedeutung für den Stand der Produktivkräfte waren auch bei den Slawen die Eisengewinnung und -verarbeitung. Eisenerze standen mehr oder weniger überall in Form von Raseneisenerzen zur Verfügung. Die Verhüttung erfolgte im gleichen Rennverfahren wie bei Kelten und Germanen. Auch die eingewanderten slawischen Stämme kannten diese Art der Eisenverhüttung schon seit Jahrhunderten aus ihren Heimatgebieten. Da genug Erze vorhanden waren, brauchte man Eisen kaum einzutauschen oder einzuhandeln. Immerhin scheint das häufige Auftreten eiserner flacher Schüsseln, die keinen praktischen Nutzen erkennen lassen und nur Barren sein können, für einen gewissen Tauschhandel zu sprechen.

Es gab wohl kein Gewerk, das nicht Geräte und Werkzeuge aus Eisen benutzte. Jagd- und Kampfwaffen wurden ebenfalls aus diesem Metall hergestellt. Vom Schmiedehandwerk verlangte man also Vielseitigkeit und Qualität. Der einheimische Gentiladel und erst recht der deutsche Feudaladel forderten Waffen von erstklassiger Beschaffenheit. Bei den vielfältigen friedlichen und kriegerischen Beziehungen zum fränkisch-karolingischen Reich und zu Dänemark ist es verständlich, daß manche wertvolle Waffe aus Westeuropa oder Skandinavien in slawisches Gebiet gelangte.

Neben dem Grobschmied gab es den Feinschmied oder Kunsthandwerker, der aus Silber, Bronze, Blei, Zinn, seltener aus Kupfer und Gold, Schmuckstücke, Zubehör zur Kleidung, Beschläge verschiedener

Art herstellte. Das Silber wurde in Barrenform eingeführt, oder man schmolz unbrauchbare Stücke und verarbeitete sie zu neuen Erzeugnissen. Die wichtigsten Techniken, wie Treiben, Punzen, Gravieren, Plattieren (mit dünnem Blech aus Edelmetall überziehen), Vergolden und Versilbern, waren den Slawen bekannt. Neben häufigen Finger- und vereinzelten Halsringen bildeten Schläfenringe einen typisch slawischen Schmuck, der seit dem 10. Jahrhundert von den Südslawen bis zu den Elbslawen verbreitet war (vgl. S. 232). Den Metallschmuck ergänzten Ringe aus Glas in den verschiedensten Farben, wie schwarz, grün, blau und gelb. Hier gab es bestimmte Produktionszentren, worauf eine Häufung von Glasbruch, Glasringen und Glasfluß hinweist. Solche Plätze scheinen in Lübeck (BRD), in Schwedt und in der Burg Brandenburg bestanden zu haben.

Die zahlreichen Ausgrabungen in slawischen Burgen brachten man-

Slawische Schläfenringe von Nadelitz, Kreis Rügen, 12. Jahrhundert

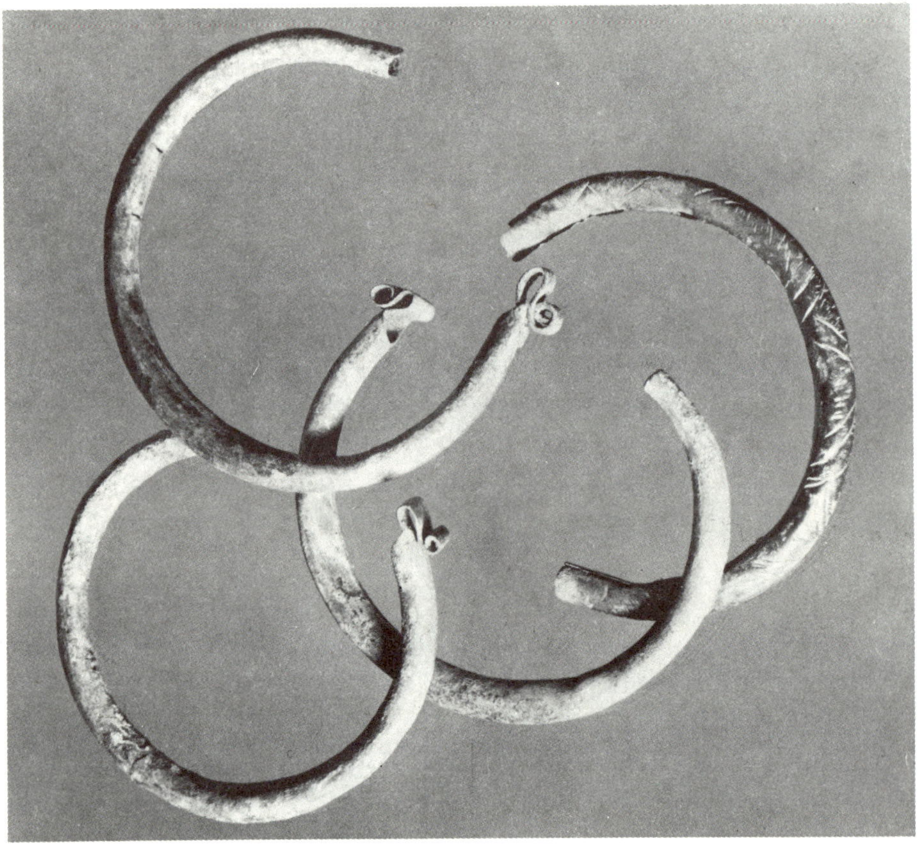

Slawisches Boot von Ralswiek

nigfaltige Zeugnisse der Holzbearbeitungstechnik zutage. Das gilt vor
allem für den Brückenbau, den wir bereits am Beispiel Teterow beschrieben haben. Andere Brücken belegen die gleiche Bauweise, sofern die
große Wassertiefe nicht zusätzliche Stützen verlangte, wie bei einem
Brückenbau im Obereuckersee bei Prenzlau, der 20 m Tiefe überwinden

mußte. Der slawische Zimmermann beherrschte das Verzapfen, Verkeilen und Verdübeln. Es spricht für die Höhe seines Könnens, daß er kaum mit eisernen Nägeln oder Klammern arbeitete, um zu vermeiden, daß die Brücke bei Verrosten des Eisens einstürzte. Das Bauwerk mußte so konstruiert sein, daß es sich selbst trug und zusammenhielt; nur hölzerne Stifte wurden zusätzlich verwendet.

Bootsfunde in Ralswiek auf Rügen geben uns Kenntnis von dem hohen Stand des Schiffsbaus bei den Ranen, dem slawischen Stamm auf Rügen. Das größte Boot war etwa 14 m lang und 3,4 m breit und wurde von 8 bis 10 Männern gerudert, worauf die Öffnungen zum Durchstecken der Ruder hinweisen. Es konnte aber auch mit einem Segel angetrieben werden. Die Boote bestanden aus Eichenplanken, die klinkerartig übereinandergriffen und mit Werg und Pech abgedichtet waren.

Mit Holz arbeiteten ferner die Drechsler, die Holzgefäße verschiedener Form an der Drechselbank drehten, die Stellmacher, die das wichtigste Landverkehrsmittel, den Wagen, bauten und von deren Können manches gefundene Wagenrad Zeugnis ablegt, sowie die Böttcher, die in Daubentechnik Eimer und Fässer anfertigten (unter einer Daube versteht man das zugeschnittene gewölbte Seitenwandbrett eines Fasses).

Die immer mehr zunehmende Arbeitsteilung ließ in gleichem Maß den Tausch- und Handelsverkehr anwachsen. Sofern es um alltägliche und überall anzufertigende Produkte — wie landwirtschaftliche Erzeugnisse und Gegenstände aus Eisen, Holz oder Ton — ging, konnte das meist im einfachen und direkten Tausch erfolgen. Trotzdem brauchte man einen Wertmesser, um doch sehr verschiedenartige Güter in eine Wertbeziehung setzen zu können. Dazu dienten Eisen in Barrenform, Leinentuch und hauptsächlich Silber, entweder ebenfalls in Barrenform oder einfach nach Gewicht, wobei es sich um sogenanntes Hacksilber (Stücke unbrauchbaren Schmuckes, nicht mehr zu verwendender Gefäße oder Münzen) handelte. Um das Hacksilber abwiegen zu können, benötigte man Waagen, wie sie in zahlreichen Siedlungen zu finden sind. Während die Herrschenden der slawischen Staaten in Polen, Böhmen und Mähren bereits seit dem 10. Jahrhundert Münzen prägen ließen, erfolgten zwischen Elbe und Oder die ersten Prägungen erst zu Beginn des 12. Jahrhunderts bei den Obodriten in Lübeck und bei den Hevellern in Brandenburg. Die Silberwährung ermöglicht es uns, den damaligen Wert der Produkte und Waren zu erkennen. Ein Sklave kostete 300, ein Pferd 150 bis 300, eine Kuh 100, ein Schwert 125, ein Paar Sporen 20, ein Messer 2,8 g Silber.

Es gab aber auch Produkte, die nicht im Stammesgebiet hergestellt werden konnten, weil die dazu notwendigen Rohstoffe fehlten. So lie-

Hacksilberfund von Schwaan, Kreis Bützow

ferten Salzsiedereien dieses wichtige Erzeugnis oft über weite Strecken. Mahlsteine aus rheinischem Basalt gelangten bis nach Lübeck und in die Niederlausitz. Aus Crawinkel in Thüringen wurden Mahlsteine bis in das Spree-Havel-Gebiet gehandelt. Im Fernhandel erwarb die slawische Oberschicht zudem vor allem wertvolle, dem Luxus dienende Waren wie Schmuck aus Edelstein und Bernstein, Gefäße aus Speckstein (einem aus Skandinavien stammenden Magnesiumsilikat, das sich in bergfrischem Zustand gut schneiden läßt), Seide aus dem fernen Ostasien, Tuche aus Friesland, Waffen aus Frankreich oder Skandinavien. Dafür kauften die auswärtigen Händler in den slawischen Gebieten Pelze, Honig, Wachs, Vieh, Getreide, Heringe, Salz und vor allem auch Menschen auf. Sklaven und Kriegsgefangene wurden gekauft und verkauft, wobei es oft nicht um einige wenige, sondern um Hunderte von Menschen ging. Unterworfene oder sonstwie in Abhängigkeit geratene Stämme erhielten die Auflage erteilt, eine bestimmte Zahl von Sklaven zu liefern.

Der Fernhandel nahm im Bereich der slawischen Stämme eine wichtige Stelle ein, allerdings betrieben ihn weniger die Slawen, sondern vorwiegend fremdländische Kaufleute — Juden und Araber, Franken und Sachsen, Normannen und Griechen. Diese hatten mitunter feste Niederlassungen in den slawischen Zentren, in den Burgen und Städten. Es gab aber auch weitreisende Händler, von denen einer der bekanntesten der schon erwähnte jüdische Kaufmann Ibrâhîm ibn Jácûb aus dem arabischen Spanien war. Sein Bericht über die Reise, die ihn 965/66 von Prag über Merseburg, Magdeburg, Schwerin, Reric (wohl die Mecklenburg im Kreis Wismar) nach der Wikingerstadt Haithabu in Schleswig führte, hat einen großen quellenhistorischen Wert für die Erforschung der Zustände bei den Slawen. Tausende von aufgefundenen arabischen und deutschen Münzen spiegeln diese intensiven Handelsbeziehungen wider. Wenn auch der Slawe selbst nicht als Händler wirkte, so lag doch die Organisation des Handels oft in den Händen der slawischen Oberschicht. Die Konzentrierung des gesellschaftlichen Lebens in den slawischen Städten kam dem sehr entgegen. Hier konnten Zölle und Steuern erhoben werden. Es gab bestimmte Zeiten, zu denen ein Markt stattfand. Im November beispielsweise kam man in Arkona zusammen, um den Heringsfang aufzukaufen.

Die Kaufleute kannten die Fernverkehrswege, auch wenn diese insgesamt nicht ausgebaut waren. Schlecht passierbare Stellen hatte man durch Dammaufschüttungen, Knüppeldämme, Brücken befahrbar gemacht, Wagen und Tragtiere beförderten die Waren. Eine bedeutende Rolle spielte die Seefahrt, die vor allem dem skandinavischen Handel diente. Wo es möglich war, wurden auch die Flüsse befahren. In der Nähe dieser Fernverkehrswege, vor allem an Kreuzungspunkten mehrerer Wege, und im Bereich der Handelszentren häufen sich die Schatzfunde.

Das Fortschreiten der Arbeitsteilung, der Ausbau des Handels und die gesellschaftliche Entwicklung spiegeln sich sehr deutlich in den Siedlungen wider. Die slawischen Einwanderer errichteten ihre Siedlungen und bauten ihre Häuser zunächst in der gleichen Form, wie sie es aus ihrer Heimat kannten. Im mittleren Elbegebiet waren es kleine Dörfer, zum Teil auch Einzelgehöfte. Die eingetieften Häuser von etwa quadratischem Grundriß besaßen nur 4 m Seitenlänge. Eine derartige Siedlung mit 7 bis 10 Häusern konnten Archäologen bei Dessau-Mosigkau ausgraben. Fünfmal wurde das Dorf zerstört, und immer wieder baute man

Frühslawische Siedlung in Dessau-Mosigkau, um 700 (nach B. Krüger)

Slawische Siedlung in Meißen, um 1000 (nach W. Coblenz)

es in Hufeisenform auf. Es blieb aber unbefestigt. Siedlungen der Wilzen waren umfangreicher und bestanden auch aus größeren (bis zu 13 m Länge und 6 m Breite), in Reihen angelegten Häusern. Die Häuser selbst waren in Blockbauweise, mitunter in einfacher Pfosten- oder Ständerbauweise errichtet.

Von großem Interesse sind für uns die Burgen, in denen sich die gesellschaftlichen Veränderungen besonders eindrucksvoll widerspiegeln. Bei der Errichtung von Siedlungen achteten die Slawen nicht nur auf geeignete Acker- und Weideflächen und auf die Nähe von Wasser, sondern auch auf eine Lage, die natürlichen Schutz bot oder wenigstens nicht allzu aufwendige Bauten erforderte. Sie bevorzugten deshalb Höhen, Bergsporne, Halbinseln oder Inseln.

In der ersten Zeit, vor allem im 7. bis zum 9. Jahrhundert, sollten die

212

Burgen der gesamten Bevölkerung Schutz bieten. Entweder befestigte man die ganze Siedlung oder man ließ sie offen — um keine allzu langen Befestigungen bauen zu müssen — und errichtete in unmittelbarer Nähe nur eine kleine Burg, wo die Menschen sich bei Gefahr, wenn auch auf engem Raum, zurückziehen konnten. Eine derartige Anlage war die älteste Burg von Tornow. Die sehr beachtliche Wehrmauer umgab einen Hof von lediglich 25 m Durchmesser, auf dem sich ein Mahlhaus zum Getreidemahlen, ein Brunnen und ein einzelnes Haus unmittelbar neben dem Eingangstor, in dem wohl der Burgverwalter oder der Dorfhäuptling wohnte, befanden. Mitunter hat man trotz der Burg auch noch die Siedlung befestigt, also eine Vorburg geschaffen. Die Bauweise richtete sich nach den landschaftlichen Gegebenheiten; war genügend plattiges Gestein vorhanden, wurden die Fronten der Mauern aus Steinen, im anderen Fall aus Hölzern gebaut. Das Innere füllte man mit Erde oder Steinmaterial.

Bereits im 8. und 9. Jahrhundert entstanden mit der stärkeren Herausbildung eines Dorf- und Stammesadels kleine Burgen, in denen die Angehörigen dieser Oberschicht mit Dienstmannen, Kriegern und den wichtigen Handwerkern wohnten und in denen sich eine Anzahl von Speichern befand, wo Vorräte oder Schätze — ob eingehandelt, erbeutet oder geraubt — lagerten. Die zweite Burg von Tornow zum Beispiel besaß 19 Speicher. Oft war aber die Anlage so klein, daß nur die Adelsfamilie in ihr Platz hatte, wogegen die Menschen, die für Unterhalt und Schutz sorgen mußten, unmittelbar vor der Befestigung wohnten.

Spätestens im 10. und 11. Jahrhundert entstanden dann die Burgen des Hochadels und die Fürstenburgen. Sie bildeten zugleich den Mittelpunkt des Stammes beziehungsweise Teilstammes. Der Wagrierfürst saß auf der Oldenburg (nördlich Lübecks), der Fürst der Obodriten auf der schon genannten Mecklenburg, der Hevellerfürst auf der Brandenburg. Die Burgen waren Verwaltungsmittelpunkte. Wer sie in Besitz hatte, besaß auch die Macht. Die Brandenburg wechselte zwischen 929 und 1157 dreizehnmal ihren Herrn. Denn auch die fremden Feudalheere — der Franken, der Dänen, der Polen — kämpften vor allem um die Burgen, die oft nur durch List oder Verrat erobert werden konnten. Genauso legten die deutschen und polnischen Feudalherren Burgen an, um das Land beherrschen zu können.

Burgen dienten nicht nur dem Schutz vor dem äußeren Feind, sondern auch vor aufständischen eigenen Stammesgenossen. In ihnen befanden sich die Kulthäuser und nach dem Übertritt zum Christentum die Kirchen. Diese waren die ersten in Stein errichteten Gebäude. Denn selbst der Palast des Fürsten bestand aus Holz, so daß wir uns kaum

Vorstellungen von einem derartigen Bauwerk machen können. Zu diesen Befestigungsanlagen gehörte die Burg im See von Teterow, wo wir den Ausflug in die slawische Geschichte begonnen haben.

Noch bedeutender ist die umfassend ausgegrabene Burg von Behren-Lübchin, ebenfalls im Kreis Teterow. Sie bildete in ihrer Gesamtheit eine Insel, zu der man nur über eine 320 m lange Brücke gelangte. Um einigermaßen trocken wohnen zu können, war der gesamte Innenraum (84 m × 95 m in der jüngeren Anlage) mittels eines Holzrostes um 80 cm erhöht worden, und darauf lag noch eine Torfschicht von 20 bis 25 cm Stärke. In der Mitte befand sich das Herrenhaus, um das sich kleine Wohnbauten, Wirtschaftsbauten und ein Backofen gruppierten. Während die Befestigung der jüngeren Burg in der uns von der Teterower Burg bekannten Kastenbauweise errichtet wurde, wies die ältere Burg eine bei den Slawen sonst nicht übliche Bautechnik auf. Im Abstand von 3,4 m hatte man zwei Plankenwände in den Boden gerammt, zwischen denen zunächst eine dichte Packung von längs- und quergeschichteten Buchenstämmen gelagert wurde. Hierauf folgten eine Torfpackung und eichene Ankerbalken, die mittels Verzapfung die Plankenwände zusammenhielten. Davor hatten die Erbauer einen 2 m breiten Sockel angelegt, dessen Wände ebenfalls aus Planken bestanden; die äußere Wand war höher, so daß sich der Sockel als Wehrgang nutzen ließ. Um ein Abgleiten der ganzen Wallkonstruktion zu verhindern, errichtete man einen ebenfalls durch Bohlen gesicherten Wallvorbau (Berme). Da sich umgestürzte Balken und Planken in ihrer vollständigen Länge erhalten haben, konnten die Ausgräber auch die einstige Höhe der Befestigung ermitteln. Die Hauptmauer mit ihrem Wehrgang lag etwa 6 m über dem Seespiegel, der zweistöckige Torturm, durch den der Weg von der Brücke verlief, erreichte sogar 10 m über Seehöhe.

Diese der Konstruktionsart nach im slawischen Gebiet einmalige Befestigung hat ihr Vorbild in dänischen Burgen, was bei den Beziehungen zwischen Dänen und Obodriten nicht zu verwundern braucht.

Bemerkenswerterweise war die Burg auf der dem See zugewandten Seite nur durch eine einfache Palisade mit dahinter befindlichem Wehrgang geschützt. Dieser durch die archäologische Untersuchung festgestellten Eigenart ist es neben anderen Merkmalen zu verdanken, daß wir die Burg von Behren-Lübchin mit einer von dem dänischen Geschichtsschreiber Saxo Grammaticus (um 1150–1216) erwähnten Befestigung identifizieren können.

Es war das Jahr 1171, als ein dänisches Heer unter Führung des Königs Waldemar (1131–1182) in das Land der Zirzipanen einbrach und den Fürsten Otimar in seiner Burg belagerte. „Dieser Ort ... hatte einen

Konstruktion der älteren Burg
von Behren-Lübchin
(nach E. Schuldt)

Wall nur an der Seite, welche die Brücke berührte, die sich von hier
nach dem festen Lande hinüberzog. Um den Angriff abzuhalten, ließ der
Herr der Burg, Otimar, beim Anrücken des Heeres die Brücke bis auf
den Spiegel des Sees abtragen, so daß nur die Stümpfe der Pfähle erhalten blieben, soweit sie unter dem Wasser standen."* Die Dänen bauten
nun eine neue Brücke, errichteten einen Turm, um in erster Linie von
hier aus die eingeschlossene Besatzung mit Pfeilen zu bekämpfen. Trotz
aller Gegenmaßnahmen gelang es den Angreifern doch, die Mauer und
den Torturm zu erklettern. Ein Teil der Besatzung entkam über das
Wasser. „Nachdem die Burg genommen war, wurden die Männer getötet, die Weiber gefangen fortgeführt." ** Otimar scheint aber die Burg
gegen gewisse ihn persönlich betreffende Bedingungen eher übergeben
zu haben. Denn es heißt abschließend: „Einige suchten den [dänischen
— F. S.] König zu bereden, er solle auch den Otimar gefangennehmen,
doch um nicht den Ruhm des eben gewonnenen Sieges durch die treu-
lose Gefangennahme eines Mannes zu beflecken, entließ er ihn unversehrt und wollte lieber seines Feindes schonen als seinem eigenen Rufe
schaden!" ***

So verbindet sich hier ein archäologischer Befund mit einem uns
schriftlich überlieferten historischen Ereignis.

* ebenda, S. 178
** ebenda, S. 179
*** ebenda

215

Im Tempel von Groß Raden

Die Slawen und ihre Götter

Wir verlassen die Burg von Teterow, bleiben aber im mecklenburgischen Seengebiet. Von Teterow fahren wir über Güstrow bis nach Sternberg, wo wir von der Fernstraße rechts abbiegen, den Sternberger See im Bogen umfahren und nach wenigen Kilometern in den Ort Groß Raden kommen. Zu Fuß wandern wir um den nach Norden am weitesten reichenden Teil des Sees, bis wir an eine Halbinsel gelangen, auf der seit 1974 umfassende Grabungen erfolgen, die noch jetzt, während diese Zeilen geschrieben werden, im Gange sind. Die Archäologen des Museums für Ur- und Frühgeschichte Schwerin erzielten dabei einzigartige Ergebnisse. Mögen die ausgegrabene Burg und die zahlreichen Wohnhäuser noch manche Parallele in slawischen Landen haben — die Entdeckung eines slawischen Tempels ist von einmaligem Wert.

Heute bewegen sich die archäologischen Forscher und die Besucher über die gesamte etwa 300 m lange und 100 m breite Landzunge trockenen Fußes. Zur Zeit der slawischen Besiedlung, die im 9. Jahrhundert begann, war die Halbinsel erheblich kürzer und mit dem Festland durch eine nur wenige Meter breite Landbrücke oder sogar eine künstliche Aufschüttung verbunden. Die Spitze der heutigen Halbinsel hatte überhaupt keine Verbindung mit dem Festland, bildete also eine kleine Insel von etwa 100 m Durchmesser. Wie wichtig den Bewohnern die Insel war, zeigt sich darin, daß neben der Hauptsiedlung auf der Halbinsel auch hier eine Anzahl von Häusern standen. Zu dieser kleinen Inselsiedlung führte eine etwa 60 m lange Brücke, welche die gleiche Bautechnik wie alle anderen uns bekannten slawischen Brücken, einschließlich der von Teterow, aufwies. Da die Halbinsel ebenfalls aus sehr moorigem Boden bestand, hatten die slawischen Bewohner einen durchgängigen Bohlenweg angelegt, dessen Konstruktion jener der Brücke ähnelte.

Rechts und links des Bohlenwegs befanden sich die einräumigen Wohnhäuser von quadratischer oder rechteckiger Form. Die Häuser von 3 ½ bis 5 ½ m Seitenlänge waren aus Bohlen, Pfosten, Flechtwerk und Lehmverputz errichtet. Den Fußboden hatten die Bewohner mit Sand aufgeschüttet, um die Feuchtigkeit möglichst fernzuhalten. Der Herd bestand aus Steinen. Auf der Insel befanden sich ähnlich gebaute Häuser, die heute zum Teil unter dem Wasserspiegel liegen. Ihre Zahl kann nicht hoch gewesen sein. Um so mehr verwundert es, daß deswegen eine derartig große und viel Arbeit erfordernde Brücke errichtet wurde. Wenn die Insel nur als eine Zufluchtsstätte bei Gefahr gedient hätte, dann wäre eine Brücke wenig sinnvoll gewesen. Oder handelte es sich um den Sitz des Häuptlings? Ehe wir darauf eine Antwort zu geben versuchen, sehen wir uns noch weiter im Grabungsgelände um.

Kurz bevor der Bohlenweg in die Brücke überging, lag auf der linken Seite ein auffallend großes Gebäude. Die kleinen Wohnhäuser hielten einen achtunggebietenden Abstand zu diesem Haus, das eine Länge von 13 m und eine Breite von 7,6 m besaß. Die Wände bestanden aus senkrecht gestellten Bohlen, deren oberes Ende kopfartig ausgeschnitten war. 53 derartige Bohlen konnten geborgen werden. Das Dach ruhte auf 6 m hohen Firstträgern und war mit Holzschindeln gedeckt. Genau wie die eigenartige Bauweise zeigen auch die Funde im Innern, daß das Gebäude kein Wohnhaus gewesen sein kann. Pferde- und Rinderschädel sowie einen besonders schönen tönernen Pokal entdeckten die Ausgräber in ihm, aber keine Herdstelle. Alles spricht dafür, daß wir hier einen jener slawischen Tempel vor uns haben, von denen zeitgenössische Schriftsteller mehrfach berichten, deren Aussehen aber bisher unbekannt geblieben ist.

Luftaufnahme von der Halbinsel bei Groß Raden mit dem kreisrunden Burgwall

Freigelegte Kulthalle von Groß Raden

Die Kulthalle und allem Anschein nach die ganze Siedlung wurden zerstört. Die Slawen haben die Halle nicht wieder aufgebaut. Die neuen Häuser wurden etwas größer (meist 4 m × 7 m) und auch in einer erheblich festeren Bautechnik, nämlich der Blockbauweise, errichtet.

Die größte Veränderung vollzog sich auf der Insel. Ein fast kreisrunder Wall, dessen Krone noch heute 5 m über dem Wasserspiegel liegt, umschloß einen Innenraum von rund 30 m Durchmesser. Viele hundert Festmeter Holz und Tausende von Kubikmetern Erde mußten herangeschafft werden, um schließlich eine Wallhöhe von 10 m zu erreichen. Durch einen hölzernen Torbogen gelangte man in das Innere, in dem sich bemerkenswerterweise keine Gebäudereste fanden, wenn wir von einigen kleinen Häusern unmittelbar an der rückwärtigen Wand des Walles absehen. Für den Bohlenweg vom Ende der Brücke bis zum Burgtor verwendeten die Erbauer die kopfartigen Palisaden der zerstör-

Siedlung mit hölzernem Tempel von Groß Raden (nach E. Schuldt)

ten Kulthalle. In dieser Zeit wurde auch der Zugang zur Siedlung auf
der Halbinsel durch eine kräftige Palisadenwand und einen entsprechenden Torbau zum Festland hin gesichert.

Nichts deutet darauf hin, daß diese Burg der Sitz eines slawischen Adligen war, also die Funktion der sonst bekannten slawischen Burgen
hatte. Da das Inventar — vor allem die Keramik — den gleichen Charakter zeigt wie in der älteren Siedlung, läßt sich kaum ein Bevölkerungswechsel annehmen. Es ist auch unwahrscheinlich, daß die Bevölkerung
auf den Tempel verzichtete. Dann läge — wie man vermutet — der Gedanke nahe, daß der slawische Gott aus seiner möglicherweise von fremden Stämmen zerstörten Behausung in die Burg „umzog".

Der Ausgräber, Ewald Schuldt, hat alle Beobachtungen auf der Gra-
bungsstelle berücksichtigt und seine umfangreichen langjährigen Erfahrungen aus den Untersuchungen slawischer Burgen genutzt, um eine Re-

konstruktion des Tempels zu versuchen, für den es bisher kein Beispiel gibt. Unsere Abbildung zeigt das Ergebnis dieses Versuchs. Vielleicht sollten die menschengestaltigen Planken wie eine Leibgarde den Wohnsitz des Gottes schützen. Um den Tempel herum führte ein hölzerner Rost, an dessen Außenseite vermutlich ebenfalls solche Holzmänner gewacht haben, die aber nach den Befunden zu urteilen kleiner und in größeren Abständen verteilt waren. Das gleiche können wir auch für den kurzen Weg von der Hauptstraße zum Tempel annehmen.

So führen uns die Ausgrabungen mitten hinein in die geistige und religiöse Welt der slawischen Stämme. Neben den für ihre Erforschung oft unzureichenden archäologischen Quellen besitzen wir eine größere Zahl

Steinrelief des slawischen Gottes Svantevit aus Altenkirchen

schriftlicher Berichte zur Religion der Slawen. Bischof Thietmar von Merseburg (975—1018), ein bedeutender Chronist zur slawischen Geschichte, schreibt, daß es ebenso viele Tempel gebe wie slawische Stämme. Einige weitere Berichte über slawische Heiligtümer werden wir im Zusammenhang mit den Götterfiguren noch kennenlernen.

Dem Wesen nach unterschieden sich die religiösen Anschauungen und der damit verbundene Kult nicht von der geistigen Welt der Germanen und Kelten oder anderer unter spätgentilen Verhältnissen lebender Völkerschaften. Viele Erscheinungen und zahlreiches mit der Religion verbundenes Brauchtum haben in alten Vorstellungen aus der Urgeschichte ihren Ursprung. Diese traten aber gegenüber dem Glauben an Götter zurück.

Es gab nicht nur Stammesgötter, eine bedeutende Rolle scheinen bei den slawischen Stämmen die Hausgötter gespielt zu haben. Sie dürften mit dem Ahnenkult verbunden gewesen beziehungsweise aus diesem hervorgegangen sein. Berühmte Urväter, von denen und von deren Taten man nur noch eine sagenhafte Kenntnis besaß, waren in den Rang von Gottheiten emporgestiegen. Man brachte ihnen Opfer und rief sie bei wichtigen Familienereignissen wie Geburt, Hochzeit oder Tod an. Wieder lassen wir Thietmar von Merseburg berichten: „Sie verehren ihre eigenen Hausgötter, hoffen fest auf ihre Hilfe und opfern ihnen."*

Wenn die Menschen auch nicht erwarteten, jemals einen Gott leibhaftig zu erblicken, so mußten sie doch sichtbare „Stellvertreter" haben, sei es in Form einer Plastik aus Holz oder Stein oder nur eines Pfahles oder Stabes, vielleicht mit Andeutung eines Kopfes wie bei den Planken am Tempel von Groß Raden. Wir erkennen hier die Parallele zu den germanischen Götzenfiguren im Moor von Oberdorla. So erzählt Thietmar weiter: „Ich habe sogar von einem Stabe gehört, an dessen Ende eine Hand angebracht war, die einen eisernen Ring hielt; er wurde vom Hirten des Dorfes, in dem er sich befand, von Haus zu Haus herumgetragen, wobei ihn sein Träger beim Eintreten folgendermaßen anredete: ‚Wache, Hennil, wache!', denn so nannten ihn die Bauern in ihrer Sprache. Dann schmausten die Toren prächtig und glaubten, in seinem Schutze sicher zu sein"**. Aus den letzten Worten spricht die abfällige Meinung des christlichen Bischofs über die heidnischen Vorstellungen und Gebräuche.

Archäologische wie schriftliche Quellen geben uns aber auch von eigentlichen Götterfiguren in Menschengestalt Kunde. Für jeden noch

* Ausgewählte Quellen zur deutschen Geschichte des Mittelalters, Bd. IX, Rütten & Loening, Berlin 1958, S. 431
** ebenda

heute sichtbar sind in Stein gemeißelte Reliefs männlicher Gottheiten. Um ihnen den heidnischen Zauber zu nehmen, haben später die christlichen Missionare und Mönche die Steine in die Wände ihrer Kirchen eingemauert. Die Figur in Altenkirchen auf Rügen hält in beiden Händen ein Füllhorn, ein Symbol der Fruchtbarkeit, wie es von dem Gott Svantevit bekannt ist. Auch der „Mönch" an der Kirche von Bergen scheint einst ein Füllhorn getragen zu haben, das man dann in christlicher Zeit herausmeißelte, um es durch ein Kreuz zu ersetzen. Beide Götterfiguren ziert ein Bart. Primitiver wirkt eine nur in Umrissen eingemeißelte Figur in Wolgast, die in der einen Hand eine Lanze hält; dieses Attribut gehört zu dem Wolgaster Stadtgott Gerovit, um den es sich also zweifelsohne handelt.

Häufiger scheinen Holzfiguren gewesen zu sein, die sich verständlicherweise nur in seltenen Fällen bis in unsere Tage erhalten haben. In der Burg von Arkona stand einst eine große Holzfigur des Gottes Svantevit, die nicht mehr existiert, von der wir aber eine eingehende Beschreibung des Dänen Saxo Grammaticus besitzen. „Hier im Innersten [des Tempels – F. S.] stand das Götterbild, eine riesige Holzfigur, weit über Menschenmaß, mit vier Köpfen und vier Hälsen, die nach den vier Himmelsrichtungen sehen. Der Bart war so rasiert und das Haar so geschnitten, wie die Rugianer es für gewöhnlich tragen. In der Rechten hielt die Figur ein Trinkhorn aus verschiedenen Metallen gebildet. Das hat der Priester jedes Jahr neu zu füllen und weissagt aus dem, was im Laufe des Jahres verschwunden ist, auf die kommende Ernte. Der linke Arm war in die Seite gestemmt, so daß er einen Bogen bildete. Der Rock reichte bis zu den Schienbeinen ... Nicht weit von der Statue hingen Zaum und Sattel und andere Ausrüstungsstücke der Gottheit, darunter das ungeheure Schwert, dessen Scheide und Griff in Silber schön verziert waren."*

Mehrköpfige Götterfiguren sind von zahlreichen Völkerschaften bekannt. Der im Tempel von Garz auf Rügen verehrte Gott Rugiaevit soll sogar 7 Köpfe besessen haben und mit 7 Schwertern am Gürtel und einem weiteren in der Hand bewaffnet gewesen sein. Die Vielköpfigkeit mag die Weitsicht des Gottes, dem nichts entgeht, symbolisieren. Schon bei den Kelten lernten wir derartige mehrköpfige oder mehrgesichtige Götter kennen, oder denken wir an den römischen zweigesichtigen Janus.

Seit einigen Jahren besitzen wir nunmehr eine doppelköpfige Götterfigur aus Eichenholz. Südlich von Neubrandenburg erstreckt sich der Tol-

* zitiert nach: Carl Schuchhardt, Arkona/Rethra/Vineta, Berlin 1926, S. 14 f.

lensesee. Im südlichen Teil fanden auf der Fischerinsel Ausgrabungen
statt. In den slawischen Schichten des 11. und 12. Jahrhunderts konnten
die Archäologen zwei Kultfiguren bergen, von denen die eine inzwischen weit über die Grenzen Mecklenburgs berühmt geworden ist. Aus
einer etwa vierkantigen Säule erwächst der menschliche Körper mit den
beiden nach unten hängenden Armen. Darauf sitzen zwei Hälse mit
zwei Köpfen gleichen Aussehens. Nase, Augen und der charakteristische
nach unten hängende Schnauzbart sind aus dem Holz kräftig herausgeschnitzt. Die Gesamthöhe der Figur beträgt 170 cm. (Die Abbildung
zeigt nur den oberen Teil.) Die zweite Figur von etwa gleicher Größe ist
zwar gröber gearbeitet, läßt aber die Merkmale eines weiblichen Körpers erkennen. Eine eingesichtige Holzfigur wurde vor der slawischen
Burg von Altfriesack bei Neuruppin gefunden. Eine ^{14}C-Bestimmung
des Eichenholzes, aus dem sie gearbeitet ist, ergab eine Datierung in die

zweite Hälfte des 6. Jahrhunderts. Das würde bedeuten, daß dieses Götterbild von den Einwanderern schon mitgebracht oder wenigstens unmittelbar nach der Einwanderung hergestellt wurde.

So ergänzen sich die archäologischen Befunde und die alten Berichte der Dänen, der Deutschen, der Araber, die über die Slawen geschrieben haben. Der Tempel von Groß Raden ist, wie gesagt, der bisher einzige aus Grabungsergebnissen zu rekonstruierende Bau dieser Art. Die Opfer und sonstigen kultisch-religiösen Handlungen fanden nicht nur in Tempeln, sondern auch in heiligen Hainen, an Quellen, Seen und anderen Plätzen statt. Jedenfalls wird darüber berichtet. Aber den größten Eindruck auf die Fremden machten verständlicherweise die Tempel. Den bedeutenden Tempel in Riedegǒst (Rethra), dessen Lage noch immer nicht gesichert ist, beschreibt Thietmar von Merseburg wie folgt: „Außen schmücken seine Wände, soviel man sehen kann, verschiedene, prächtig geschnitzte Bilder von Göttern und Göttinnen. Innen aber stehen von Menschenhänden gemachte Götter, jeder mit eingeschnitztem Namen; furchterregend sind sie mit Helmen und Panzern bekleidet; der höchste heißt Swarožyc, und alle Heiden achten und verehren ihn besonders.“*

Der Slawenchronist Helmold von Bosau (um 1120 — nach 1177) schildert uns einen heiligen Hain in der Nähe von Lübeck. „Da geschah es, daß wir auf dem Zuge in einen Wald kamen, den einzigen in jenem Lande, das sich ganz eben hinstreckt. Dort sahen wir zwischen sehr alten Bäumen heilige Eichen, die dem Landesgott Prove geweiht waren; ein freier Hofraum umgab sie und ein sorgfältig von Holz gefügter Zaun mit zwei Pforten. Denn neben den Hausgöttern und (Orts)götzen, von denen die einzelnen Ortschaften voll sind, bildete dieser Ort ein Heiligtum des ganzen Landes, für das ein eigener Priester, Festlichkeiten und verschiedene Opferhandlungen bestimmt waren. Dort pflegte jeden Dienstag die Landesgemeinde mit Fürst und Priester zum Gericht zusammenzukommen. Der Eintritt in den Hofraum war allen verboten außer dem Priester und denen, die opfern wollten oder von Todesgefahr bedrängt wurden; denn diesen blieb die Zuflucht niemals verwehrt.“**
Hier wird sichtbar, daß auch bei den Slawen — ähnlich den Verhältnissen bei Kelten und Germanen — Adelsschicht und Priester die bestimmenden und Macht ausübenden Gewalten waren.

Im Folgenden bestätigt Helmold die Sitte der Götterbilder: „Die einen stellen phantastische Götzenbilder in Tempeln zur Schau ..., die ande-

---

* Ausgewählte Quellen zur deutschen Geschichte des Mittelalters, Bd. IX, a. a. O., S. 269
** Ausgewählte Quellen zur deutschen Geschichte des Mittelalters, Bd. XIX, Rütten & Loening, Berlin 1963, S. 289

ren (Götter) wohnen in Wäldern und Hainen ... und werden nicht abgebildet. Viele stellen sie auch mit zwei, drei oder mehr Köpfen dar."*

Es war die letzte Schilderung dieses slawischen Heiligtums. Danach wurde es unter Leitung des christlichen Bischofs völlig zerstört, die Tore eingeschlagen, die Zäune um die heiligen Eichen gestapelt und alles in Brand gesteckt.

Derartige Vorgänge haben sich in vielen von der deutschen Feudalklasse und der christlichen Kirche besetzten slawischen Gebieten in dieser oder ähnlicher Form vollzogen. Denn die slawischen Tempel und heiligen Plätze waren oft Zentren des Widerstands gegen die Eindringlinge. Über die wechselvollen Auseinandersetzungen zwischen den slawischen Stämmen und der deutschen Feudalklasse haben wir bereits im vorigen Kapitel gesprochen. Im Kampf um die Macht ergriff bisweilen der slawische Adel mitsamt dem ganzen Stamm auf deutscher Seite Partei gegen andere slawische Stämme. Aus den gleichen machtpolitischen Gründen nahmen slawische Fürsten mitunter sehr bald den christlichen Glauben an, wie etwa der Obodritenfürst schon im Jahre 821.

Tempel oder heilige Bezirke dienten nicht nur dem religiösen Kult, sondern beherbergten auch die Schätze des Stammes. Meist hatte man zu diesem Zweck in unmittelbarer Nähe des Tempelgebäudes ein eigenes Schatzhaus errichtet. Der Schatz setzte sich aus den Abgaben der Produzenten an den Adel und die Priesterschaft, aus Kriegsbeute, Tributen und Geschenken zusammen. Dort standen auch die goldenen und silbernen Becher, aus denen die Machthaber bei Festlichkeiten oder Weissagungen tranken. Aus einem verständlichen Sicherheitsbedürfnis heraus umgab man die heiligen Plätze mit Palisadenzäunen oder Gräben, wie berichtet wird und wie dies auch archäologische Untersuchungen bestätigten. Oft waren aber die Zäune so einfach und die Gräben so flach, daß sie vermutlich nur die Aufgabe hatten, die Masse der Bevölkerung zurückzuhalten. Lediglich der Priester, der Häuptling oder Stammesführer und andere Berufene durften sie überschreiten.

Wie bei Kelten und Germanen erhebt sich wiederum die Frage nach dem Machtverhältnis zwischen Priesterschaft und Adel. Die schriftlichen Quellen geben darauf keine endgültige Antwort. Das Verhältnis mag auch bei den einzelnen Stämmen unterschiedlich gewesen sein. Die hohe Bedeutung des Kultes bei den Slawen läßt vermuten, daß meist die Priesterschaft die größere Rolle im öffentlichen Leben der Gesellschaft spielte. Entweder war also der Adel stark von den Entscheidungen, Festlegungen und Weissagungen der Priester abhängig, oder die Interessen

* ebenda

beider Schichten deckten sich ohnehin. Der Nachwuchs für die Priester dürfte gleichfalls aus den Adelsschichten gekommen sein, wie das auch von den keltischen Druiden berichtet wird. Da sich der Stammesschatz im Bereich des Tempels befand, besaßen die Priester schon dadurch eine Machtstellung. Sie hatten zu entscheiden, was mit den gehorteten Werten geschehen und in welcher Weise damit Politik gemacht werden sollte. Von den Ranen heißt es, daß der Oberpriester höhere Verehrung als der König genieße. „Wohin das Los weist, senden sie ihr Heer. Siegen sie, so bringen sie Gold und Silber in den Schatz ihres Gottes ein und teilen das übrige untereinander"* — so berichtet Helmold.

Die Tempelbezirke bildeten auch die Stätten für die Volksversammlungen. Wir hörten bereits aus dem Munde Helmolds von dem heiligen Hain des Gottes Prove, daß dort jeden Dienstag Fürst und Priester Recht sprachen. Welchen Einfluß ein Priester auf das Volk auszuüben verstand, mag ein Vorkommnis in Arkona belegen. Hier herrschte der schon mehrfach genannte Gott Svantevit. Helmold schreibt, „daß Swantewit, der Gott des Landes Rügen, unter allen Gottheiten der Slawen einen Vorrang erlangt hat, da man ihm glänzendere Siege und wirksamere Orakelsprüche zuschrieb"**. Die Machtstellung eines Gottes hing entscheidend von der Wirksamkeit und den Erfolgen der Priesterschaft ab. „Daher schickten ... alle Länder der Slawen dorthin jährliche Tribute und bezeichneten ihn als Gott der Götter."*** Wie in jedem Jahr trafen die Händler aus nah und fern in Arkona ein, um Heringe einzukaufen. „Wenn im November der Wind heftiger weht, wird dort nämlich der Hering massenhaft gefangen"†. Diesmal war ein christlicher Prediger mitgekommen, um unter den heidnischen Ranen Gottesdienst abzuhalten. Das blieb dem Svantevit-Priester nicht lange verborgen. Er holte König und Volk herbei und erklärte ihnen, die Götter seien heftig erzürnt und könnten nicht anders beruhigt werden als durch das Blut des Christen. Die Händler, deren Schiffe bereits mit Heringen vollgeladen waren, retteten sich zusammen mit dem Geistlichen, den man trotz eines Geldgeschenks nicht ausgeliefert hatte, in der dunklen Nacht über das Meer.

Den Priestern oblag auch die wichtige Entscheidung über Krieg und Frieden. Dazu bedienten sie sich des Orakels. Entweder entschieden sie durch das Werfen eines Loses oder nach dem Verhalten des im Tempel befindlichen Pferdes. In Rethra geschah das auf folgende Weise (nach

  * ebenda, S. 149
 ** ebenda, S. 375
*** ebenda
  † ebenda

Slawische Burg auf Arkona

dem Bericht von Thietmar): „. . . geheimnisvoll murmeln sie [die Priester
– F. S.] zusammen, während sie zitternd die Erde aufgraben, um dort
durch Loswurf Gewißheit über fragliche Dinge zu erlangen. Dann be-
decken sie die Lose mit grünem Rasen, stecken zwei Lanzenspitzen
kreuzweise in die Erde und führen in demütiger Ergebenheit ein Roß
darüber, das als das größte unter allen von ihnen für heilig gehalten
wird; haben sie zunächst durch Loswurf Antwort erhalten, weissagen sie
durch das gleichsam göttliche Tier nochmals. Ergibt sich beidemale das
gleiche Vorzeichen, dann setzt man es in die Tat um.“*

Das Pferd des Gottes begleitete die Männer auch in den Kampf. Es
wurde gesattelt, und unsichtbar nahm der Gott am Krieg teil. 1068 erbeutete Bischof Burchard II. von Halberstadt (1033–1088) den Schim-
mel des Gottes Swarožyc und ritt ihn zu seinem Bistum.

* Ausgewählte Quellen zur deutschen Geschichte des Mittelalters, Bd. IX, a. a. O.

Auch in Arkona wurden wichtige Entscheidungen nach dem Verhalten des heiligen Pferdes getroffen, hier besonders nach dem Setzen der Beine beim Herausführen aus dem Tempel und der Art des Hufeindrucks. Priester sagten besonders gern aus dem Geschmack des Opferbluts weis oder aus dem Harn der Tiere, aus dem Zustand der Gewässer, aus der Asche von heiligen Feuern usw.

In der slawischen Bevölkerung bestanden noch vielfältige aus urgeschichtlicher Zeit stammende Vorstellungen von Geistern und Dämonen, die überall in der Natur und im Zusammenleben der Menschen ihr glück- oder unglückbringendes Wesen treiben sollten. Man bekam sie nicht zu Gesicht, glaubte sie aber in Erscheinungen der Natur zu spüren, im Wehen des Windes, im Rauschen der Wellen, in den geheimnisvollen Geräuschen oder Lichtern im Moor oder in Krankheitserscheinungen bei Mensch und Tier.

Die religiösen Vorstellungen bestimmten in starkem Maße die Bestattungssitten, über die wir nun wiederum durch die archäologischen Untersuchungen gut unterrichtet sind, auch wenn wir von manchem Grabbrauch nicht den Sinngehalt deuten können. Bis in das 10. Jahrhundert hinein wurden die Toten verbrannt und ihre Asche entweder in Urnen oder als einfache Leichenbrandhäufchen der Erde übergeben. Einige Stämme errichteten Hügel über den Resten des Scheiterhaufens. Wohl unter christlichem Einfluß ging man seit dem 10. und verstärkt im 11. Jahrhundert zur Bestattung der Leichname in Holz- oder Steinsärgen über.

Im allgemeinen ist anzunehmen, daß auch die Slawen wie die meisten Völker in vorchristlicher Zeit an ein Weiterleben nach dem Tod glaubten. Die Berichterstatter schreiben wenig darüber, so daß wir zur Klärung dieser Frage allein die archäologischen Quellen heranziehen können. Denn die Vorstellung von einem Weiterleben nach dem Tod verlangte ja von den Hinterbliebenen, dem Verstorbenen alles mitzugeben, was er im jenseitigen Leben benötigte. Nun fällt auf, daß die Zahl der beigabenlosen Gräber bei den Slawen sehr groß ist. Diese Feststellung läßt sich verständlicherweise nur an Hand von Gräberfeldern treffen, da einzelne, meist auch noch zufällig gehobene Gräber ohne Beigaben als zeitlich unbestimmt nicht berücksichtigt werden können.

Besonders groß war die Zahl der beigabenlosen Gräber bei den slawischen Stämmen im ostsaalischen Gebiet; sie betrug hier 90 Prozent. Von diesen Slawen schreibt Thietmar von Merseburg, daß sie „zeitlichen Tod für das Ende aller Dinge ansehen"*. Allerdings müssen wir diese Bemer-

---

* ebenda, S. 19

kung sehr vorsichtig werten, da Thietmar dem Gedanken der christlichen Auferstehung bewußt die heidnische Auffassung gegenüberstellen wollte.

Zwischen den einzelnen Stämmen gab es in den Bestattungssitten Unterschiede, genauso wie zwischen den sozialen Schichten. Hierin könnte auch eine Begründung für beigabenlose Gräber zu suchen sein, in dem Sinn, daß die armen Schichten ihren Toten keine Beigaben ins Grab legten. Sollte aber wirklich die Armut so groß gewesen sein, daß man dem Verstorbenen noch nicht einmal ein Gefäß mit Nahrung zur Seite hätte stellen können? Vielleicht bestanden die Beigaben aus leicht vergänglichem Material (Holz- oder Korbgefäße), das uns nicht erhalten geblieben ist.

Die Toten wurden in ihrer Kleidung beigesetzt beziehungsweise auf dem Scheiterhaufen gebettet. Bei den Stämmen im südlichen Teil der heutigen DDR herrschte die Sitte, dem Mann das Messer mitzugeben, das vermutlich am Gürtel befestigt war. Nur wenige Gräber weisen ein

Slawisches Gräberfeld bei Espenfeld, Kreis Arnstadt, 10. bis 12. Jahrhundert

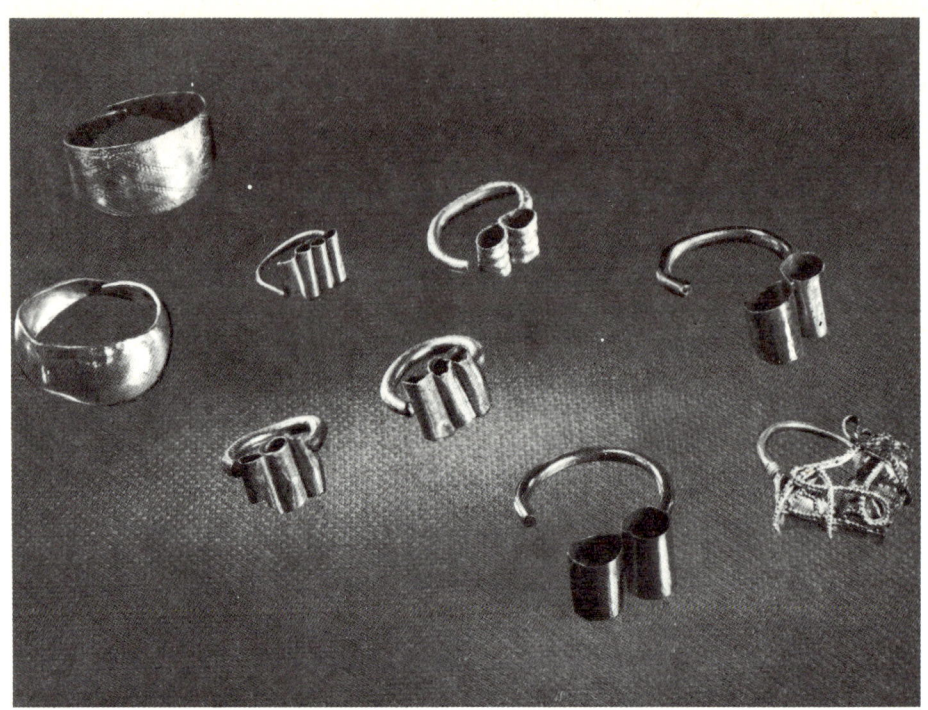
Ohr- und Fingerringe von Espenfeld

Schwert oder eine Lanze auf, ganz selten finden sich Äxte oder Schilde. Etwas häufiger sind wiederum Sporen und Steigbügel. Das Pferd hatte nicht nur im Kult, sondern auch im kriegerischen und gesellschaftlichen Leben der Slawen große Bedeutung. Der Besitz eines solchen Tieres galt als Zeichen einer angesehenen sozialen Stellung. So verwundert es nicht, wenn auf den Friedhöfen auch Bestattungen von Pferden erfolgten.

Die Frau bekam den Schmuck mit, dessen Menge und Qualität von der sozialen Stellung abhingen. Den ersten Platz nehmen hier Ringe ein, deren eines Ende in eine S-förmige Schleife ausläuft. Sie werden bei den Toten stets an den Schläfen gefunden, weshalb sie die Forschung als „Schläfenringe" bezeichnet. Ursprünglich waren sie zu beiden Seiten des Kopfes am Kopfband befestigt. Es gibt kleine von nur 1 cm und große von 7 bis sogar 10 cm Durchmesser. Manche bestehen aus dünnem, andere aus 5 mm starkem Draht, einige sind hohl. Neben einfachen Ringen finden sich solche mit Schleifen, Anhängerchen, Perlen und Filigranbesatz. Zeitliche und räumliche Unterschiede lassen sich dadurch erkennen.

Neben den Schläfenringen begegnen uns reichverzierte Ohrringe, oft mit Filigran und aufgezogenen Perlen. Manche tragen kleine Anhänger, entsprechen also neuzeitlichen Ohrringen. Weitere Schmuckstücke waren Finger-, Hals- und Armringe sowie Perlenketten. Die Qualität wurde wesentlich durch die Art des Metalls bestimmt. So gab es Schmuck aus Eisen, Zinn, Bronze, Silber und vergoldetem Silber. Für die Perlen wurden neben Metallen auch Glas, Bernstein, Perlmutt und Schmucksteine verwendet. Im Gegensatz zu anderen slawischen Gebieten war die Beigabe von Münzen im südlichen Raum der DDR nicht sehr häufig. Das gleiche gilt für Keramik.

Auf den Gräberfeldern im brandenburgischen Raum, also im Siedlungsgebiet der Heveller, spielten Schmuck und Messer als Beigabe keine Rolle. Dafür fehlte — von den hier ebenfalls anzutreffenden beigabenlosen Gräbern abgesehen — nie die Keramik *oder* die Münze. Beides zusammen ist sehr selten. Im 10. und 11. Jahrhundert herrschte bei den Hevellern zunächst die Sitte der Gefäßbeigabe. Meist begnügte man sich mit einem Gefäß. In einigen Fällen scheint man es bei der Grablegung absichtlich zerstört zu haben, wohl damit es kein Lebender mehr benutzen konnte. Manchmal waren auch nur Scherben mitgegeben worden. Andererseits ließen sich in Gefäßen Reste von Tierknochen, Fischen oder Eiern feststellen, so daß wir in ihnen doch Behälter für die Nahrung als „Wegzehrung" sehen müssen. Das zertrümmerte Gefäß oder die Scherben waren dann nur Symbole.

Gegen Ende des 11. Jahrhunderts endete die Sitte der Gefäßbeigabe. Dafür legte man dem Toten eine Münze in den Mund. Das ist ein Brauch, den wir bereits bei den Germanen kennengelernt haben. Die alten Griechen gaben bekanntlich dem Verstorbenen die Münze in den Mund, damit er ein Fährgeld hatte, um sich über den Fluß in die Welt der Toten übersetzen zu lassen. Hier aber sollte die Münze einen etwas anderen Zweck erfüllen. Im Tauschhandel benutzten die Slawen bis in das 11. Jahrhundert hinein als Wertmesser das Silber, das mit Feinwaagen abgewogen wurde. Die Schatzfunde in den Burgen und Tempeln bestehen in der Hauptsache ebenfalls aus Hacksilber. Als sich die Stammeszentren immer mehr zu stadtähnlichen Gebilden formten, erhielt die Münze auch bei den Slawen Geldcharakter. Dies vereinfachte natürlich den Handel sehr. Nun brauchte man dem Toten nicht mehr die Wegzehrung in natura mitzugeben; eine Münze genügte, damit er sich im Jenseits Nahrung kaufen konnte. Folglich benötigte man auch kein Gefäß mehr als Grabbeigabe. Statt einer Münze legte man mitunter einen Ohrring in den Mund, hoffend, daß der Tote damit gleichfalls zahlen konnte. Ebenso bestanden nunmehr die Schätze in der Hauptsache aus Münzen.

Die Sitte der Münzbeigabe — des Zehrgelds — blieb sehr lange erhalten. Auch als sich das Christentum bereits endgültig durchgesetzt hatte, pflegte die alte slawische Bevölkerung diesen Brauch, weil man befürchtete, der Tote würde bei Fehlen des Zehrgelds zu den Lebenden zurückkehren und sie aussaugen oder gar zu sich holen. Seuchen konnten eine solche Vorstellung sehr schnell aufkommen lassen. Die Angst vor einer Rückkehr der Toten und dem damit verbundenen Unheil führte auch dazu — schon in früheren Jahrhunderten und nicht nur bei den Slawen —, daß man den Leichnam zerstückelte oder ihn mit schweren Steinen bedeckte.

Mitunter fand sich in slawischen Gräbern ein Vogelei. Diese Sitte stand im Zusammenhang mit dem Ei als Symbol der Fruchtbarkeit. Bei den Ostslawen in Kiew existierte ein regelrechtes Handwerk zur Herstellung von Toneiern, die glasiert und bemalt waren und im Innern oft kleine Kieselsteine hatten, was dann klappernde Geräusche hervorrief. Die Kiewer Eier wurden bis in unser Gebiet, ja sogar bis zu den skandinavischen Ländern gehandelt. Das Ei spielt in den Volksbräuchen besonders in den slawischen Ländern noch heute eine große Rolle — nunmehr in Verbindung mit Ostern; bei uns in der DDR gilt das vor allem für die Sorben in der Lausitz. Aber auch außerhalb der slawischen Gebiete verzichtet man kaum auf die bemalten Eier zum Osterfest.

In den nördlichen Bezirken der DDR ist die Zahl der bekannt gewordenen Gräberfelder im Vergleich zu den Siedlungsplätzen nicht allzu groß, insbesondere fällt die Seltenheit der Brandgräber auf, also der im allgemeinen älteren Bestattungen bei den slawischen Stämmen. Zum Teil liegt das sicherlich wieder an der Beigabenlosigkeit vieler Gräber. Vielleicht hat auch eine ähnliche Sitte wie bei den Ostslawen geherrscht, wo die Urne auf hölzernen Säulen oder einfach am Wegesrand aufgestellt wurde. Davon sind dann natürlich keine Spuren bis in unsere Tage erhalten geblieben. Von den erheblich zahlreicheren Körpergräbern gehören fast alle erst in das 11. und 12. Jahrhundert. Interessant ist die Beobachtung, daß die Slawen häufig jahrtausendealte Grabanlagen für ihre Bestattungen benutzt haben, so jungsteinzeitliche Megalithgräber oder Grabhügel der Bronzezeit.

Die Beigaben sind, wie gesagt, auch hier nicht reichlich. Wie im Süden der DDR und im Gegensatz zum Havelgebiet herrscht wieder das Messer — und zwar in Männer- wie Frauengräbern — vor. An zweiter Stelle folgt bei den Frauengräbern der Ringschmuck, vor allem der Schläfenring. Anderer Schmuck, Waffen und auch Keramik sind sehr selten, ebenso bleibt die Zahl der Münzen in Grenzen. Die reichsten Gräber finden sich bei den Handelsplätzen in der Nähe der Ostsee.

So liegt unmittelbar neben dem Handelsplatz Ralswiek ein Gräberfeld mit etwa 400 Hügeln, die zur Zeit untersucht werden. Die Hügel sind allenfalls 2 m hoch, viele aber wegen ihrer Flachheit oberirdisch kaum erkennbar. Die Belegung des Gräberfelds begann bereits im 9. Jahrhundert und dauerte bis in das 12. Jahrhundert an. Von wenigen Körpergräbern abgesehen, wurden die Toten an einem bestimmten Platz auf einem Scheiterhaufen verbrannt, dann die Scheiterhaufenreste nebst dem Leichenbrand und den Beigaben an einer vorbereiteten Stelle ausgestreut, ein Teil davon in einer Urne beigesetzt; über allem errichtete man schließlich den Hügel, dessen Größe wohl von der sozialen Stellung des Toten abhing. In einigen Fällen entsprach der Platz des Scheiterhaufens dem des Grabes. Neben dem Grab befanden sich häufig eine Feuerstelle und außerdem Tierknochen, was beides auf Opfermahlzeiten hinweisen dürfte. Angesichts der Beigabenarmut lassen Funde von einem goldenen Scharnier, von Silberblech, von Gewichten oder von Resten bronzener und eiserner Schmuckstücke schon auf Bestattete aus einer sozial gehobeneren Schicht schließen. Bei derartigen reicheren Beigaben handelt es sich meist um in Skandinavien hergestellte Stücke, was die regen Handelsbeziehungen über die Ostsee hinweg beweist.

Goldener Wikingerschmuck, um 1000, gefunden auf Hiddensee

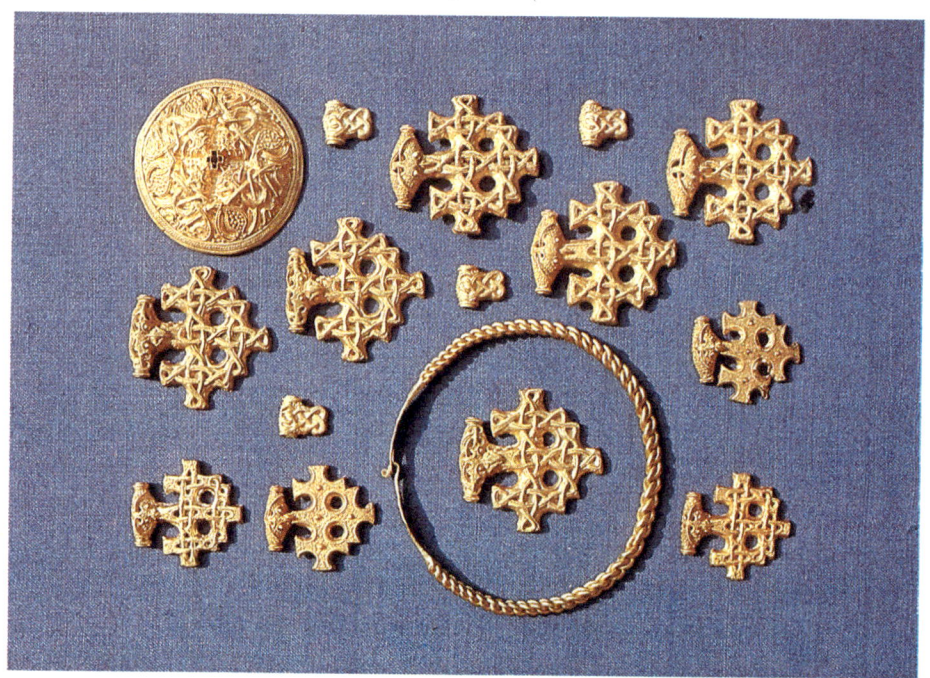

Nicht jeder Friedhof im slawischen Mecklenburg wurde von Slawen angelegt. Als Beispiel sei das Gräberfeld von Menzlin im Kreis Anklam genannt. Obgleich die Grabgefäße aus dem 9. Jahrhundert durchweg slawischen Ursprungs sind, lassen die ganz anderen Beigaben sowie die anderen Bestattungssitten auf eine fremde Bevölkerung schließen. Es handelte sich um Wikinger, die hier einen Handelsplatz errichtet hatten und von diesem Ort aus die Peene abwärts und durch den Peenestrom oder das Oderhaff eine rege Schiffahrt und intensiven Handel mit anderen Ostseeländern betrieben. Das bemerkenswerteste im Grabbrauch ist die Anlage von schiffsförmigen Steinsetzungen, wie wir sie aus Skandinavien in vielen Beispielen, aber aus Mecklenburg bisher überhaupt nicht kennen. Die größten Menzliner „Steinschiffe" erreichen eine Länge von 7,5 m. Innerhalb dieser schiffsförmigen und einiger kreisförmiger Steinsetzungen befinden sich die Brandgräber. Sowohl solche schiffsförmigen Steinsetzungen bei Gräbern als auch Bestattungen in regelrechten Booten gehen auf den Gedanken zurück, daß der Verstorbene auf einem Schiff über das Meer in die Welt der Toten reist. Derartige Glaubensvorstellungen sind bei zahlreichen seefahrenden Völkern verbreitet. Bei den slawischen Stämmen hat dieser Brauch aber trotz der Berührung mit den Wikingern keinen Eingang gefunden. Bootsgräber im ostslawischen

Gräber von Menzlin

Hölzerner Drachenkopf von Behren-Lübchin, 11. Jahrhundert

Gebiet (am Ladogasee und bei Smolensk) dürften ebenfalls Bestattungen von wikingischen Kaufleuten sein.

Schon mehrfach begegneten wir der Kunst der slawischen Produzenten. So sprachen wir über den Kunsthandwerker, der aus den verschiedensten Metallen ansehnliche Schmuckstücke herstellte und dabei die unterschiedlichsten Techniken anwandte. Einen beachtlichen Stand erreichten die Handwerker, die mit Holz zu arbeiten hatten, nicht nur die Zimmerleute beim Bau von Häusern, Brücken und Burgen, sondern auch Drechsler, Schnitzer und Tischler, deren Erzeugnisse oft eine hohe künstlerische Begabung erkennen lassen. Gerade für den Kult mußten Werke geschaffen werden, die auf jene Menschen wirkten, welche in gläubiger Ergebenheit davor verharrten — denken wir an die Götterfiguren aus Holz und Stein.

Auch die Keramik verrät ein ausgewogenes ästhetisches Bewußtsein. Da sie in vielen Fällen noch im Haushalt oder von kleinen Dorfhandwerkern hergestellt wurde, gilt diese Aussage für die Masse der Bevölkerung und nicht nur für einige wenige Keramikspezialisten, die es unzweifelhaft ebenfalls gab. Vor allem in der spätslawischen Zeit besaßen die Gefäße Formen, die uns heute noch ansprechen, wobei freilich die schnell rotierende Drehscheibe einen gewissen Einfluß auf die Gestaltung hatte. Waren die Gefäße anfangs durch Kammstriche, Einkerbungen, Kreuze und Rauten verziert, so führte die Verwendung der Drehscheibe zu mehr gleichmäßig umlaufenden Mustern aus Streifen und Wellenlinien.

Verhältnismäßig häufig begegnen wir bei den Slawen mehr oder weni-

Bronzepferdchen von Brandenburg, 12. Jahrhundert (Höhe 3,3 cm)

ger kunstvollen Schnitzereien an Gebrauchsgegenständen aus Holz, Knochen und Horn. Vermutlich auf alte, urslawische Tradition geht die Gestaltung in Form eines Tieres oder Tierkopfs zurück. Verstärkt wird diese Tendenz in jüngerer Zeit durch Einflüsse aus dem skandinavischen Raum, wo schon einige Jahrhunderte lang die Verwendung des Tierornaments in der Kunst eine bedeutende Rolle spielte, seit dem 9. Jahrhundert ist es dort vor allem der Drachenkopf. So stellt eine hölzerne Schnitzarbeit, gefunden in der Burg von Behren-Lübchin, einen Drachenkopf dar, der vermutlich zum Aufsatz eines Gestühls gehörte. Ob das ganze Stück einst von Skandinavien nach Mecklenburg gelangt ist oder ob skandinavische Handwerker oder slawische Handwerker nach nordischen Vorbildern die Arbeit an Ort und Stelle geschaffen haben, müssen wir offenlassen.

Aus Bronze fertigte man kleine Menschen- und Tierfiguren an. So wurde bei Schwedt an der Oder die gegossene Figur eines schnauzbärtigen Mannes gefunden, der seine Arme in die Hüften stützt; leider ist das Stück verlorengegangen. Sehr reizvoll wirkt das Bronzefigürchen eines gesattelten Pferdes, das in Brandenburg ausgegraben wurde. Von der bereits genannten Fischerinsel im Tollensesee bei Neubrandenburg und weiteren Fundstellen sind aus Blei gegossene kleine Fische bekannt. Über den reichen Schmuck haben wir schon mehrfach gesprochen. Spuren von Gußwerkstätten beweisen, daß die Schmuckstücke im Land angefertigt wurden, wobei es vermutlich für besonders kostbare Stücke zentrale Werkstätten gab, die ihre Produkte über große Entfernungen verhandelten. Die bereits erwähnten Schläfenringe stehen in der Rangordnung allen Schmuckes an erster Stelle. In den südlichen Bezirken der DDR wurden über 700 solcher Ringe gefunden. Besonders reich und vielfältig sind die Ohrringe gestaltet, wobei man nicht nur die Filigrantechnik anwendete, sondern die Flächen in ein feingliedriges Gitterwerk förmlich auflöste. Diese anspruchsvolle Technik erreichte ihre Blüte im Großmährischen Reich auf dem Gebiet der heutigen ČSSR. Halsringe waren nicht so häufig, dafür scheinen aber Perlenketten eine große Rolle gespielt zu haben. Hierzu wurden Glas, Bernstein, Perlmutt, Edel- und Schmucksteine wie Karneol, Amethyst, Bergkristall oder Topas verwendet.

Wenn wir über die Kunst ur- und frühgeschichtlicher Völkerschaften sprechen, müssen wir uns darüber klar sein, daß uns ein Großteil einstiger Volkskunst nicht erhalten geblieben ist, weil dafür vergängliches Material verarbeitet wurde. Bei der Vorliebe der Slawen für bunte Farben können wir annehmen, daß die Gewänder aus farbenfreudigen Stoffen bestanden. Die Korbflechterei und Holzschnitzerei hat ebenfalls bis in die heutige slawische Volkskunst nachgewirkt. Wir lesen in den schriftlichen Quellen, daß die Götterfiguren hinter Vorhängen den Blicken der Öffentlichkeit entzogen waren. So dürften auch Wandbehänge, Vorhänge und Decken das Innere der Häuser geschmückt haben, mindestens bei den sozial höheren Schichten. In einem Haus der Burg

Opole (VR Polen) an der Oder bedeckte ein Teppich den Fußboden. Daß Leinen und Wollstoffe aus slawischen Werkstätten auch bei den deutschen Feudalherren beliebt waren, zeigt sich in den Abgabelisten, wo diese Erzeugnisse obenan stehen. Mitunter galt Leinen sogar als regelrechtes Zahlungsmittel.

Jedenfalls sollten wir uns bewußt sein, daß die slawische Kultur durchaus nicht auf einer niedrigeren Stufe gestanden hat als die anderer Völker in dieser sozialökonomischen Periode. Wenn in den Jahrhunderten am Ende des 1. Jahrtausends gewisse qualitative Unterschiede zwischen der Kultur der slawischen Stämme an Elbe und Oder und jener in den benachbarten Gebieten sichtbar werden, dann liegt dies darin begründet, daß der westliche Nachbar inzwischen eine höhere Gesellschaftsformation erreicht hatte, nämlich den Feudalismus. Ein Blick auf frühe feudale Entwicklungen in Polen, Böhmen/Mähren oder bei den Südslawen würde beweisen, zu welchen kulturellen Höchstleistungen die Slawen unter fortgeschrittenen sozialökonomischen Verhältnissen fähig waren.

Auf dem Pfingstberg bei Tilleda

In der königlichen Pfalz

Unser letzter archäologischer Ausflug führt uns zum Kyffhäuser. Wir können uns den Aufstieg auf die Höhe des Berges ersparen, auch wenn dort oben interessante Reste einer alten Reichsburg zu besichtigen sind. Unser Besuch gilt diesmal dem oberhalb des Dorfes Tilleda gelegenen Pfingstberg. Wegweiser leiten uns von der Dorfstraße über einen kurzen Fußpfad auf diesen dem Kyffhäuser vorgelagerten Höhenrücken, und schon stehen wir am einstigen Eingang zu einer Anlage aus dem Mittelalter.

Von der Bedeutung dieses Platzes mag die Tatsache künden, daß hier oben mindestens 6 deutsche Könige beziehungsweise Kaiser weilten. Das wissen wir so genau, weil die königlichen Urkunden den Namen des Ortes tragen, an dem sie ausgestellt wurden. Über 1000 Jahre ist es her, daß die Pfalz Tilleda — als „Dullede" — erstmalig erwähnt wird: 972 schenkte Otto II., der Enkel des ersten deutschen Königs, Heinrichs I., seiner aus Byzanz stammenden Braut Theophano (um 955—991) einige „kaiserliche Höfe", und dazu rechnete auch Tilleda. Der Name des Ortes selbst wird bereits in einer Schenkungsurkunde Karls des Großen aus dem Anfang des 9. Jahrhunderts genannt.

Schon in den Jahren 1935 bis 1939 erfolgten in der Pfalz Tilleda die ersten Ausgrabungen. 1958 setzte man die Untersuchungen fort, die jetzt einen Abschluß erreicht haben, auch wenn noch nicht die ganze Fläche durchforscht wurde. Aber die Ergebnisse sind bereits so bedeutend, daß sie unsere Kenntnisse über die Königspfalzen im besonderen und die mittelalterliche Geschichte im allgemeinen wesentlich bereichert haben. Die Grabung in Tilleda bietet ein anschauliches Beispiel, wie sich schriftliche und archäologische Quellen verbinden lassen.

Nach dem kurzen Fußmarsch stehen wir also vor dem Tor, das, nach den vorhandenen Mauerresten und der ganzen örtlichen Situation zu urteilen, schon im Mittelalter der wichtigste Eingang gewesen sein muß. Außerdem ließen Untersuchungen am Westrand des Ortes und am Berghang Spuren alter Wege erkennen, die hier und da noch ein Schotterbett aufweisen und sich heute durch Hohlwege im Gelände markieren. Sie vereinigen sich dann vor dem Tor. Rechts und links von der Einfahrt er-

Freigelegte Einfahrt in die Vorburg der Pfalz Tilleda

blicken wir die beiden Enden der Umfassungsmauer, die nach innen einbiegen und erst nach 30 m ihren Abschluß finden. Die Mauerführung hatten die Erbauer so angelegt, daß ein angreifender Gegner von beiden Seiten und vor allem an seiner rechten — nämlich der nicht mit dem Schild bewehrten — Seite bekämpft werden konnte. Die Torwangen wie die gesamte Umfassungsmauer waren 10 bis 30 cm in den Erdboden eingetieft. Die Breite der Mauer betrug stellenweise bis 2,5 m, meist aber nur etwa 1,2 m, die Höhe ist ungewiß, da die Mauern in jüngerer Zeit als Steinbruch für Haus- und Straßenbau verwendet wurden. Mit 2 oder 3 m Höhe können wir aber wohl rechnen. Die Maurer hatten zunächst zwei schmale Außenwände aus Stein im Lehm-, Ton- und Gipsmörtelverband errichtet und dann den Innenraum mit Steinen, Lehm und Gips gefüllt. Hinter den Mauern fanden sich in gewissen Abständen die wannenförmigen Gruben, in denen sie ihren Mörtel anrührten.

In welcher Weise das Tor durch einen Überbau — etwa einen Torturm — gedeckt war, wissen wir nicht. Heute blicken wir in die offenliegende Einfahrt, die auch noch innerhalb des Tores um weitere 4 m ansteigt. Während die Toreinfahrt zunächst 4,75 m breit ist, verengt sie sich bis oben auf 2,4 m. So konnte letztlich nur ein Wagen das Tor passieren. Noch heute erkennen wir im Schotter der Einfahrt die beiden Wagengeleise, die auf eine Radspur von etwa 1,1 m hinweisen. Der Weg führt dann in gerader Linie weiter in das Innere der Anlage; ein Hohlweg mit Kiesschotter verrät uns seinen Verlauf.

Wir sind noch nicht in die eigentliche Pfalz gelangt, sondern erst in die Vorburg, die in der Hauptsache wirtschaftlichen Zwecken diente. Eine Wanderung durch die Vorburg, die eine Ausdehnung von etwa 150 m × 250 m besitzt und auf der Nord-, West- und Südseite durch die beschriebene Mauer geschützt war (an der Ostseite schließt sich ja die Pfalz an), kann uns ein Bild vom Leben ihrer Bewohner vermitteln.

Nach 1000 Jahren ist natürlich zunächst nicht allzuviel von den einstigen Häusern zu sehen. Als man aber die Oberfläche abgetragen hatte, konnte man an den steinernen Fundamenten oder den von den Holzpfosten übriggebliebenen Verfärbungen die Gebäude unschwer erkennen. Paul Grimm, der langjährige Leiter der Ausgrabung von Tilleda, hat dem Besucher den Einblick in eine derartige Siedlung noch dadurch erleichtert, daß er die Hauswände durch Sand und Stein „nachziehen" ließ. Herdstellen und Backöfen sind ohnehin gut sichtbar. Die Häuser fallen durch ihren in die Erde eingetieften Boden auf. Die Hauswände bestanden teils aus Mauerwerk, teils aus Holz, in beiden Fällen wurde Lehm als Bindung verwendet. Einige auf einem Fundament von Steinen errichtete Gebäude lagen unmittelbar hinter der Mauer und waren ver-

Freigelegte Tuchmacherei auf der Pfalz Tilleda

mutlich Wachhäuser, die den Wachmannschaften als Unterkunft dienten. Die Mehrzahl der übrigen Häuser müssen wir wohl als Wohnhäuser betrachten, die alle jene beherbergten, welche für den Unterhalt des Königs und seines Gefolges zu sorgen hatten. Diese Gebäude zeichnen sich durch einen in Gewölbetechnik errichteten Ofen aus, der zum Zubereiten der Nahrung wie zum Wärmen des Raumes diente. Ähnliche Häuser, aber ohne Ofen oder eine andere Feuerstelle, dürften Wirtschaftsbauten, hauptsächlich Vorratsspeicher, gewesen sein. Alle diese Häuser sind nicht sehr geräumig; 5 m × 10 m müssen wir schon als groß ansehen.

Zwei Bauten erwecken unser besonderes Interesse. Bereits die Länge von fast 30 m beziehungsweise über 15 m ist beachtenswert. Die Wände bestanden wieder aus festem Mauerwerk. In der Mittelachse lagen Gruben, in denen sich Webegewichte fanden. Hier müssen einst Webstühle in einer Reihe gestanden haben. Das ist ein einmaliger Befund, der jene

Kammertor in der Pfalz Tilleda

schriftlichen Nachrichten bestätigt, wonach es im Wirtschaftsgelände von Pfalzen regelrechte Tuchmachereien gegeben hat. Nicht mehr der einzelne Weber saß in seiner Hütte, sondern eine größere Zahl von Mägden oder Knechten verrichteten hier — vermutlich unter Aufsicht — ihre Arbeit, um König und Gefolge mit Tuchen zu versorgen. An weiteren Gewerken konnten Töpfereien, Schmieden und Elfenbeinschnitzwerkstätten nachgewiesen werden.

Wir verlassen nun die Vorburg, wenden uns nach Osten und durchschreiten 3 Wälle mit ihren vorgelagerten Gräben. Heute sind die Wälle niedriger und die Gräben flacher als früher. Allein der innerste Wall zeigt noch eine ansehnliche Höhe, und auch der dazugehörige Graben war einst 13 m breit und etwa 3 bis 4 m tief. Die Lage des einen Zugangs hat mehrfach gewechselt, und die Spuren weisen auf unterschiedliche Konstruktionen hin, einmal nur aus Holz, dann wieder aus Stein. Am besten erhalten und noch heute gut erkennbar ist das Tor in der Mitte des inneren Walles. Wir sehen die beiden sehr massiv aus Steinen errichteten Torwangen, die in den Wall eingebaut wurden. Man hat aber nie den Wall zwischen den Torwangen abgetragen, sondern der Verkehr mußte über ihn hinweggehen. Tatsächlich wurde dieses Tor gebaut, kurz bevor man die Pfalz nicht mehr benötigte. Das mag die Ursache dafür gewesen sein, daß man auf das Abtragen der Erde verzichtete.

Wir befinden uns jetzt in der eigentlichen königlichen Pfalz, die unmittelbar auf dem Bergsporn liegt. Die Innenfläche hat eine Länge von etwa 85 m, wogegen ihre Breite lediglich 65 m und am östlichen Rand gar nur 25 m erreicht. Dabei müssen wir allerdings berücksichtigen, daß ein wenn auch nicht beträchtlicher Teil der Fläche im Laufe der Jahrhunderte herabgestürzt ist. Denn an den drei Seiten geht es 25 m steil abwärts, was einen Angriff aus dem Tal heraus praktisch unmöglich machte. Trotzdem hatte man auch an diesen Seiten Wälle beziehungsweise Mauern errichtet, deren Verlauf wir an der Südseite noch verfolgen können, während auf der Nord- und Ostseite die einst vorhandene Befestigung fast ausnahmslos abgestürzt ist.

Welche Bauten befinden sich nun im Innern dieser Hauptburg? Da die Pfalz mehrere Jahrhunderte bestand, lassen sich verschiedene Bauphasen erkennen, die wir aber nicht im einzelnen untersuchen wollen. Wenden

Kirche und königliche Gemächer in der Pfalz Tilleda

wir uns zunächst den Bauresten rechts zu! Hier lagen die Kirche und die Wohnung des Königs. Die Mauerzüge der Kirche aus Stein, Lehm und Mörtel, innen verputzt, umschlossen einen rechteckigen Saal von über 22 m Länge und 10,5 m Breite. Auf der Ostseite ist die halbkreisförmige Chornische oder Apsis gut zu erkennen. Durch eine Reihe von Pfeilern getrennt, befand sich an der Westseite eine 5,2 m tiefe Vorhalle, die als Obergeschoß eine Empore trug. In der älteren Bauphase schloß sich hier ein etwas über 50 m² großer Raum an, dem später weitere Räumlichkeiten angebaut wurden. Diese zweistöckigen Anlagen dürften die Gemächer des Königs enthalten haben.

In der Nordostecke der Burg stand ein hallenartiges Gebäude, dessen guter Gipsfußboden auf seine besondere Bedeutung hinweist. Leider ist ein Teil der Halle abgestürzt. Aber wir können eine Länge von mindestens 14 m bei einer Breite von 9 m annehmen. Die Wissenschaftler vermuten in diesem Bau die Fest- und Versammlungshalle, in welcher der König mit seinem Gefolge zusammenkam. Der Absturz der einen Seite der Halle scheint sich schon damals ereignet zu haben, weil man später, vielleicht bereits im 10. Jahrhundert, eine neue Halle etwas weiter weg vom gefährlichen Ostrand erbaute. Diesmal war es eine hölzerne Pfostenhalle von 25,5 m Länge.

Höchst bemerkenswert sind Baureste am Südrand der Burg. In der Südostecke lagen zu Beginn der Besiedlung ein großes Gebäude und 5 kleinere, die aber später abgebrochen wurden, um das große Gebäude noch zu erweitern. Alle diese Bauten fallen durch eine Heißluftanlage unter dem Fußboden auf, so daß man auch im Winter hier wohnen konnte. Derartige Heißluftanlagen kennen wir aus den römischen Städten, wie etwa von Aquincum. Die Fugen der deckenden Steinplatten über den Heizkanälen waren gut abgedichtet, damit auf keinen Fall Rauch in die Räume drang.

Das sind die wichtigsten Gebäude, die uns einen ungefähren Eindruck vom Aussehen einer Kaiserpfalz vermitteln. Es waren also keine riesigen Paläste, sondern bescheidene Behausungen, in denen König und adliges Gefolge mit ihren Frauen lebten. Pfalzen gab es im gesamten fränkisch-karolingischen Reich. Eine größere und komfortablere lag in Ingelheim am Rhein in der Nähe von Mainz (BRD). Wissenschaftler haben versucht, sie zu rekonstruieren. Ähnlich, wenn auch etwas einfacher, können wir uns die Pfalz Tilleda vorstellen.

Die Pfalzen dienten dem König, der damals keine feste Residenz besaß, zum vorübergehenden Aufenthalt. Um die Bedeutung einer derartigen Pfalz zu verstehen, müssen wir uns ein wenig mit der Geschichte beschäftigen. Der Besuch in Tilleda führte uns bekanntlich in das 10. bis

Rekonstruktion der Kaiserpfalz Ingelheim

12. Jahrhundert. Diese Zeit ist uns zwar nicht ganz fremd, da wir uns mit der Geschichte der Slawen ebenfalls schon in ihr bewegt haben. Aber mit dem Ort und der Pfalz Tilleda befinden wir uns im westsaalischen Gebiet, das nicht von slawischen Stämmen besiedelt war, von einzelnen Siedlungsgruppen abgesehen. Es ist also notwendig, uns kurz jenen historischen Ereignissen zuzuwenden, welche sich etwa seit dem 5. Jahrhundert zwischen Saale und Rhein abgespielt haben.

Wir erinnern uns des Thüringerreichs, dessen Kern im Saalegebiet lag, das aber im Laufe des 5. Jahrhunderts seine Macht bis zum oberen Main und sogar bis zur Donau zwischen Regensburg und Passau ausgedehnt hatte. Andere bedeutende germanische Stammesverbände waren die Sachsen zwischen unterer Elbe und Ems, die Friesen an der Nordseeküste, die Franken im mittleren und unteren Rheingebiet, die Alemannen am Oberrhein und an der oberen Donau sowie die Bayern in dem Raum, der noch heute ihren Namen trägt.

Die führende politische Stellung nahm die Stammesaristokratie ein, ohne daß sich das Wesen der gesellschaftlichen Verhältnisse entscheidend verändert hatte. Noch immer bestand die Urgesellschaft. Die Stammesführer und Könige stützten sich auf die große Masse der freien Bauern, wogegen die von dem Adel und den freien Bauern Abhängigen

(Kriegsgefangene, in Not geratene Kleinbauern) zunächst keine bedeutende gesellschaftliche Rolle spielten. Die Verpflichtung zum Heeresdienst oder zu bestimmten Abgaben von Naturalien an den Adel und seine Gefolgschaft trug noch nicht Ausbeutungscharakter.

Wir sahen, wie die ständige Nutzung des Bodens durch dieselben Familien dem Gemeineigentum seinen Charakter genommen und sich ein Sondereigentum herausgebildet hatte. In dieser Form des Eigentums lag eine günstige Bedingung für das Wachstum der Produktivkräfte. Das Streben nach Erhöhung der Produktion und Vermehrung des Besitzes war eine bedeutende Triebkraft für die weitere Entwicklung bei den germanischen Stämmen.

Die neuen Besitzverhältnisse hatten aber noch andere Folgen. Da das Land beim Tod des Besitzers nicht geteilt, sondern in seiner Gesamtheit an den ältesten Sohn vererbt wurde, waren die anderen Söhne gezwungen, sich entweder in Abhängigkeit zu begeben oder neues Land zu suchen. So schlossen sie sich Auswanderergruppen an. Darin aber lag nicht der einzige Anlaß zu solchen Wanderungen. Das allgemeine Wachstum der Bevölkerungszahl zwang zum Auszug, und noch immer bedeuteten erfolgreicher Krieg und beträchtliche Beute an Produkten, Vieh und Gefangenen eine Steigerung der ökonomischen Stärke und des sozialen Ansehens in der Gemeinschaft des Stammes.

Die Auswanderungen hatten zunächst nur in die Siedlungsräume germanischer und anderer „barbarischer" Stämme geführt, bald aber auch in das Gebiet des Römischen Reiches. Das wurde durch die sich immer mehr verschärfende innere Krise des Römischen Reiches erleichtert. Zahlreiche Angriffe konnten die römischen Heere anfangs noch abwehren. Als der Druck germanischer Stämme immer stärker wurde, wandten die Römer eine andere Taktik an: Sie schlossen mit den angreifenden Stämmen und Stammesteilen Bündnisverträge (Föderatenverträge, lat. foederati = Verbündete). Auf Grund dieser Verträge wurde den Germanen Land zugewiesen, wo sie nicht etwa als Sklaven oder Kolonen den Acker zu bestellen und entsprechende Abgaben zu leisten hatten, sondern unter den gewohnten sozialen — also urgesellschaftlichen — Verhältnissen lebten. Wie schon zu Zeiten Cäsars, wenn auch unter anderen Bedingungen, sollten diese Föderaten die römische Grenze gegen weitere nachstoßende germanische Stämme verteidigen, waren sie doch ebenfalls daran interessiert, das ihnen ja gehörende Land zu schützen.

Die Wanderungen nahmen im letzten Viertel des 4. Jahrhunderts noch zu. Um 375 kamen hunnische Reitervölker auf ihren schnellen Pferden nach Europa. Das Herkunftsgebiet dieser Mongolen lag in Mittel- oder Ostasien. Zunächst machten die Stämme nördlich des Schwarzen Meeres mit ihnen Bekanntschaft, dann die Völkerschaften beiderseits der Karpaten. Unter diesen waren auch germanische Stämme. Teils gerieten sie unter hunnische Herrschaft — wie etwa viele Ostgoten —, teils zogen sie sich vor den Hunnenscharen zurück, wodurch eben jene Wanderungen erheblich verstärkt wurden. Deswegen spricht man nunmehr von der „Großen Völkerwanderung", die etwa so lange andauerte, bis die germanischen Stämme zur Ruhe gelangten, was in der zweiten Hälfte des 6. Jahrhunderts geschah.

Westgoten und Reste der Ostgoten zogen über die Donau in die römische Provinz Thrakien und wurden hier als erste Föderaten angesiedelt. Aber wenige Jahre später kam es erneut zum Bruch zwischen dem Römischen Reich und den Westgoten, die 401 nach Italien wanderten, ein Jahrzehnt später nach Südfrankreich und Spanien, wo sie ein Reich gründeten, das in Frankreich bis 507 und in Spanien bis 711 bestand. Nördlich der Pyrenäen gerieten sie unter die Herrschaft der Franken, während die in Spanien lebenden Westgoten von der Expansion der Araber erfaßt wurden. Ostgoten zogen nach dem Ende der Hunnenherrschaft nach Italien (489), wo ihr Reich bis zum Eintreffen der Langobarden (568) bestand.

Die Langobarden selbst hatten sich am Ende des 5. Jahrhunderts in Niederösterreich und Westungarn niedergelassen, bis sie nach Italien wanderten. Ihr Reich wurde 774 von Karl dem Großen erobert.

Wandalen und Burgunden hatten 406 den Rhein überschritten. Erstere zogen durch Frankreich und Spanien, setzten 429 über die Meerenge von Gibraltar und gründeten auf nordafrikanischem Boden (etwa dem heutigen östlichen Algerien und Tunis entsprechend) ein germanisches Reich, das 534 unter oströmische (byzantinische) Herrschaft gelangte. Die Burgunden schließlich gründeten zunächst ein Reich am Mittelrhein, das als „Reich von Worms" in die Geschichte einging und eine Rolle im Nibelungenlied spielt. Sie zogen dann weiter in das südwestfranzösische Rhônegebiet, wo das Burgundenreich von 436 bis 534 bestand; danach gerieten auch sie unter die Herrschaft der Franken.

Kehren wir noch einmal zu den Hunnen zurück! Kurz vor der Mitte des 5. Jahrhunderts befanden sie sich auf der Höhe ihrer Macht. Zentrum des durch Krieg, Gewalt und lockere Bündnisse zusammengehaltenen Reiches war Ungarn, wo auch der Hunnenkönig Attila (gest. 453) residierte. Seine Herrschaft aber erstreckte sich bis zum Reich der Thüringer und vielleicht noch darüber hinaus. Sogar das Römische Reich mußte Tributzahlungen leisten. Im Jahre 451 stieß Attila mit einem großen Heer, zu dem germanische Stämme wie Goten, Gepiden, Quaden, Thüringer und andere Kontingente gestellt hatten, nach Gallien vor. Ein römisches Heer gemeinsam mit Westgoten, aber auch Burgunden, Franken sowie Sarmaten und Alanen (beides osteuropäische Völkerschaften, die ebenfalls vor den Hunnen nach dem Westen ausgewichen waren) traten Attila entgegen. Bei Troyes in Mittelfrankreich kam es zur Schlacht, die als die Schlacht „auf den Katalaunischen Feldern" in die Geschichte eingegangen ist. Angeblich hätten sich fast eine Million Krieger gegenübergestanden. Auf jeden Fall war es eine Völkerschlacht gewaltigen Ausmaßes. 2 Jahre später starb Attila — vermutlich wurde er ermordet —, und das Hunnenreich fiel auseinander. Die germanischen Stämme waren wieder frei.

Die Hunnenherrschaft bildete eine Episode in der europäischen Geschichte, die nur indirekt einen Einfluß auf den Verlauf der Entwicklung hatte, indem germanische und andere Völkerschaften in Bewegung gesetzt wurden — eine Bewegung, die zunächst auch nach dem Ende der Hunnenherrschaft anhielt und die Zuwanderung slawischer Stämme und später noch magyarischer (ungarischer) Völkerschaften einschloß.

Das Erscheinen germanischer Stämme auf dem Territorium des Römischen Reiches beschleunigte den Untergang dieses antiken Imperiums, dessen innere soziale Schwierigkeiten ständig zunahmen. Das Reich, das sich vom Euphrat bis zu den Küsten des Atlantiks, von den Wüsten der Sahara bis zu den Britischen Inseln erstreckte, war nicht mehr zusammenzuhalten. Die Klassenkämpfe zwischen den herrschenden, ausbeutenden Sklavenhaltern und den rechtlosen, ausgebeuteten Sklaven und Kolonen verstärkten sich. Die in das Reich eingefallenen Germanen wurden von diesen oft als Befreier oder jedenfalls als Verbündete betrachtet. Als beispielsweise die Westgoten nach Italien kamen, schlossen sich ihnen 40 000 Sklaven an. Vielfach erklärten die germanischen Fürsten Sklaven und Kolonen zu freien Menschen — nicht aus sozial-ethischen Vorstellungen heraus, sondern um sie als Verbündete gegen den römischen Klassenstaat oder gegen andere Feinde zu gewinnen.

Nach dem Tod des römischen Kaisers Theodosius (347—395), der für wenige Jahre noch einmal das große Reich in seiner Gesamtheit regieren konnte, zerfiel es in ein West- und ein Oströmisches Reich. Der weströmische Kaiser residierte weiter in Rom, der oströmische in Konstantinopel oder — wie es jetzt meist hieß — Byzanz. Danach wird das Oströmische Reich auch als Byzantinisches Reich bezeichnet. Es besaß in den folgenden Jahrhunderten eine ungleich größere politische Bedeutung als Westrom. Seine Geschichte können wir aber hier nicht weiter verfolgen.

Kehren wir nach Mittel- und Westeuropa zurück! Wir hörten, daß fast alle germanischen Reiche und Stammesverbände ihre politische Selbständigkeit durch die Franken verloren. Der Grund hierfür liegt darin, daß es diesen von allen germanischen Stammesverbänden am frühesten und am wirksamsten gelang, eine Verbindung der römischen Sklavereigesellschaft und der germanischen Urgesellschaft zu vollziehen, woraus eine neue Gesellschaftsordnung — der Feudalismus — entstand. Der fränkische Adel und die freien Bauern wurden die neuen Herren in Gallien, das sie im Laufe des 5. Jahrhunderts von Norden beginnend dem Römischen Reich abgerungen hatten — teils im Kampf, teils durch Verträge.

Zunächst waren die Franken kein einheitlicher Verband, sondern bestanden aus zahlreichen Einzelstämmen mit Stammeskönigen. 482 gelang es dem Salierfranken Chlodwig (466—511) aus dem Geschlecht der Merowinger, sich zum Herrscher aller Frankenstämme zu machen. Er beseitigte endgültig die Reste römischer Herrschaft in Gallien. Die militärische und politische Stärke des Frankenkönigs beruhte einmal auf dem Heer, das wie bisher aus freien Bauern und den königlichen Gefolgschaften bestand, zum anderen auf einem ihm ergebenen Dienstadel, der einen ganz anderen Charakter hatte als der alte Gentiladel.

Als die Franken von der römischen Provinz Besitz ergriffen, übernahmen sie zahlreiche Errungenschaften der römischen Klassengesellschaft. Römische Großgrundbesitzer verstärkten die neue herrschende Klasse, ebenso wurden gewisse Erscheinungen des Klassenstaats (Finanz- und Steuerwesen, Unterdrückungsmethoden) in die Organisation des Frankenreichs einbezogen. Die großen Erfahrungen in der Landwirtschaft, der Technik, des Handwerks usw. kamen den Franken zugute.

Die Produktionsverhältnisse beruhten auf dem Privateigentum an Grund und Boden. Das Sondereigentum der freien fränkischen Bauern nahm den Charakter von veräußerlichem und vererbbarem Privateigentum an, das eroberte Gebiet wurde Privateigentum des Königs und des Adels, der aus der römischen Zeit stammende Großgrundbesitz, sofern er noch in der alten Hand blieb, war ohnehin Privateigentum. Zwangsläufig bestanden im Umfang des Grundbesitzes beträchtliche Unterschiede, die im Laufe der Zeit immer mehr wuchsen. Größere Ländereien, mit zahlreichen unfreien Arbeitskräften und nach den Erfahrungen der römischen Staatsgüter bewirtschaftet, brachten ergiebigere Erträge als im Familienbetrieb arbeitende kleine Bauernhöfe. Entweder mußten die Bauern ihren Boden ganz an den wirtschaftlich Stärkeren abgeben, oder — was ein Wesensmerkmal des entstehenden Feudalismus war — sie durften auf ihm verbleiben, ihn bewirtschaften, wobei ihnen gewisse Hilfe zuteil wurde, aber der Boden gehörte nunmehr dem Feudalherrn. Der Bauer war verpflichtet, bestimmte Dienste beim Herrn (Frondienste) und Abgaben in Naturalien, später auch in Geld, zu leisten. Da aber alles das, was er über die Abgaben hinaus produzierte, ihm selbst zugute kam, hatte er Interesse an einem möglichst hohen Ertrag aus seiner Arbeit.

So boten die neuen gesellschaftlichen Verhältnisse die Voraussetzung zur Steigerung der Arbeitsproduktivität. Damit stellte die Feudalordnung einen bedeutenden Fortschritt gegenüber der Sklaverei- und der Urgesellschaft dar. Am Ausbeutungsverhältnis auch dieser Klassengesellschaft änderte sich aber nichts. Aus dem freien germanischen Bauern — und das galt später ebenfalls für die anderen germanischen Stammesverbände — war der ökonomisch und rechtlich abhängige Feudalbauer entstanden.

Der größte Grundbesitzer war der König, bedingt durch die bedeutenden Eroberungen gallischen und dann auch außergallischen Gebiets. Da er seine Ländereien nicht selbst bewirtschaften konnte, vergab er sie an Adlige und andere Freie als Lehen („lieh" sie). Dadurch verpflichtete er sich die Belehnten; sie wurden Vasallen (Gefolgsleute) des Königs. In ähnlicher Weise verfuhren die Kirche, die ebenfalls über großen Besitz verfügte, sowie der hohe Feudaladel. Das Lehnswesen ist das Hauptmerkmal des Feudalismus. Man nannte dieses vergebene Land in mittellateinischer Sprache „feudum", womit sich auch die Bezeichnung „Feudalismus" erklärt.

Bei dem Feudalisierungsprozeß im Frankenreich spielte das Christentum eine wichtige Rolle. Durch ihre Lehre von der Gleichheit aller Menschen vor Gott und der Erlösung aus dem irdischen Elend fand diese Religion bereits im Römischen Reich großen Anklang bei den Unterdrückten. Zugleich predigte sie Demut, Ergebenheit und Gehorsam — und hier sah die werdende Feudalklasse einen Ansatz, um den unterdrückten Klassen gegenüber das feudale Ausbeutungsverhältnis zu rechtfertigen. Denn da die Feudalherren eine Erhöhung der Abgaben und Dienstleistungen forderten, was natürlich auf den Widerstand der Bauern stieß, kam es immer wieder zu Klassenkämpfen. So fand die Feudalklasse in dem Christentum und seiner Kirche eine Stütze ihrer Macht. Die Kirche wurde zum Verbündeten der herrschenden Klasse und hat diese Rolle jahrhundertelang gespielt. Daß es dabei Rivalitäten zwischen Kirche und Feudaladel gab, steht auf einem anderen Blatt.

Chlodwig erkannte diese Bedeutung der Kirche sehr wohl und trat zum katholischen Glauben über. Ein ebenso kluger Politiker war er, als er seine Residenz aus der Heimat seiner Väter am Unterrhein nach Mittelgallien (Paris) verlegte, um sein Reich besser zusammenhalten zu können und um zu dokumentieren, daß er die Nachfolge des römischen Staates in Westeuropa angetreten hatte. Um dieses Reich zu beherr-

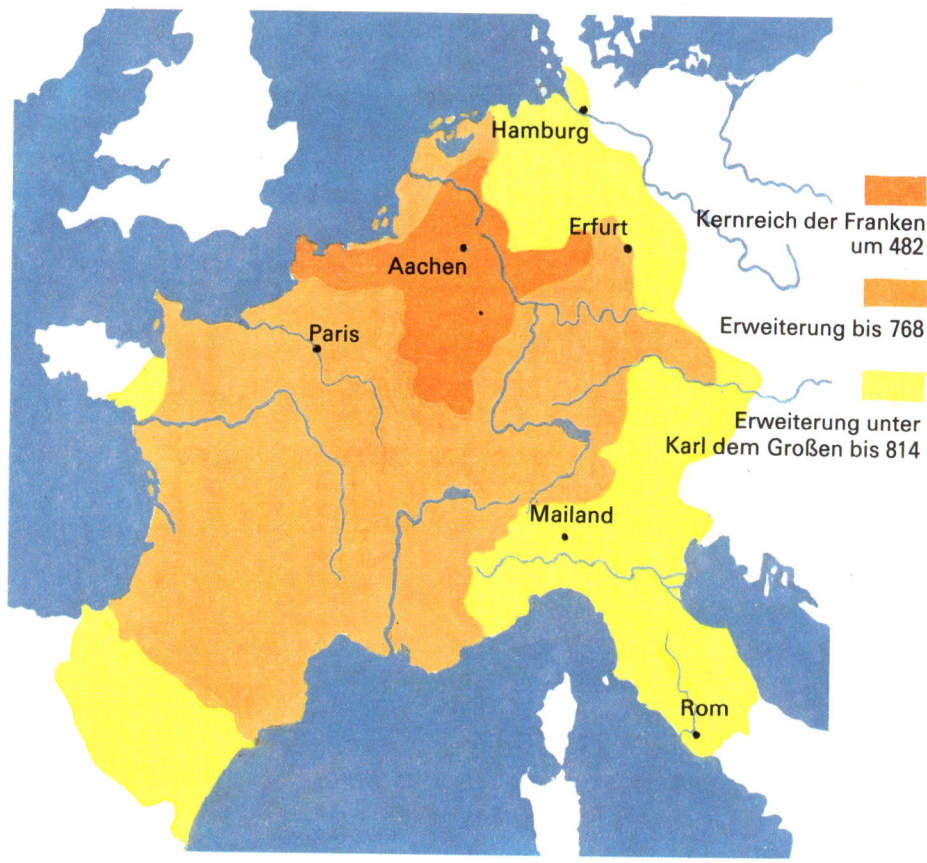

Kernreich der Franken um 482

Erweiterung bis 768

Erweiterung unter Karl dem Großen bis 814

Ausweitung des merowingisch-karolingischen Reiches

schen, benötigte er nicht nur ein schlagkräftiges Heer, sondern auch einen Verwaltungsapparat, der ihm treu ergeben war. So schuf Chlodwig als erster germanischer König einen Staat.

In wechselvollen Kämpfen wurden Alemannen, Westgoten und Burgunden, die alle während der Völkerwanderung große Teile Galliens besiedelt hatten, in den Machtbereich des Frankenstaats einbezogen. Die fränkische Herrschaft dehnte sich über den Rhein nach Osten aus. Im Jahre 531 wurde nach einer Schlacht an der Unstrut der südliche Teil des Thüringerreichs dem fränkischen Staat angeschlossen, während der nördliche Teil (nördlich von Unstrut und Harz) an die damals mit den Franken verbündeten Sachsen fiel.

Östlich des Rheins vollzog sich die Feudalisierung langsamer als im gallischen Gebiet. Das lag vor allem in der wirtschaftlichen Rückständigkeit gegenüber den westeuropäischen Ländern begründet, die sich jahrhundertelang unter römischer Herrschaft befunden hatten. Erst im Laufe des 6. Jahrhunderts ging man hier beispielsweise von der wilden Feldgraswirtschaft (bei der bekanntlich ein Teil der Ackerflächen längere Zeit unbestellt blieb) zu geregelten Formen der Feldbestellung über, so zu der Zweifelderwirtschaft, einer Fruchtwechselwirtschaft. Auch andere Errungenschaften, die im gallischen Gebiet schon eine Selbstverständlichkeit waren, fanden erst langsam Eingang. Genauso gab es hier keine großen Besitzungen, sondern wie früher freie, unabhängige Bauern. Aber auch deren Haus, Hof und Acker nahmen schließlich den Charakter von Privateigentum an. Jedoch setzte hier ebenfalls ein Differenzierungsprozeß ein. Es bildeten sich Hofverbände, in denen der wirtschaftlich stärkste Bauer herrschte und zu denen abhängige kleine Bauern gehörten. Auch die Zahl der unfreien Knechte und Mägde wuchs. Die wirtschaftlich Stärksten und damit zugleich sozial Privilegierten waren die Angehörigen des Adels, deren Grundeigentum von unfreien Bauern bearbeitet wurde, die Naturalabgaben und Frondienste leisten mußten.

Der fränkische König konnte die weit entfernt liegenden ostrheinischen Stammesverbände nicht in der gleichen Weise beherrschen wie die Stämme im fränkischen Kerngebiet. Die Bindungen waren lockerer. Um auch hier die staatliche Macht durchzusetzen, ernannte der König für diese Gebiete Herzöge, die seine Interessen vertreten sollten.

Das 6. und 7. Jahrhundert ist durch zahlreiche Kämpfe zwischen den führenden Adelsgeschlechtern im Frankenreich gekennzeichnet. Infolgedessen mußte das Reich immer wieder Teilungen und erneute Zusammenschlüsse erleben. Auch die vom König eingesetzten Herzöge regierten häufig völlig unabhängig. Morde und Hinrichtungen waren an der Tagesordnung. Eine immer größere Bedeutung gewannen die Hausmeier, die einzelne Reichsteile verwalteten. Vor allem die Hausmeier aus dem Geschlecht der Karolinger erlangten eine derartige Macht, daß die Merowinger nur noch Schattenkönige darstellten, bis sie um die Mitte des 8. Jahrhunderts ganz ausgeschaltet wurden. Die Karolinger konnten sich dabei in starkem Maße auf die Unterstützung durch das Oberhaupt der katholischen Kirche, den Papst in Rom, verlassen.

Unter den karolingischen Königen weitete sich das Frankenreich immer mehr aus, wobei es aber trotzdem eine gewisse Festigkeit gewann. Die bedeutendste Herrscherpersönlichkeit war Karl der Große. Am Weihnachtstag des Jahres 800 krönte ihn der Papst in der Peterskirche zu Rom zum Kaiser. Durch diesen Akt wurde nicht nur die Vorherrschaft des Frankenreichs ausdrücklich betont, sondern dem Anspruch des

Bronzene Reiterfigur Karls des Großen (Höhe 24 cm, heute im Louvre, Paris)

ostr>ömischen (byzantinischen) Kaisers auf das einstige Weströmische Reich entgegengetreten. So hatte sich das fränkische Reich zum größten und auch machtvollsten Staat Europas entwickelt. Als Kaiser Karl starb, erstreckte es sich von der Elbmündung im Norden bis zu den Pyrenäen und Mittelitalien im Süden, vom Atlantik im Westen bis zu Elbe, Saale, Böhmerwald und Wien im Osten.

Die Einheit des Reiches auf die Dauer zu bewahren war unter den damaligen gesellschaftlichen Verhältnissen nicht möglich. Auch die unterschiedliche wirtschaftliche Struktur und die Vielfalt der in ihm vereinigten Völkerschaften wirkten sich hemmend auf den Zusammenhalt aus. Als Karls Sohn, Ludwig der Fromme (778—840), starb, begann der Kampf um das Erbe. In einem Vertrag von 843, abgeschlossen in Verdun, wurde das Reich in drei unabhängige Königreiche geteilt, in ein West-, ein Mittel- und ein Ostreich. Als sich wenige Jahre später das Mittelreich auflöste, waren damit die Voraussetzungen geschaffen, daß aus dem westfränkischen Reich der französische und aus dem ostfränkischen Reich der deutsche Staat entstehen konnten. Italien gehörte weder zu dem einen noch zu dem anderen Reich und spielte während der folgenden Jahrhunderte in der Politik der deutschen Könige und Kaiser eine große Rolle.

Die zweite Hälfte des 9. und der Anfang des 10. Jahrhunderts wurden durch Machtkämpfe zwischen den einzelnen Herzogtümern und der königlichen Zentralgewalt bestimmt. Hinzu kamen Kämpfe mit den Magyaren, den Wikingern und den Slawen. Im Jahre 919 wurde der sächsische Herzog mit Zustimmung des Frankenherzogs und später auch weiterer Herzöge zum König Heinrich I. gewählt. Ihm gelang es, die Zentralgewalt durchzusetzen. Mit diesem Jahr lassen wir die eigentliche Geschichte des deutschen Staates und Volkes beginnen.

Nunmehr sind wir wieder an unserem Ausgangspunkt, der Pfalz Tilleda, angelangt. Wie schon gesagt, gab es damals noch keine königliche Residenz, sondern die Könige zogen in ihrem Herrschaftsgebiet umher, um ihren Untertanen möglichst oft gegenwärtig zu sein, Recht zu sprechen, die Huldigungen und Treueerklärungen ihrer Vasallen entgegenzunehmen.

Die Pfalzen und Königshöfe enthielten Wohn- und Wirtschaftsgebäude, in denen der König und sein Gefolge Unterkunft fanden und vor allem versorgt wurden. Die dazugehörigen Güter, welche die königliche Tafel belieferten, sowie die Bauern der Umgebung mußten zu diesem Zweck entsprechende Abgaben in Naturalien leisten. Allein die sächsischen Tafelgüter hatten für den königlichen Unterhalt jährlich 600 Schweine, 60 Kühe, 100 Ferkel, 1000 Hühner, 1000 Eier, 1800 Käse,

200 Gänse, außerdem Bier, Wein, Gewürze, Wachs (für die Beleuchtung) aufzubringen — so steht es in einem Tafelgüterverzeichnis aus dem 12. Jahrhundert. Bedenken wir bei solchen Zahlen, daß nicht allein der König derartige Mengen an Naturalien verlangte, sondern auch der höhere und niedere Adel sowie die Kirche, dann können wir uns vorstellen, daß der Bauer im Feudalismus Tag für Tag und vom Morgengrauen bis in die Nacht hinein schuften und jederzeit gewärtig sein mußte, daß sein Herr die Forderungen willkürlich erhöhte.

Der königliche Haushalt benötigte aber noch mehr als nur Essen und Trinken. In den Pfalzen und den umliegenden Dörfern hatten Handwerker die für den königlichen Troß notwendigen Ausrüstungsgegenstände zu produzieren, waren die Pferde zu beschlagen, Sattelzeug und Wagen zu reparieren, Tuche und Bekleidung anzufertigen. Arbeitskräfte für den Befestigungs- und Hausbau mußten gestellt werden.

Wo die Tafelgüter von Tilleda gelegen haben, wissen wir nicht. Bei anderen Pfalzen, wie etwa Allstedt und Wallhausen (im heutigen Kreis Sangerhausen), waren Tafelgut und Pfalz enger miteinander verbunden. Es ließe sich auch denken, daß im Fall von Tilleda der größte Teil der Produkte von den Bauern geliefert werden mußte.

Heinrich I. hat sich auf den Pfalzen des Harzgebiets oft aufgehalten. Sein eigenes Herzogtum mit dem Kern im heutigen Niedersachsen und Westfalen (BRD) reichte bis zur Saale und Unstrut. In der nur wenige Kilometer entfernten Pfalz Wallhausen feierte er 909 seine Hochzeit mit Mathilde (gest. 968), und er weilte oft in Allstedt, Nordhausen und Memleben, wo er auch verstarb. Die beginnende Ostexpansion in die slawischen Länder östlich von Elbe und Saale sowie die Abwehrkämpfe gegen die Magyaren erforderten mehrfach seine Anwesenheit in diesem Gebiet. So schlug Heinrich im Jahre 933 mit einem Heer, zu dem alle deutschen Herzogtümer Kontingente gestellt hatten, bei „Riade" die Magyaren. Möglicherweise ist Riade das heutige Kalbsrieth im Kreis Artern, jedenfalls lag es im Unstruttal. Tilleda wird in der Zeit Heinrichs I. als Pfalz noch nicht genannt. Ob die Pfalz unter seiner Herrschaft errichtet wurde oder erst unter seinem Nachfolger Otto I. (912—973), wissen wir nicht.

Bis 1042 suchten die deutschen Könige Tilleda des öfteren auf, dann hören wir von dem Ort bis 1174 nichts mehr. In diesem Jahr weilte Kaiser Friedrich Barbarossa (um 1125—1190) auf der Pfalz, und 1194 wird der Besuch seines Sohnes Heinrich VI. (1165—1197) erwähnt. Die Pfalzen hatten aber schon damals ihre Bedeutung verloren. Die Feudalherren bauten sich Burgen, und so wurde um 1100 auf der Höhe des Kyffhäusers die Reichsburg Kyffhausen errichtet.

Wir haben die politische und gesellschaftliche Entwicklung von der Ausbildung germanischer Stammesverbände bis zur Entstehung des deutschen Reiches und Volkes verfolgt. Nur am Rand wurde sichtbar, wie die neuen gesellschaftlichen Verhältnisse des Feudalismus auch Voraussetzungen für ökonomische Fortschritte schufen. Im 8. Jahrhundert ging man zur Dreifelderwirtschaft über, indem man in jährlichem Wechsel Wintergetreide, danach Sommergetreide anbaute und im dritten Jahr das Land als Weide nutzte. Wertvoll waren aber nicht nur die neuen Erfahrungen aus der Fruchtwechselfolge, sondern auch der arbeitsproduktivere Pflug mit eisernem Schar, Streichbrett und Radvorgestell — Verbesserungen, die vereinzelt schon die Germanen während der ersten Jahrhunderte unserer Zeitrechnung eingeführt hatten.

Die erste Maschine in Form der Wassermühle fand nunmehr auch im ostrheinischen Teil des Frankenreichs Eingang, also im Raum des werdenden deutschen Staates. Durch die Wassermühle ließ sich der Arbeitsprozeß auf zahlreichen Gebieten der Landwirtschaft und des Handwerks um ein beträchtliches Maß beschleunigen; Handarbeit wurde durch Maschinenarbeit ersetzt.

Infolge der verbesserten Arbeit erhöhte sich das Mehrprodukt, und das ermöglichte eine weitere Spezialisierung in der Landwirtschaft und im Handwerk. Neben den seit jeher angepflanzten Früchten des Feldes entwickelte sich ein Wein-, Gemüse- und Obstanbau. Umfangreichere Waldrodungen erfolgten, so daß die landwirtschaftliche Nutzfläche anwuchs. Die bedeutendsten Fortschritte und auch die höchsten Erträge erzielten die Menschen auf den großen Grundherrschaften des Feudaladels und der Kirche — zum Beispiel auf den klösterlichen Gütern — sowie in den zu Markgenossenschaften zusammengeschlossenen Einzelwirtschaften.

Die verschiedensten Bereiche der handwerklichen Produktion konnten auf wertvollen Traditionen aus germanischer Zeit aufbauen, zu denen die Kenntnisse und Erfahrungen der römischen Technik, der Kunst und des Kunstgewerbes aus dem westfränkischen Reichsgebiet des einstigen Galliens kamen. In vielen Erzeugnissen des Kunstgewerbes, sogar in der alltäglichen Keramik, zeigt sich seit dem 5. Jahrhundert der starke fränkische Einfluß, der bis in das thüringische Gebiet spürbar ist. Neben diesen fränkisch beeinflußten oder von dort eingehandelten Erzeugnissen besaßen aber alle germanischen Stämme und Stammesverbände auch ihre Eigenschöpfungen, die wiederum den Weg zu anderen Verbänden fanden. Thüringische Fibeln gelangten nach Österreich, ostgotische Helme aus Italien ins Franken- und Thüringergebiet, skandinavische und angelsächsische Fibeln weit nach Mitteleuropa hinein.

Reiterstein von Hornhausen

Wir müssen uns mit diesen wenigen Feststellungen begnügen. Seit dem 8. Jahrhundert wird die Zahl der uns erhalten gebliebenen Produkte solcher Art geringer, weil es unter christlichem Einfluß nicht mehr Sitte war, den Toten Schmuck, Gefäße, Waffen und dergleichen mit ins Grab zu geben.

Die bisher im ostrheinischen Gebiet kaum gepflegte Steinmetzkunst fand nunmehr auch hier ihre Meister. Als das älteste derartige Denkmal ist der Reiterstein von Hornhausen im Kreis Oschersleben zu betrachten. Der etwa 75 cm hohe Stein aus der Zeit um 700, den wir ebenfalls im Landesmuseum zu Halle (Saale) finden, stellt einen mit Lanze, Schwert und Schild bewaffneten Reiter dar. Das Pferd schreitet über eine stilisierte Schlange, unter der wir die charakteristische Tierornamentik erblicken. Hatten die Wissenschaftler ursprünglich in der Gestalt den ins Totenreich reitenden Krieger oder den Gott Wodan selbst gesehen, so herrscht neuerdings die Ansicht, daß hier bereits christliches Gedankengut Eingang gefunden hat. Es könnte sich um den oft dargestellten Reiterheiligen (später vor allem als Sankt Georg bekannt) handeln.

Erstmalig vom Gebiet des werdenden deutschen Staates sind uns Zeugnisse der Steinarchitektur, der Dichtung und Bildung überliefert. Mönche und Missionare, vor allem irisch-schottische, gründeten Klöster, darunter so bedeutende wie Sankt Gallen in der alemannischen

vñ eineu tan haben der ſi bewaret vor d̄ vluc
idich daz ſal ſin teil des tammes velterē vor d̄ vlur
kumet ab di vlur vñ brichet ſiden tam · vñ leitet man
mit deme gerufte da zu di buue deme tûme geſetzē
ſin Welcher mich hulfet buzen den tam · d̄ hat vor worcht
ſulch erbe alſe he buue deme tamme hat · waz daz waz
zer ab ſchebet deme lande daz hat he vor lorn des daz
lant is · bricht iz ab einen niuuen abegant da mitte vor
luſet he ſines landes nicht · Welch wert ſich erhelet
buune eine vluzze · Welcheme ſtade he ner is · zu deme
ſtade gehort d̄ wert is he vor muuene he gehort zu beide
ſtaden daz ſelbe nuc d̄ abegauc ab he vor trüget · H neme
ſi en gut mauches mânes · alſo daz iz eiuer von deme
auderen habe · Waz man vſteme gute tut · daz ſal man bez
zern deme d̄ daz gut in leidichlicher gewer hat · vñ auders
nimande · Ab d̄ man kemen len erben en hat nach ſiner
tode · Wer ſin erbe is · nach lant rechte d̄ ſal neme ſin vor
diuete gut in deme lene · N vu geniet den iz vor di
net ſi · Iu ſente bartulomeus tage is aller hande ezuas
vñ pflege vor diuet · Iu ſente walburge tage is d̄ lemer
ezeude vor diuet · zu vuorezemelle d̄ geuſe ezeude · Iu ſen
te iohaues tage aller hande vleiſch ezeude da iun in mit
pheuuugeu den ezeuden alle vor loſet · Wo man in eli
nicht en loſet · da is he vor diuet · Weu daz vie gewin
ſeu wur · Iu ſenteu margereteu tage alle ander korn
ezeude · Waz ab e geſchacker is dar au is d̄ ezeude vor
diuet · Iu ſeute urbau tage ſint wiugarten vñ boum
garteu vor diuet · Des mânes ſaet di he mit ſine pflu
ge wurket d̄ is vor diuet alſe di erde dar uñ get · vñ d̄
garte alſe he geſat · vñ gewchen is · G elt von woleu
vñ von ezalleu · vñ von miuuezeu · vñ von wiugarten

Schweiz, Fulda und Corvey im Gebiet der Sachsen. Sie wurden nicht nur Mittelpunkte der Missionstätigkeit, sondern allgemein der geistigen Entwicklung und des Bildungswesens. Hier entstanden Bibliotheken mit wertvollen, oft kostbaren Handschriften antiker und frühmittelalterlicher Schriftsteller. In den Klosterschulen wirkten Mönche auf dem Gebiet der Literatur, der Musik, der Kunst und der Sprachen. Germanische Sagenstoffe und Heldenlieder — bisher durch Sänger von Mund zu Mund weitergegeben — wurden aufgezeichnet, wie das Hildebrandslied, in dem sich die Widersprüche der sich entwickelnden Feudalklasse widerspiegeln, oder der Heliand, eine in altsächsischer Sprache verfaßte Dichtung vom Leben Christi in germanischem Gewand (Christus als Heerkönig, die Apostel sind Gefolgschaftsleute).

Aber auch die karolingischen Könige waren um die Bildung bemüht. Karl der Große gründete eine Pfalzschule zur Ausbildung der im Staat tätigen Beamten und eine Akademie, wo Gelehrte und Künstler tätig waren. Historiker verfaßten Biographien (wie etwa Einhart, um 770—840, über Karl den Großen) und geschichtliche Darstellungen verschiedener germanischer Stammesverbände, die oft bis in die dunkle, sagenhafte Welt der Vorzeit zurückgehen und für uns eine wichtige historische Quelle neben dem archäologischen Material bilden. Der anhaltinische Ritter Eike von Repgow (Reppichau bei Köthen) zeichnete zwischen 1220 und 1232 auf der Burg Falkenstein bei Ballenstedt das deutsche Feudalrecht auf. Damit schuf er das erste deutsche Rechtsbuch, das mit seinen zahlreichen Illustrationen ebenfalls unsere archäologischen Funde ergänzt.

All das trug dazu bei, daß sich statt der einzelnen germanischen Stammesdialekte im Verlauf einer Lautverschiebung im alemannischen Gebiet das Oberdeutsche als Grundstock des Althochdeutschen herauskristallisierte, wogegen im Norden das Altniederdeutsche entstand. Aber weder das Hoch- noch das Niederdeutsche waren einheitliche Sprachen. Spätestens seit den Zeiten Karls des Großen bemühte man sich um eine sprachliche Einheit. So sehen wir, daß die politische und die sprachliche Entwicklung in einem Zusammenhang standen. Nicht zuletzt für den Fernhandel war eine einheitliche Sprache im deutschen Staatsgebiet notwendig. Im Hochmittelalter (etwa ab 1200) wurde dieser Prozeß der einheitlichen Sprache durch die Dichtung (Minnesänger) gefördert. Zu dem germanischen Grundstock der deutschen Sprache traten römische, illyrische, keltische und später auch slawische Wörter. Das Lateinische wurde als Verkehrssprache immer mehr zurückgedrängt, behielt aber im Gottesdienst, in den Klöstern, in der Wissenschaft seine große Bedeutung. Ende des 8. Jahrhunderts hören wir erstmalig von einer deutschen

Seite aus dem „Sachsenspiegel" des Eike von Repgow mit Illustrationen zum Landleben

(diutisc) Sprache. Sie wurde die Volkssprache im entstehenden Reich zwischen Rhein und Saale.

Schließen wir damit unsere Darstellung vom Werden des deutschen Reiches und Volkes ab! Wir sind weit in die Zeit davor zurückgegangen, um diesen komplizierten historischen Prozeß erfassen zu können. Gräberfelder und Siedlungen unserer Vorfahren haben wir besucht, um uns aus den erhaltenen Hinterlassenschaften ein Bild ihrer Kultur, ihrer Lebensweise, ihrer menschlichen Beziehungen und ihrer Vorstellungswelt zu formen.

Wir sollten uns dabei stets vergegenwärtigen, daß die uns heute umgebende Kulturlandschaft, die vielen technischen Errungenschaften, die imposanten Bauten, die großen Werke der Malerei und der Musik, das gesprochene und geschriebene Wort, aber auch das einfachste Gerät und sogar die unsere Existenz sichernde Nahrung undenkbar wären, wenn nicht vor uns Tausende von Generationen in körperlicher und geistiger Arbeit sowohl Alltägliches als auch Herausragendes vollbracht hätten. Das trifft ebenso für den Jäger in seiner kleinen Gemeinschaft wie für den frühen Ackerbauer in seinem Stamm oder den Handwerker in seinem Dorf zu. Verborgene Höhlenmalereien und unscheinbare Tonplastiken, eindrucksvolle Steindenkmale und prächtige Goldarbeiten, die bescheidene Hütte und das stattliche hölzerne Bauernhaus, der Faustkeil wie der hölzerne Hakenpflug — alles sind Vorstufen für die Leistungen der Menschen in den nachfolgenden Jahrhunderten bis zum heutigen Tag. Einst wie gegenwärtig konnten alle diese Leistungen nur in einer Gemeinschaft und im Kontakt mit anderen Gemeinschaften vollbracht werden. Immer enger schlossen sich die Menschen zusammen, wobei die Volks- und Staatsbildung bereits unter den bedrückenden Verhältnissen der Klassenspaltung vor sich ging, die nunmehr in unserem Jahrhundert weltgeschichtlich ihr Ende gefunden hat. Wenn wir das Übernommene weiterführen und aus der Beschäftigung mit der Vergangenheit für unsere Gegenwart und Zukunft lernen, werden wir würdige Erben der Geschichte und ihrer Kultur sein.

Inhalt

5 Geheimnisse der Erde
Quellen der Geschichte

23 Im Museum zu Halle
Wanderung durch die Jahrhunderttausende

51 Auf der Steinsburg
Im Lande der Kelten

83 In den Straßen von Aquincum
Die Römer an Donau und Rhein

107 Im Calauer Braunkohlenrevier
Bei germanischen Bauern

139 Bei den Toten von Leuna
Germanischer Adel im Aufstieg

163 Im Moor von Oberdorla
Die Germanen und ihre Götter

185 In der Burg von Teterow
Bei den Slawen in Mecklenburg

266

217 **Im Tempel von Groß Raden**

Die Slawen und ihre Götter

241 **Auf dem Pfingstberg bei Tilleda**

In der königlichen Pfalz

ISBN 3-355-00303-4

Verlag Neues Leben Berlin · 4., durchgesehene Auflage, 1986 · Lizenz Nr. 303 (305/350/86)
LSV 0229 · Schutzumschlag und Einband: Karl-Heinz Wieland/Gerhard Christian Schulz
Fotos: Archiv Schlette: 175; B. Bahn, Römhild: 53; C. J. Becker, Kopenhagen: 169; BTM Ös-és
Ökortörténeti Osztály Budapest: 87, 89, 90; Deutsche Fotothek Dresden: 105, 110, 257, 262; Fried-
rich-Schiller-Universität Jena, Sektion Geschichte, Bereich Ur- und Frühgeschichte, Bildstelle/
Schörlitz: 69, 77; Kulturhistorisches Museum Stralsund: 207, 235; Landesmuseum für Vorgeschichte
Dresden: 158; Landesmuseum für Vorgeschichte Halle (Saale)/L. Bieler: 25, 26, 28, 35, 44, 47, 80,
124, 142, 143, 146, 155, 157, 261; Moravské Museum Brno/M. Hofer: 74, 75; Museum für Ur- und
Frühgeschichte Potsdam/D. Sommer: 10, 238; Museum für Ur- und Frühgeschichte Schwerin: 40,
145, 203, 206, 209, 219, 220; Museum für Ur- und Frühgeschichte Thüringens Weimar: 118, 159,
231, 232; Muzeul de Istorie Bucuresti: 58; Niedersächsisches Landesinstitut für Marschen- und Wur-
tenforschung Wilhelmshaven: 130, 131; Saalburgmuseum Bad Homburg v. d. H.: 102; Schleswig-
Holsteinisches Landesmuseum Schleswig: 137, 170, 180; F. Schlette, Halle (Saale): 19; U. Scho-
knecht, Waren (Müritz): 236; Staatliche Museen zu Berlin: 59, 69, 79; Württembergisches Landesmuseum Stuttgart: 63, 76; Zentralinstitut für Alte Geschichte und Archäologie der Akademie der
Wissenschaften der DDR, Bereich Ur- und Frühgeschichte: 229, 243, 245 · Typografie: Erika
Wald · Schrift: 11 p Garamond · Gesamtherstellung: Karl-Marx-Werk Pößneck V 15/30 · Bestell-
Nr. 643 360 2
01780